RUEDIGER DAHLKE

Die Schicksalsgesetze

arkana

RUEDIGER DAHLKE

Die Schicksalsgesetze

Spielregeln fürs Leben

Resonanz Polarität Bewusstsein

arkana

Der Verlag behält sich die Verwertung der urheberrechtlich geschützten Inhalte dieses Werkes für Zwecke des Text- und Data-Minings nach § 44 b UrhG ausdrücklich vor. Jegliche unbefugte Nutzung ist hiermit ausgeschlossen.

Penguin Random House Verlagsgruppe FSC® N001967

19. Auflage
Originalausgabe
© 2009 Arkana, München
in der Penguin Random House Verlagsgruppe GmbH,
Neumarkter Str. 28, 81673 München
produktsicherheit@penguinrandomhouse.de
(Vorstehende Angaben sind zugleich
Pflichtinformationen nach GPSR)

Lektorat: Ralf Lay
Satz: Barbara Rabus
Druck und Bindung: Print Consult GmbH, München
Printed in the Slovakia
ISBN 978-3-442-33856-6

www.arkana-verlag.de

Inhalt

Dank 10

Einführung 11
   Spielregeln fürs Leben 11
   Die Hierarchie der Gesetze 15
   Nachgeordnete Gesetze 23
   Ordnungen innerhalb der Gesetzessysteme 32
   Die Einhaltung der Gesetze 37

**Das Gesetz der Polarität –
bestimmender Faktor dieser Welt** 42
   Polarität in der modernen Naturwissenschaft
   und Technik 45
   Der Ursprung der Polarität *oder*
   Polarität und Sexualität 49
   Polarität und zwischenmenschliche Beziehungen 52
   Polarität in Wirtschaft und Politik 58
   Das Problem von Gut und Böse 62
   Die Geschichte der Projektion 72
   Auswege aus dem Dilemma der Polarität 80
   Fallstricke im Reich der Polarität –
   Von Einseitigkeit bis zu positivem Denken 84
   Historische Alternativen zum Umgang mit Polarität 88

INHALT

Konsequenzen für ein modernes Leben
unter Einschluss des Schattens 90

Der tägliche Schatten – und Umgangsformen
mit ihm 95

Das Resonanz- oder Affinitätsgesetz 101

Definition des Resonanzgesetzes 101

Resonanz hinter alltäglichen Geheimnissen 103

Einstellung und Resonanz 104

Resonanz zu Resonanz 105

Resonanz und Wissenschaft 109

Resonanz ist kein Geheimnis, sondern erklärt viele 110

Konsequenzen aus dem Resonanzgesetz 114

Sich reif machen für 117

Resonanz und Polarität 119

Liebe als Resonanzphänomen 124

Der Nutzen der Resonanz 128

Die Resonanz unseres Werkzeugs Sprache 132

Resonanz und Polarität in einer praktischen Übung 136

**Wahrnehmung *oder* Wie wirklich ist unsere
Wirklichkeit?** 140

Wahrnehmung und Politik 146

Illusionswelten 150

Die Wirklichkeit hinter unserer Wirklichkeit 153

Eine kurze Geschichte der Ursachensuche 156

INHALT

Wege der Erkenntnis – Analyse und Einsicht 160
    Wege über innere Bilder 164
    Hypnose – Konzentration des Bewusstseins 170
    Placebos *oder* Die Herrschaft des Bewusstseins
    über den Körper 176
    Bewusstseinseinflüsse auf Maschinen 180
    Bewusstsein und Materie 183
    Alles hat Bewusstsein 188
    Bewusstsein und Hierarchie 191
    Das Gesetz des Anfangs 197
    Drei schwere Fälle und ein Auto –
    Anwendungen des Gesetzes vom Anfang 203

Synchronizität 211

Das Pars-pro-Toto-Prinzip *oder* Der Teil und das Ganze ... 218

Mikrokosmos gleich Makrokosmos 227
    Bewusstsein, Gleichgewichte und Lebendigkeit 228
    Polarität in Mikro- und Makrokosmos 231
    Die Elemente und Organsysteme in Mikro- und
    Makrokosmos 237
        Die Lungenfunktion 238
        Der Stoffwechsel 240
        Die Verdauung 241
        Der Kreislauf 243
        Die Abwehr von Mensch und Erde 244

INHALT

Morphogenetische Felder 248
   Die Entstehung von Feldern 249
   Felder und menschlicher Organismus 254
   Konsequenzen und Anwendungen der Felder-Idee 259
   Rituale – die offensichtlichste Wirkung von Feldern 263
      Die katholische Hochzeit als Lehrstück 267
      Ritualkopien und Ersatz 271
      Alte Rituale und ihre Mechanismen 274
      Beharrlichkeit und Penetranz existierender Felder und Rituale 277
      Alltags- und Autorituale 281
      Sportrituale 285
      Das Fußballfeld 290
      Rituale, Felder und Pädagogik 296

Das »senkrechte Denken« und sein Weltbild 300
   Konkrete Urprinzipiensysteme 309
   Das Urprinzipiensystem der hermetischen Philosophie 312
   Konsequenzen der Urprinzipienanwendung 318
      Der Kleptomane und das Merkur-Prinzip 318
      Hollywood und die Urprinzipien 322
      Drogen und das Prinzip des Neptunischen 325
      ... am Beispiel Rudolf Steiners 328
      Von der Torte der Wirklichkeit zur Uni-versi-tät 330
   Alte Gedanken zur Urprinzipienwelt 333

INHALT

Pseudokausalität als Totengräberin des
Analogiedenkens 335
Den Urprinzipien gerecht werden –
den Göttern dienen? 336

Die Anwendung der Gesetze und Urprinzipien auf das Thema »Liebe« 342
Die Biochemie der Liebe 342
Die Liebe und die Lebensgesetze 348
Die Liebe und die Urprinzipien 350

Der Kreis schließt sich 358

Anmerkungen 360
Veröffentlichungen von Ruediger Dahlke 362
Bildnachweis 365

Dank

Zu besonderem Dank bin ich Freda Jeske für ihre zahlreichen Anregungen, Ergänzungen und die viele Arbeit mit der Überarbeitung meiner Grafiken und Bilder verpflichtet. Raïssa Lara Fasel verdanke ich das gespiegelte Porträt von mir und die Grafik von TamanGa.

Mein Dank gilt darüber hinaus Margit Dahlke und ihren Mitarbeiterinnen im Heil-Kunde-Zentrum Johanniskirchen Anja Schönfuss, Gundi Kirkovics und in bewährter Weise natürlich meinen persönlichen Lektorinnen Christa Maleri und Dorothea Neumayr. Für einzelne Anregungen danke ich Balthasar Wanz sowie Lis Lustenberger und dem Lektor Ralf Lay.

Franz Beckenbauer danke ich für die Zustimmung zum »Fußballfeld«.

Einführung

Spielregeln fürs Leben

Die Zeit scheint endlich reif, die Gesetze des Lebens im großen Stil zu verbreiten. Geheim waren sie nie, auch wenn damit kokettiert wurde. Sie hielten sich lediglich vor der breiten Mehrheit in aller Öffentlichkeit geheim, wie die Formeln der Quantenphysik, die Partituren klassischer Musik oder auch der alte ägyptische Einweihungsweg auf den Tarotkarten es bis heute tun. Die allermeisten Menschen hatten einfach keine Resonanz zu den Gesetzen.

Inzwischen aber pfeifen die Spatzen das Resonanzgesetz von den Dächern, wurde es doch mit geschickter Geheimnis-Marketingstrategie millionenfach verbreitet. Das ist ein großer Fortschritt, das Problem dabei besteht lediglich darin, dass es nur das zweitwichtigste unter den Schicksalsgesetzen ist und so all jene Menschen, die das noch wichtigere Gesetz der Polarität nicht kennen, in ernste Gefahr bringen kann. Nachdem diese Gesetze über zwanzig Jahre die Grundlage meiner Ausbildungen darstellten, ist auch für mich persönlich die Zeit reif, ein Buch darüber zu schreiben.

Es ist naheliegend, sich mit den Regeln vertraut zu machen, bevor man ein Spiel spielt. Beim Sport klappt das problemlos, nicht aber bei »Lila«, dem kosmischen Spiel, wie die Inder das Leben nennen. Während jeder Fußballer weiß, dass nach der Halbzeit der Seitenwechsel ansteht, wird im Spiel des Lebens in der Lebensmitte einfach weitergemacht, als sei nichts geschehen. So verwundert es wenig, wenn die meisten in der zweiten Lebenshälfte vor allem Eigentore schießen. Sie haben den Seitenwechsel beziehungsweise die Umkehr verpasst, und niemand weist sie darauf hin.

Auch von der Abseitsregel hat – im Gegensatz zum Fußball – die Mehrheit im Lebensspiel keine Ahnung. Viele spielen sogar bevorzugt aus dieser Position heraus und wundern sich, wenn die Anerkennung ausbleibt. Nach solchen nicht zählenden »Erfolgen« ergäbe sich eine zweite Chance, die Weichen fürs Leben neu zu stellen. Denn aus der ausbleibenden Anerkennung ließe sich schließen, dass etwas nicht stimmt. Jetzt hätte man die Möglichkeit, die Spielregeln zu lernen, um in Zukunft erfolgreicher mitzumachen. Eine Überzahl aber neigt stattdessen zum Projizieren. Wenn Tore anderer Anerkennung finden, die eigenen aber nicht, suchen sie die Verantwortung lieber draußen, bei anderen, statt bei sich selbst. Dann wird der Schiri beschimpft und für die eigene Unfähigkeit haftbar gemacht. Im Spiel des Lebens heißen die Schiedsrichter Politiker, Unternehmer, Lehrer, Journalisten, Ärzte und vor allem Partner und (eigene) Kinder – eigentlich all »die anderen«.

Wer die Verantwortung für eigenes Missgeschick draußen statt drinnen sucht, wird eine Welt voller Widersacher vorfinden. Und je mehr man klagt, desto weniger kennt man die Spielregeln beziehungsweise die Gesetze. Wer sie versteht, findet keinen Grund zum Jammern, sondern wird sich entsprechend verhalten und Erfolge ernten, aber auch Widrigkeiten mit Demut nehmen können. Das heißt natürlich nicht, dass man Missstände unkritisch hinnehmen und seine Hände in den Schoß legen soll.

Wo sich fast alle beklagen, wie es etwa in den Jahren vor der Fußball-WM 2006 in Deutschland der Fall war, entwickelt sich ein regelrechtes »Jammerfeld«. Man bekam fast den Eindruck, neben den Stirnlappen des Gehirns, die unter anderem für Glücksempfindungen zuständig sind, und den Schläfenlappen, die Einheitserfahrungen ermöglichen, sei den Deutschen noch ein »Jammer-Lappen« gewachsen. So schnell aber funktioniert die Evolution nicht. Tatsächlich hatte sich ein energetisches Feld aufgebaut mit dem stillschweigenden Konsens, nur noch negative Wahrnehmungen wichtig zu nehmen. Objektiv waren es die Jahre, in denen die Deutschen ihre weltweite Vorreiterstellung für Umwelttechnologien begründeten beziehungsweise ausbauten, aber sie nahmen es kaum wahr – und schon gar nicht wichtig. Auch Felder gehorchen Regeln und Gesetzen, die versteh- und lernbar sind. Daraus könnte der bewusste Aufbau entwicklungsfördernder Felder folgen. Statt das Land der Jammerer hätte Deutschland mit mehr Recht das der Umwelttechnologiemeister werden können.

> *Je weniger jemand jammert, desto mehr hat er begriffen.*

Dieses Buch will neben dem herkömmlichen Denken eine andere, tiefer gehende Art von Weltverständnis ver-mitte-ln. Vor langer Zeit baute Pythagoras, bis heute vor allem durch seine Gleichung $a^2 + b^2 = c^2$ bekannt, eine Schule mit zwei Wirkungskreisen auf: einen äußeren Kreis, *exoteros* genannt, und einen inneren, *esoteros*. Während sich Letzterer mit dem Wesen der Dinge beschäftigte, also etwa mit der Qualität der Zahlen, war die praktische Anwendung dieses Wissens Aufgabe des äußeren Kreises, in diesem Fall also der Umgang mit den Zahlen im Sinne des Rechnens. Der innere Kreis wusste vom äußeren. Dessen Mitglieder aber vergaßen mit der Zeit den inneren, was das Thema »Geheimhaltung« ins Spiel brachte.

EINFÜHRUNG

Das Wort »Esoterik« ergab sich aus dem inneren Kreis, der die Impulse lieferte, den der äußere, weltlich orientierte Kreis zunehmend übersah und allmählich ganz vergaß. Esoterik bezeichnete also ursprünglich das Wissen des inneren Kreises vom Wesen der Dinge und auch der Schicksalsgesetze. Dabei ist die Esoterik als die Lehre des inneren Kreises nicht verantwortlich für all das, was heute in ihrem Namen geschieht, genauso wenig wie das Wort »Religion« für all die Irrtümer und Horrorszenarien der verschiedenen Glaubensgemeinschaften haftbar gemacht werden kann.

Das Muster zweier Kreise – eines inneren und äußeren – ist in vielen Traditionen lebendig geblieben. Der innere Kreis blieb, an der Zahl seiner Mitglieder gemessen, immer sehr klein. Im Islam etwa gibt es den inneren Kreis der Sufis und Derwische und die großen politischen Strömungen der Sunniten und Schiiten des äußeren Kreises. Im Christentum sind es ein kaum mehr wahrgenommenes Johannes-Christentum und die großen weltlichen Strömungen des katholischen Petrus-Christentums sowie seiner späteren evangelischen Abspaltungen.

Wer die Spielregeln kennt und beherrscht, spielt leichter und besser – in jedem Spiel, auch in dem des Lebens.

Inzwischen ist die Zeit reif, dass beide Kreise voneinander erfahren, wozu ein Buch wie dieses einen Beitrag liefern will. Auch wenn der äußere Kreis des Pythagoras mittlerweile sehr weite Kreise gezogen hat und zu einem breiten Feld geworden ist, etwa in Gestalt der Naturwissenschaften, und sich wenig für den inneren interessiert, entsteht doch eine zunehmende inhaltliche Nähe zwischen beiden.

Die Hierarchie der Gesetze

Alle Religionen und Traditionen sind sich darin einig, dass es als Gegengewicht zur materiellen Schöpfung die Einheit gibt. Der kleine innere Kreis einer Tradition ist sich jeweils dieses Bezugs zur allem zugrunde liegenden Einheit bewusst, der äußere Kreis kümmert sich in der Regel nicht darum. Die meisten Traditionen und Religionen sprechen bezüglich des Mittelpunktes des kleinen inneren Kreises von Einheit beziehungsweise Gott.

Die sogenannten Hochreligionen gehen zumindest darin konform, dass es einen alleinigen Gott gibt, was wir »Monotheismus« nennen. Selbst die polytheistischen Religionen setzen aber eine unnennbare Instanz voraus, die die Götter geschaffen hat und auch ihr Schicksal und ihre Eigenarten bestimmt. Danach lässt die Einigkeit allerdings schnell wieder nach, und die Mehrheit der Religionen beharrt auf ihrem speziellen Weg (zur Erleuchtung, Befreiung, zum Himmelreich und so weiter). Allerdings gibt es in patriarchalen Zeiten noch einen weiteren stillschweigenden Konsens dergestalt, dass Gott fast immer männlich dargestellt oder jedenfalls gedacht wird.

Damit aber beginnt das Elend des Missverständnisses, denn ein all-einiger Gott, der die Einheit repräsentiert, dürfte gar keine Eigenschaften haben. In den »Kinderschuhen« ist das den Religionen auch meist noch bewusst. So sagte zum Beispiel Laotse im *Tao Te King*:

> Das Tao, das mitgeteilt werden kann,
> ist nicht das ewige Tao.
> Der Name, der genannt werden kann,
> ist nicht der ewige Name.
>
> Das Unnennbare ist das ewig Wirkliche.
> Das Benennen ist der Ursprung
> aller Einzeldinge.
>
> Doch Geheimnis und Erscheinungsformen
> entspringen aus derselben Quelle.
> Diese Quelle bezeichnet man als Dunkelheit:
>
> das Dunkel inmitten von Dunkelheit,
> das Tor zu allem Verstehen.[1]

So erklärt sich etwa das zweite mosaische Gesetz, das Verbot, sich ein Bild von Gott, dem *Herrn*, zu machen. Unter den aus dem Judentum hervorgegangenen Religionen hat der Islam als einzige dieses Gebot gehalten. Gerade er ist aber zu einer extrem patriarchalen Religion geworden, obwohl der Gründer Mohammed das Gegenteil im Auge hatte. Die Muslime sind damit ein typisches Opfer der Polarität. Aber auch Christen schaffen es als Religion der Liebe, Inquisition und Kreuzzüge zu erfinden und mit einer aggressiven Mission, unter deren Konsequenzen die Welt bis heute leidet, Hass statt Liebe in die Welt zu tragen. Die Religionen unterliegen also ebenfalls den Schicksalsgesetzen und werden nicht selten deren Opfer.

DIE HIERARCHIE DER GESETZE

Das ist auch leicht verständlich, denn Religionen zielen zwar auf die Einheit, aber die ist nicht von dieser Welt, wie Christus sehr deutlich macht. Auf Erden können wir Einheit nur im Bewusstsein erfahren. Das Leben in der Welt irdischer Materie verlangt die Anerkennung des nach der Einheit nächstwichtigen Gesetzes, das der Polarität. Sie ist der Gegenpol zur Einheit. Christus nennt diesbezüglich den Teufel, seinen Widersacher, den Herrn dieser (polaren) Welt. Er, Christus, kommt vom Vater, also aus der Einheit, in die Welt der Zweiheit, deren Herr eben der Teufel ist mit seinem Symbol der Zwei. Deshalb ist es nicht zu erstaunlich, wenn Christus sich ihm gegenüber respektvoll verhält, als er sein Reich betritt. Seinen Angeboten und Verlockungen, Teil dieser Welt zu werden und in ihr Macht zu erlangen, widersteht er andererseits entschieden, etwa bei der Versuchung in der Wüste. Sein Anliegen ist offenbar, den Menschen auf dem Weg aus der (polaren) Welt der Zweiheit in die der Einheit (des *Vaters*) zurückzuhelfen.

Das Bild für das Verhältnis von Einheit zu Polarität respektive Zweiheit ist das des Kreises oder Mandalas beziehungsweise die Spannung zwischen der Mitte und ihrem Umfang.

Der Punkt in der Mitte steht für die Einheit. Er hat keine Ausdehnung (in diese Welt) und ist – auch in der euklidischen Geometrie – ein ideelles Gebilde und nicht von dieser Welt,

17

weil er eins und nicht zwei ist. Erst wenn Raum und Zeit dazukommen, die beiden großen Täuscher, wie die Hindus sagen, kann die Welt der Maya oder Illusion entstehen, der Erdkreis. Dieser ganze große Kreis stellt die Schöpfung dar, die aus der Einheit, aus der Mitte oder eben von Gott kommt. Für die Einheit gibt es – je nach Kultur – viele verschiedene Wörter: vom »Paradies« über das »Nirwana« bis zum »Tao«.

Wir bevölkern den Erdkreis, unser (spirituelles oder religiöses) Ziel bleibt aber die Mitte beziehungsweise die Einheit. Diese ist enorm schwer vorstellbar, denn alles, was uns ausmacht, von der Sprache bis zum Geist, ist aus der Welt der Gegensätze geboren und auf diese fixiert. Wir können Einheit immer nur umschreiben und mit Symbolen, Ritualen, Mythen, Geschichten und Legenden ver-deut-lichen, wie es alle Religionen versuchen. Einheit ist am besten durch den immateriellen, dimensionslosen Mitte-lpunkt repräsentiert oder durch weißes Licht, das zwar alle Farben des Regenbogens in sich trägt, selbst aber unsichtbar bleibt.

Interessanterweise fanden die Atomphysiker Anfang des 20. Jahrhunderts heraus, dass alles in dieser Welt aus Gegensätzen besteht und tatsächlich auch auf der Ebene der subatomaren Teilchen zu jedem Elektron ein Positron gehört. Nur das Photon, das kleinste Lichtteilchen, ist ohne Gegenpol und als solches ein würdiger Repräsentant der Einheit. Aber sobald Licht in unsere polare Welt fällt, wirft es Schatten, und zwar umso dunkler, je heller es selbst ist.

Es gibt also ein Licht, das Gott und die Einheit repräsentiert und unser Bewusstsein erleuchten kann, und eines, das diese Welt beleuchtet und uns die Farben schenkt.

Die Buntheit der Welt ist somit Ausdruck der Polarität, denn Farben sind – wie William Blake so treffend formuliert – die

DIE HIERARCHIE DER GESETZE

Wunden des Lichts. Das ganze, heile Licht bleibt unsichtbar für uns, auch wenn es die Schöpfung überhaupt erst sichtbar macht. Wenn grüne Pflanzen aus dem Spektrum des weißen Lichts den Rotanteil für sich herausfiltern, entsteht aus dem Rest des Spektrums der Eindruck Grün. Sehen wir einen blauen Pullover, ist das nur möglich, weil der Stoff alles Gelb vorher aus dem weißen Lichtspektrum absorbiert hat. Dieses System der Komplementärfarben beschrieb schon Goethe in seiner Farbenlehre. Hier liegt auch der Grund dafür, weshalb sich weiße Autos in der Sonnenhitze am wenigsten aufheizen, schwarze am meisten. Weiß enthält alle Farben in sich und nimmt nichts mehr auf, Schwarz ist dagegen gar keine wirkliche Farbe, sondern der Mangel an allen Farben. Es nimmt deshalb am meisten Energie aus dem Spektrum des weißen Lichts auf und ist daher als Auto»farbe« in warmen Ländern weniger geeignet.

> *Wo Licht ist, ist auch Schatten.*

Das dürfte ebenso einer der Gründe dafür sein, warum der Papst und viele Gurus und Ärzte sich weiß gewanden. Sie wollen möglichst wenig »Strahlung« aus der Umgebung aufnehmen und zumindest äußerlich vollkommen (rein und weiß) erscheinen.

Wir leben in einer Welt der Gegenpole, wo zu Weiß Schwarz gehört und zu Rot Grün, wo Groß und Klein und sogar Gut und Böse einander brauchen. Nachdem alles in dieser materiellen Welt der Gegensätze eine zweite Seite hat, benötigt sogar die Einheit zwingend ein Gegengewicht, eben die Polarität.

Nur aus dem Erleben der Einheit heraus ist das anders. Da erübrigen sich solche Spiele. Sie gehören in die polare Welt der Gegensätze. Die Tatsache, wie rasch selbst Religionen im Ge-

EINFÜHRUNG

Die folgende Übung beziehungsweise eigenartig gefärbte Flagge macht das Thema sinnlich erfahrbar. Wenn Sie die Fahne in der Mitte (auf dem rot markierten Punkt) für nur 30 Sekunden fixieren, ohne zu blinzeln, und danach die (äußeren) Augen schließen, wird sich vor Ihrem inneren Auge die Lösung in Form einer Überraschung ergeben.

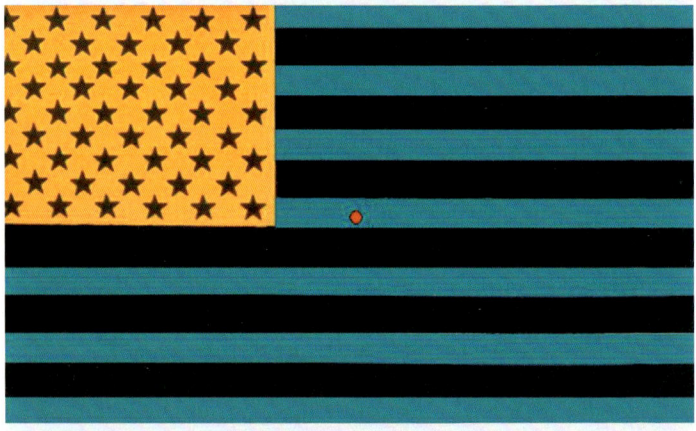

Durch den Effekt der Polarität wird sich die bekannte Originalfahne gezeigt haben. Aus dem Schwarz der Vorlage wird das Weiß des Originals, aus Blaugrün wird Rot nach der Komplementärfarbenlehre, aus Gelb wird Blau.

genpol der Polarität landen, die den Anspruch haben, Einheit zu verwirklichen, mag die Macht dieses Gesetzes demonstrieren. Es ist aber nicht nur die erste Falle für das Bodenpersonal praktisch aller Religionen, sondern auch die alle modernen Gesellschaften vorrangig bestimmende Gesetzmäßigkeit. Diese Erkenntnis ist keineswegs neu, legte doch schon Goethe im *Faust* Mephisto die zeitlosen Worte in den Mund, er sei »Ein Teil von jener Kraft, die stets das Böse will und stets das Gute schafft«. Pythagoras war dieses Gesetz bereits ebenso vertraut wie der ägyptischen Mythologie, die vielfach Niederschlag in der Symbolik des Tarots fand. Beim Streitwagen etwa bändigt der Lenker die beiden auseinanderstrebenden polaren Sphinxe vor seinem Gefährt.

Auf die Einheit als höchste Sphäre, die sich am ehesten als Spitze eines Dreiecks oder Mitte-lpunkt eines Kreises, jedenfalls als Punkt anschaulich machen lässt, folgt die Polarität und ihr Gesetz der Gegensätze oder der Zweiheit. Noch eine Stufe darunter rangiert das Gesetz der Entsprechung, Resonanz oder Affinität. Seine bekannteste Formulierung findet es in dem berühmten Satz der sagenumwobenen Gestalt des dreimalgroßen Hermes Trismegistos, einer Verschmelzung des ägypti-

EINFÜHRUNG

> *»Wie oben, so unten.«*

schen Thot mit dem griechischen Hermes: »Das, was oben ist, ist so wie das, was unten ist.« Es ist keinesfalls geheim und beispielsweise dem süddeutschen Volksmund vertraut, der respektlos deftig formuliert: »Der Teufel scheißt immer auf den größten Haufen.« Das erklärt, wie Geld zu Geld kommt und die Reichen immer reicher, die Armen aber immer ärmer werden.

Obwohl die Auswirkungen dieses Gesetzes überall zu beobachten sind, nehmen zum Beispiel die allermeisten Politiker keine Kenntnis davon und widmen diesem Thema immer wieder Kommissionen und Organisationen wie etwa die Nord-Süd-Kommission oder die Weltbank. Diese sollen gegen dieses Gesetz anarbeiten, schaffen das aber natürlich nicht und werden so meist Opfer der Polarität, das heißt, sie fördern dann eher noch die Vertiefung der Gegensätze, die sie eigentlich überwinden helfen sollten. Hilflos staunend erkennen Politiker in der Regel immer erst rückwirkend, wie der Schuss wieder einmal nach hinten losgegangen ist. Sie werden so Teil von jener Kraft, die stets das Gute will und stets das Böse schafft.

Unter dem Strich betrachtet, arbeitet das Resonanzgesetz dem übergeordneten Polaritätsgesetz in die Hände, und Letzteres verschärft überall die Widersprüche, indem es die Kluft zwischen den Gegensätzen vertieft.

Der wachsende Abstand zwischen den Ärmsten und Reichsten erzwingt dann irgendwann eine Entladung der Spannung zwischen den Polen, die wir »Umsturz« oder »Revolution« nennen. Diese wollen Politiker und Bürger weltweit verhindern, es gelingt jedoch selten, wenn die Macht der beiden übergeordneten Gesetze unterschätzt oder überhaupt verkannt wird.

Letztlich strebt alles in dieser Schöpfung zur Einheit, wie die Religionen wissen, die Frage ist nur: Wie verhalten wir uns auf dem Weg dorthin, wie viel Widerstand leisten wir (uns) gegen diese Tatsache?

Nachgeordnete Gesetze

Es gibt ganz offensichtlich eine Fülle von Gesetzen in dieser Welt, in die wir im Hinblick auf unser Unterfangen Ordnung bringen müssen, damit wir lernen, uns zu orientieren. Das Bedürfnis, alles bis ins Kleinste und damit am Wesentlichen vorbei zu regeln, kann nämlich bis ins Groteske gehen. Über die Hälfte der Steuergesetze auf der ganzen Erde sind zum Beispiel aus Deutschland. Dass sich dies alles andere als bewährt hat, pfeifen die Spatzen von den Dächern; und wer es sich leisten kann, versteuert sein Einkommen lieber in einem anderen

Land, um diesem wirren und nicht nur für »Normalbürger« ebenso unverständlichen wie ungerechten Chaos zu entkommen. Da niemand, auch kein noch so guter Steuerberater, all diese Gesetze kennen kann, gibt es in Deutschland kaum noch Gesetzessicherheit in fiskalischen Angelegenheiten. Stattdessen versucht ein riesiges Heer von Steuerberatern, ihre Klientel in einer Art Gesetzesdschungel gegen den obendrein immer gieriger werdenden Staat zu verteidigen. Dessen Vertreter projizieren in peinlicher Weise und ohne es wohl so recht zu bemerken, auf Staaten, die übersichtlicher wirtschaften und vor allem dadurch deutsche Unternehmer anlocken. Steueroasen und Steuerwüsten bedingen einander nach dem Polaritätsgesetz.

Die Stilblüten dieser systematisch verfehlten Politik gehen noch weiter und können als Beispiel dafür dienen, wie kein Weg an den großen Gesetzen vorbeiführt. Die Fülle der Steuergesetze wurde ja nicht zum Zwecke der Verwirrung oder der Rechtsunsicherheit geschaffen, sondern jedes einzelne sollte eine bestehende Misere bessern. Da sie aber am großen Zusammenhang und vor allem am Resonanz- und Polaritätsgesetz vorbeigingen, entstand die Farce. Doch auch das gehört zum System, dass die Bürger von Schilda die eigenen Streiche nicht durchschauen.

So verlangt der deutsche Staat, der das Gesetzes-Chaos zu verantworten hat, von all seinen selbständig und freiberuflich arbeitenden Bürgern, am Ende ihrer Steuererklärung zu unterschreiben, dass sie im besten Wissen und Gewissen um die Gesetze erstellt wurde. Dabei feiert die Lüge verblüffende Triumphe, denn nur wenige sind ohne Zweitstudium in der Lage, ihre Steuererklärung selbst zu erstellen. So erzieht man Menschen zur Unwahrheit oder treibt sie in die Flucht.

Wer von Staats wegen genötigt ist, ständig gegen die Wahrheit zu verstoßen, wird den Respekt vor Gesetzen verlieren, die ihn zur Unwahrheit nötigen. Das mag einer der Gründe sein, warum in modernen Gesellschaften die Hemmschwellen beim Betrug immer niedriger ausfallen. Das Stehlen von Informationen in Gestalt von Daten etwa wie Musikstücken oder Computerprogrammen gilt in breiten Kreisen bereits als Kavaliersdelikt. In manchen asiatischen Ländern gibt es kaum noch Originale. Es wächst eine Generation heran, die von ihren Vorgängern als kriminell erklärtes Verhalten keineswegs mehr als solches erkennt.

Immer mehr von Menschen gemachte Gesetze machen das Leben offensichtlich nicht gerade leichter. Es ist also ebenso offensichtlich naheliegend, zwischen von Menschen für menschliche Belange erfundenen Gesetzen und solchen,

> *Die Einkommensteuer hat mehr Menschen zu Lügnern gemacht als der Teufel.*
> WILLIAM ROGERS

die unabhängig von Menschen existieren, zu unterscheiden. Die Gesetze der Polarität und Resonanz finden wir überall, in allen Reichen der Schöpfung wieder. Steuer- und Besitzrechte unterscheiden sich dagegen von Land zu Land mit all den daraus erwachsenden Vor- und Nachteilen. Des einen Leid ist des anderen Freud, weiß der Volksmund.

Nun sind viele Gesetze plausibler als Steuergesetze, zum Beispiel die des Eigentums. Was wir käuflich erwerben, gehört uns, und wir können darüber beliebig verfügen. Darin sind sich die meisten einig, wenn auch nicht alle.

Trotzdem gibt es Ausnahmen, die auch hier wieder auf eine Hierarchie der Gesetze hindeuten. Als zum Beispiel vor Jahren an der Adria ein von seiner Luftmatratze gefallenes Kind um sein Leben kämpfte und ein Tourist es mit einem fremden, wahllos ergriffenen Schlauchboot retten wollte, verhinderte dessen Besitzer das unter Hinweis auf sein Eigentum. Das Kind ertrank, und ein deutsches Gericht verurteilte den »Verhinderer«. Er hatte für alle fühlenden Menschen nachvollziehbar den Eigentumsbegriff extrem überbewertet, um es milde auszudrücken.

In der Nazizeit war einem erheblichen Teil der deutsch-österreichischen Richter und Bevölkerung diese Hierarchie durcheinandergeraten. Bei den Nürnberger Kriegsverbrecherprozessen beriefen sich viele – zum Glück erfolglos – auf menschenverachtende Gesetze, die von der übrigen Welt nicht anerkannt wurden. Doch die meisten Diktatoren reihen die Menschenrechte zu niedrig ein und müssen das schlussendlich büßen.

Auch unsere modernen von Menschen gemachten Gesetze unterliegen einer Hierarchie und sind damit relativ. Die Straßenverkehrsordnung gilt für alle am Verkehr Beteiligten, außer für Polizei- und Notarztwagen, aber auch nicht für Privatwagen, wenn medizinische Notfälle im Spiel sind. Von Menschen erlassene Gesetze sind relativ. Offensichtlich steht Lebenserhaltung nicht nur über Eigentum, sondern auch über Verkehrsregeln. Deren Relativität wird schon am Rechts- beziehungsweise Linksverkehr in verschiedenen Ländern deutlich.

Nun gibt es auch den beiden obersten untergeordnete Gesetze, die nicht von Menschen geschaffen wurden, wie die Naturgesetze. Die Newton'schen Gesetze – dass etwa ein Apfel, der Gravitation gehorchend, immer nach unten fällt – galten über viele Jahrzehnte als völlig unantastbar, bis sie Einstein mit seiner allgemeinen Relativitätstheorie im wahrsten Sinne des Wortes relativierte. Die alte Physik, nach der wir unser Leben so weitgehend ausgerichtet haben, ist längst von der neuen Quantenphysik abgelöst – jedenfalls in den Köpfen von Physikern, wenn auch längst noch nicht in all denen von Physiklehrern und Technikern.

Aber selbst wenn es hier Unsicherheit gibt, ist die Lage doch noch gut durchschaubar. Natürlich ist die Quantenphysik gar nicht wirklich neu, denn die Schöpfung hat ihr immer gehorcht, nur kommen wir erst heute langsam dahinter. So war auch die Erde zu keiner Zeit eine Scheibe oder im Mittelpunkt des Universums. Das hatten lediglich von Menschen erfundene Gesetze der Kirche so bestimmt. Die Wirk-lichkeit kümmert sich aber nie um menschliche Gesetze mit ihren Missverständnissen, sondern macht ihrem Namen alle Ehre: Sie *wirkt* einfach.

> *Die Wirklichkeit wirkt – und kümmert sich nicht um die Gesetze, die Menschen gemacht haben.*

Allerdings können falsche Gesetze lange Zeit das menschliche Leben beeinflussen und in problematische Richtungen lenken. Die Gesetze der Genetik etwa, die davon ausgingen, dass jedes Leben über das elterliche Erbgut weitestgehend bestimmt ist, müssen sich gerade eine ziemliche Revision gefallen lassen.

Die wissenschaftlich immer lächerlichen, aber von einer brutalen Ideologie durchgesetzten Rassengesetze der Nazis oder des südafrikanischen Apartheidsregimes waren zwar von keinem Hauch von Wahrheit getrübt, bestimmten aber trotzdem das Leben von Millionen Menschen in furchtbarer Weise.

Weniger dramatisch, aber doch mit tiefgreifenden Auswirkungen hat die teilweise Verkennung der biologischen Wirklichkeit durch Darwin die Welt lange in eine zumindest schwierige Richtung gelenkt. Im deutschsprachigen Raum kam noch hinzu, dass er falsch übersetzt wurde. *The survival of the fittest* wurde lange als »Überleben des Stärksten« verstanden, wobei es eher dasjenige des am besten Angepassten meint. Tatsächlich haben ja nicht die Dinosaurier überlebt, sondern eher die besser angepassten Insekten. Dieser Übersetzungsfehler blieb erstaunlich lange unbeachtet.

Jedenfalls hat der darauf aufbauende sogenannte Sozialdarwinismus daraus eine jämmerliche und menschenunwürdige Strategie entwickelt, die allen Religionen und vielen Entwicklungsmöglichkeiten zuwiderlief und einem brutalen Kapitalismus das geistige Fundament baute, an dem wir bis heute kranken.

Aber Darwins Verkennung der ganzen Wahrheit ging noch weiter und tiefer. Denn tatsächlich überleben nicht nur die Bestangepassten, sondern auch ganz andere, die nach Darwin eigentlich gar keine Chance haben dürften. Wie etwa konnte es Herr Pfau mit seinen viel zu langen Schwanzfedern, die ihn sowohl beim Fliegen als auch beim Laufen behindern, bis in die Gegenwart schaffen? Mit guter Anpassung hat das offenbar nichts zu tun. Sein Geheimnis liegt in der Tatsache, dass Frau Pfau vollkommen hin und weg ist, wenn er ein besonders schönes Rad für sie schlägt. Mit diesem im wahrsten Sinne des Wortes hübschen Trick hat er sich – an Darwin vorbei – an die besten Weibchen herangemacht und zielsicher die Gegenwart erreicht.

Er hat im Menschenreich durchaus Entsprechungen. Nach Darwin dürfte ein Harley-Davidson und Ferrari fahrender, Golf spielender Mittfünfziger und Unternehmer auf den ersten Blick nicht die geringsten Fortpflanzungschancen haben. Alle Frauen müssten sich nach dem Vater der Evolutionstheorie mit

Grausen von ihm abwenden, wenn er an der Bar seines Countryclubs lehnt und davon erzählt, wie er seine Tage auf den Greens der Welt verbringt. Weder ein überteuertes, technisch veraltetes Motorrad noch Autos ohne Platz für Kinderwagen und Einkaufstaschen dürften die Damen locken. Zumal er obendrein seine Zeit immer noch auf Spielplätzen verbringt, um mit kleinen Bällen oder größeren Murmeln zu spielen. In Wirklichkeit hat er aber ausgezeichnete Chancen bei bestimmten Frauen, weil sie aus seinen evolutionstechnisch unsinnigen Status-Accessoires zielsicher auf genau diesen Status schließen. Was also Schönheit im Pfauenreich, ist für viele Frauen Status – von guter Anpassung an die Wirklichkeit in beiden Fällen keine Spur.

Schon aus solchem Durchschauen von Gesetzmäßigkeiten der Fortpflanzungswahrscheinlichkeit ergeben sich erhebliche Konsequenzen, etwa für wirtschaftliche Ambitionen. Wer diesbezüglich Erfolg ersehnt, sollte sich keinesfalls nur auf praktische und dem täglichen Leben gut angepasste Handelsobjekte verlassen, sondern könnte im Bereich von Schönheit und Status unter Umständen viel erfolgreicher punkten. Tatsächlich gibt es diesbezüglich ausgesprochene Künstler. Respekt etwa vor der Idee, funktional unpraktische Taschen, Rucksäcke und Koffer aus günstigem Plastik und in den Farben des Stuhlgangs mit solch einem künstlichen, schon fast an Kunst erinnernden Renommee zu versehen, dass sie von denjenigen, die sich für etwas Besseres halten,

> *Wer den höchsten Rang in einer Gruppe von Tieren oder Menschen hat, ist leicht zu erkennen. Er ist immer derjenige, der am meisten angeschaut wird. Davon kommt auch das Wort Ansehen.*
> IRENÄUS EIBL-EIBESFELDT

für erstaunliche Summen erstanden werden! Natürlich könnte man für einen Bruchteil davon auch funktional wirklich praktische Reiseutensilien erwerben, allein ihnen fehlt ohne Prestige auch der Erfolg.

Bei den Naturgesetzen der Physik und Chemie, die zwar – wie sich zeigte – auch nicht generell, aber doch wenigstens in allen Ländern dieser Erde gelten, ist die Lage noch relativ einfach und übersichtlich, so grobe Unstimmigkeiten wie bei von Menschen für Menschen gemachten Gesetzen kommen hier kaum vor. Aber sobald sich die Wissenschaft nicht mit der toten, sondern lebendigen Materie beschäftigt, steigt die Fehleranfälligkeit dramatisch, wie die offensichtlich mangelhafte Evolutionstheorie zeigt. Überall, wo es um das soziale Zusammenspiel geht, sind grobe Fehler und Mängel in den Regelwerken eher die Norm als die Ausnahme.

Oft ist die Zeit auch einfach noch nicht reif für die rechte Erkenntnis der Gesetzmäßigkeiten. Ein halbes Jahrhundert vor Darwin hatte der französische Botaniker und Zoologe Jean-Baptiste de Lamarck die Evolutionsgesetze bereits viel vollständiger entschlüsselt. Weitsichtiger als Darwin, hatte er neben dem Gesetz der Konkurrenz um die beste Fortpflanzungschance auch schon die Tendenz der Evolution zu Kooperation und Synergien erkannt. Aber weil er in einem anderen Punkt, nämlich der Vererbung erworbener Eigenschaften, seiner Zeit so weit voraus war, dass seine Erkenntnisse erst wesentlich später Bestätigung fanden, wurde er auch für die Idee einer umfassenden Zusammenarbeit im Schöpfungsgeschehen lächerlich gemacht und seine vollständigere Evolutionstheorie gleich mit verworfen. Die damalige Zeit konnte sich mit der von ihm entdeckten größeren Wahrheit noch nicht anfreunden, und so kommt sie heute erst ganz allmählich zu ihrem Recht.

Die Entwicklung der Menschheit wäre sicher anders verlaufen, hätte man Lamarck schon damals verstanden. Aus seiner Erkenntnis der Naturgesetze wäre eine auf Kooperation setzende Sozialphilosophie gefolgt. Der aus dem Sozialdarwinismus abgeleitete Brutal- und Turbokapitalismus wäre der Menschheit vielleicht erspart geblieben. So sind wir erst heute an dem Punkt angelangt zu erkennen, wie sehr wir auch in dieser Hinsicht der Vorlage der Natur trauen können und uns in Kooperation und dem Schaffen von Synergien üben sollten. Das wiederum führte zu der Erkenntnis, dass das Ganze ebenso im zwischenmenschlichen Bereich mehr ist als die Summe seiner Teile, und dem könnten wir auch in der Praxis unseres Zusammenlebens Ausdruck verleihen.

Generell ist die Übertragung von Gesetzen von einer Ebene der Wirklichkeit wie etwa der naturwissenschaftlichen auf eine andere wie die soziale problematisch. Lediglich die beiden übergeordneten Gesetze der Polarität und Resonanz gelten auf allen Ebenen, und die Einheit liegt allen zugrunde. Trotzdem sind Analogien zwischen den Ebenen verlockend und oft auch zum besseren Verständnis hilfreich.

Wenn Physiker heute feststellen, die letzten, der Wirklichkeit am besten angemessenen Gesetze seien Spiegelgesetze, wer dächte da nicht an Hermes Trismegistos und das Resonanzgesetz »Wie oben, so unten«? – Natürlich ein Spiegelgesetz! Das ist damit aber selbstverständlich noch nicht im naturwissenschaftlichen Sinn bewiesen. Es gehört lediglich von seiner Art her zu jenen Gesetzen, die auch die moderne Physik als die grundlegendsten erkennt.

Ähnlich ist es mit den Energieerhaltungssätzen. Sowohl für Physik als auch Chemie ist belegt, dass Energie nicht vernichtet, sondern lediglich umgeformt werden kann. Auch die ökologischen Wissenschaften haben das begriffen. Die Schulmedizin dagegen glaubt immer noch, dass sie durch schlichtes Unterdrücken von Symptomen Krankheitsbilder aus der Welt schaffen kann. Das entlockt wirklichen Naturwissenschaftlern nicht mehr als ein Lächeln.

Auch in anderer Hinsicht missachtet sie die Regeln der Naturwissenschaft offensichtlich, legt aber trotzdem gesteigerten Wert darauf, als solche anerkannt zu werden. Naturwissenschaftler stellen zum Beispiel Hypothesen auf wie jene, dass Schwäne weiß seien. Wenn nun nach Millionen weißer Schwäne ein schwarzer gefunden wird, ist für Naturwissenschaftler diese Hypothese falsifiziert und vom Tisch. Die Schulmedizin aber hat dann in der Regel längst eine Lehrmeinung daraus gemacht, hinter der sich Professoren versammelt und oft geradezu verschanzt haben. Der Entdecker des schwarzen Schwans wird folgerichtig schikaniert und verfolgt, lächerlich gemacht und ausgegrenzt. Er kann seine Entdeckung kaum in einer der einschlägigen Fachzeitschriften veröffentlichen, sondern hat sich auf eine Außenseiterrolle gefasst zu machen. Oft muss er sterben, bevor seine Entdeckung Anerkennung findet, wie etwa Ignatius Semmelweis, der Begründer der modernen Hygiene.

Ordnungen innerhalb der Gesetzessysteme

Wir müssen also feststellen, dass den von Menschen für Menschen gemachten Gesetzen – etwa des Verkehrs, zum Beispiel des öffentlichen, gesellschaftlichen oder auch ehelichen – die Allgemeinverbindlichkeit fehlt. Sie divergieren erheblich von Land zu Land. In manchen US-amerikanischen Bundesstaaten

ORDNUNGEN INNERHALB DER GESETZESSYSTEME

wie auch in allen möglichen islamischen Ländern ist Küssen in der Öffentlichkeit strafbar, ebenso das Trinken von Alkohol. In allen europäischen Ländern ist Ersteres normal, und in manchen gehört Letzteres sogar zum guten Ton.

Bei den Naturgesetzen ist das Problem, dass sie zwar als allgemeingültig gelten, die Wirklichkeit aber noch nicht bis in ihre letzten Tiefen erfassen. Wer hätte gedacht, dass das auf Descartes, Galilei und Newton gegründete Weltbild der Physik einmal so nachhaltig zusammenbrechen würde, wie im letzten Jahrhundert geschehen? Nun bauen wir auf die Quantenlogik, die wir mehrheitlich noch kaum verstehen. Und wer weiß, was als Nächstes kommt?

Die Regeln der Medizin sind noch anfälliger für Fehler, und ihr Ablaufdatum ist allfällig. Die Gesetze von heute sind der Irrtum von morgen. Persönlich habe ich mich kaum je getraut, Schulmedizin zu verordnen. Ein Gutteil der Medikamente, die ich heruntergebetet habe, um mein Pharmakologie-Examen zu bestehen, ist heute, dreißig Jahre später, bereits verboten. Pharmaskandale enthüllen, mit welch rabiaten und menschenverachtenden Methoden Medikamente in den Markt gedrückt werden, die Patienten schaden und deren hauptsächlicher Sinn es ist, die Kassen der Konzerne zu füllen. Im Bereich der Medizin verstellt oft Geld und die mit ihm verbundene Interessenpolitik den Blick auf die Wahrheit und damit auf Gesundheit und nicht zuletzt auf die wirklich wirkenden Gesetze.

> *Der Irrtum von gestern bestimmt die Wirklichkeit von heute. Wissenschaft ist eine Kette von Erkenntnissen und Irrtümern. Letztere sind umso wirksamer und gefährlicher, je wichtiger ihre Urheber genommen wurden.*

EINFÜHRUNG

In Medizin und Sozialwissenschaften ist es eher grundsätzlich schwierig, objektive Daten zu erheben und Wissenschaft mit hohem Wahrheitsgehalt zu betreiben. Wir haben heute eine Fülle von Daten, mit denen sich sowohl Kongress als auch Kabarett machen lässt. Letzteres ist wenigstens amüsant, der Wahrheitsgehalt bleibt in beiden Fällen offen. Wer etwa aus schulmedizinischen Studien jene Persönlichkeitsmuster herausdestilliert, die die geringsten Herzinfarktrisiken aufweisen, erntet einen Lacherfolg.

Der US-Mediziner G.S. Meyers machte sich die Mühe und fand den entsprechenden Mann. Es ist »ein verweichlichter städtischer Angestellter oder Leichenbestatter, physisch und geistig träge und ohne Spritzigkeit, Ehrgeiz und Konkurrenzdenken, der niemals versucht hätte, irgendeinen Termin einzuhalten; ein Mann ohne Appetit, der sich von Obst und Gemüse ernährt, das er mit Maisöl und Walfischtran anmacht; ein Nichtraucher, der den Besitz von Fernseher und Auto verschmäht, mit vollem Haarschopf, aber dürr und unathletisch, doch ständig bestrebt, seine kümmerlichen Muskeln zu trainieren. Mit niedrigem Einkommen, Blutdruck, Blutzucker, Harnsäurespiegel und Cholesterin hat er seit seiner prophylaktischen Kastration Vitamin B_2 und B_6 und über längere Zeit Blutverdünnungsmittel eingenommen.«

Ein US-Arzt namens Dr. Howard fand die dazu passende Partnerin als »eine fahrradfahrende, arbeitslose, untergewichtige Zwergin vor den Wechseljahren, mit niedrigen Beta-Lipoproteinen und Blutfetten, die beengt in einem Zimmer auf der Insel Kreta vor dem Jahr 1925 lebt und sich von geschältem Getreide, Distelöl und Wasser ernährt«.[2]

Würden sich diese beiden aus wissenschaftlichen Studien entsprungenen Fabelwesen erfolgreich paaren, wäre – abgesehen von seiner Kastration und ihrer Sterilität – mit infarktsicheren Nachkommen zu rechnen. Selbst objektive Daten sind, wie diese wissenschaftlich wahre und verlässliche Zusammenstellung zeigt, also noch nicht der Weisheit letzter Schluss.

Was verlässliche Gesetze angeht, sind wir in einer nicht gerade einfachen Lage, die mit unserem kollektiven Bewusstseinsstand zu tun haben dürfte. Auf diese Situation bezieht sich ein Vers des *Tao Te King*, der davon ausgeht, dass entwickelte Menschen ohne Gesetzbücher zusammenleben könnten. Erst wenn der Bewusstseinsstand sinke, werde eine allgemeinverbindliche Ethik notwendig. Reiche auch das nicht mehr, brauche es Moral, die sich auf entsprechende Gesetze berufen könne. Sinke der Bewusstseinsstand weiter, bedürfe es der Polizei, um die Gesetze durchzusetzen. Wenn auch das nicht mehr helfe, käme es zur Entwicklung von Militär, um die Ordnung zu sichern. Das *Tao Te King* lässt erahnen, dass es auch anders ginge. Wer jene zeitlosen Gesetze kennt, die nicht von Menschen erdacht wurden, sondern die Schöpfung seit ihrem Beginn regieren, braucht weder die vielen Vorschriften noch den ganzen Aufwand, um ihnen Beachtung zu verschaffen. Er weiß um die Einheit beziehungsweise das Tao hinter allem und die beiden zentralen Gesetze des Schicksals:

> Je mehr Verbote es gibt,
> desto weniger tugendhaft werden die Leute sein.
> Je mehr Waffen es gibt,
> desto weniger sicher werden die Leute sein.
> Je mehr Hilfsgelder es gibt,
> desto weniger selbstbewusst werden die Leute sein.

> Daher sagt der Meister:
> Ich lasse das Recht los,
> und die Leute werden redlich.
> Ich lasse die Wirtschaft los,
> und die Leute werden wohlhabend.
> Ich lasse die Religion los,
> und die Leute werden heiter und ruhig.
> Ich lasse das Verlangen nach Allgemeinwohl los,
> und das Wohl verbreitet sich so allgemein
>   wie das Gras.[3]

Insofern haben wir heute ganz offenbar einen Tiefststand erreicht. In vielen Teilen der Welt hat das Militär das Sagen und lässt seine Waffen sprechen. In anderen Regionen regieren Politik und Legislative nur als verlängerter Arm des Militärs wie etwa in vielen lateinamerikanischen, aber auch in Ländern wie der Türkei. Als die »besten« Länder erscheinen uns heute noch diejenigen, in denen Militär kaum merkbar und die Polizei so stark ist, dass die Furcht vor ihren Repressalien die unlauteren Charaktereigenschaften der Menschen unter der Oberfläche hält. Das aber ist Gesetzestreue aus Angst und nicht dasselbe wie die Anerkennung der Regeln aus einem Einverständnis heraus.

Natürlich hängt Letzteres auch von der Qualität der Gesetze ab und ihrem Zeitbezug. So viel Sinn es macht, sich zu verkehrsreichen Zeiten an die Signalsprache der Ampeln zu halten, so sinnlos ist es, nachts minutenlang zu warten, wenn kilometerweit kein Auto in Sicht ist. Solche Situationen verführen dazu, zeitinadäquate Regeln zu umgehen und ihre Relativität zu durchschauen.

Die Einhaltung der Gesetze

In der Schweiz werden aufgrund drakonischer Strafen und eines immer lückenloser werdenden Überwachungssystems die Verkehrsregeln besser eingehalten als etwa in Österreich. Es dürfte die Angst vor Bußen bis zum Führerscheinverlust sein, die die Raserei der Bürger bremst. Auf diese Weise werden wir in Zukunft wohl einiges zu lernen haben.

Hin und wieder bekommen wir einen Ausblick darauf. Ein Seminarteilnehmer wurde nach einer Fahrt durch halb Italien an der Mautstelle von der Polizia Stradale aufgehalten. Die Polizisten errechneten seine Durchschnittsgeschwindigkeit aus den Daten seines Mautzettels und verdonnerten ihn zu einer empfindlichen Strafe. Sein Entsetzen über diese Art elektronischer Überwachung war groß. Ähnliches wird uns allen im Zeitalter des G(eneral)P(ositioning)S(ystems) blühen. Längst ist es mittels GPS möglich, die Wagen zu orten. In nicht allzu weiter Ferne werden Polizisten den Rasern nicht mehr wie Wegelagerer aus der Deckung des Straßenrandes auflauern, sondern einmal pro Quartal einen Knopf am Computer betätigen, der die angefallenen Gesetzesübertretungen pro Kfz ausweist.

> *Wir können jederzeit frei entscheiden, ob wir uns freiwillig einordnen oder uns später zwangsweise einordnen lassen.*

Wir werden uns dann neu überlegen, ob wir weiter Gesetze ignorieren, wenn die Vergehen zu hundert Prozent Sanktionen erfahren.

Ein wenig länger wird es wohl dauern, bis wir alle einen Chip unter der Haut tragen, der uns jederzeit ausweist und kontrollierbar macht. Zwar glauben das heute nur die wenigsten, aber die Vorzeichen sind bereits unverkennbar. Reisende Hundebesitzer zeigen schon den Trend. Kaum einer nimmt die zeitraubenden Kontrollen noch auf sich. Der Hund hat längst seinen Chip unter dem Fell und reist bequem und kontrolliert mit. Und nun die Gewissensfrage: Wenn wir uns all die aufwendigen Kontrollen und Identifikationen dadurch sparen könnten, wer würde schon auf Dauer – aus Überzeugung – auf den schmerzlosen kleinen Chip unter der Haut verzichten? Eine Zeit lang vielleicht, aber wer ständig in Schlangen steht, während andere einfach durchgehen, wird sich das überlegen.

Wahrscheinlich wird sich aufgrund solch moderner elektronischer Kontrollmechanismen fast vollkommene Gesetzestreue aus Angst vor Strafen erreichen lassen, weil wir immer sicher sein können, dass alles auffliegt und zum Schluss akkurat abgerechnet wird. Solch ein System vollkommener Transparenz gab es bereits bei den Indianern Nordamerikas wie bei vielen archaischen Kulturen. Sie lebten sehr gut damit, solange wir sie nicht verunsicherten. Als die Weißen ankamen, reagierten die Roten erstaunt über deren Untreue gegenüber eigenen Gesetzen. Sie brachen sogar jene Gesetze und Verträge, die sie selbst den Indianern aufgezwungen hatten. So fanden diese einen entlarvenden Namen für sie: »diejenigen, die mit gespaltener Zunge sprechen«, ein anderes Wort für »Lügner«. Den Namen »Bleichgesicht« gaben sich die Weißen selbst, weil er ihnen weniger peinlich erschien. Den Indianern war völlig klar, dass Manitu, der große Geist, immer alles sah. Schon von daher machte der Versuch, (ihn) zu betrügen, keinerlei Sinn. Weiße dagegen riskieren es, zu lügen und ihre eigenen Gesetze zu brechen, weil sie hoffen, nicht erwischt zu werden und Vorteile dadurch zu erlangen. Sie halten sich schlicht für schlauer als ihre eigenen Götter oder glauben einfach nicht wirklich an sie.

Vielleicht wäre es heute geboten, über diese vor allem in der westlichen Zivilisation verbreitete verlogene Einstellung grundsätzlich nachzudenken. Da wir obendrein auf Zeiten absoluter Transparenz zusteuern, wäre es nicht allzu gewagt, uns schon jetzt an jene Gesetze zu halten, die von praktisch allen alten Kulturen, Religionen und Traditionen als durchgängig gültig erkannt wurden. Wer die zeitlosen Gesetze von **Polarität** und **Resonanz** einhielte, würde sofort deutlich weniger Strafen riskieren – in allen Bereichen, denn diese Gesetze gelten überall in der Welt der Gegensätze.

Erst im Einheitsbewusstsein, also auf der göttlichen Ebene, gelten sie nicht mehr. Um diese Situation aber brauchen wir uns nicht im Geringsten zu sorgen. Wer sie erreicht, bemerkt es sofort und ist in jeder Hinsicht im Bilde. Er hat im wahrsten Sinne des Wortes ausgesorgt.

Diese beiden so unterschiedlichen Ebenen der Gesetze waren schon unseren Vorfahren bekannt und klingen an im Christuswort »Gebt dem Kaiser, was des Kaisers ist, und Gott, was Gottes ist«. Beides zu unterscheiden ist heute in Ländern wie den deutschsprachigen nicht eben schwer. Der Staat macht seine Gesetze und setzt sie mehr oder weniger strikt durch. Aus den Belangen der Religion hält er sich weitgehend, aus spirituellen ganz heraus.

Freiwillige Gesetzestreue gegenüber den letzten, in allen Bereichen geltenden Gesetzen wäre nicht nur intelligent, sondern auch – unter dem Aspekt der Angstvermeidung – vorausschauend, denn zum Schluss wird auf alle Fälle genau abgerechnet. Ob man das nun glaubt oder nicht, darin sind sich zumindest alle Religionen wieder einig. Vom Wiegen des Herzens bei den

EINFÜHRUNG

alten Ägyptern gegen die Feder der Maat über das »Auge um Auge, Zahn um Zahn« des Alten bis zum Jüngsten Gericht des Neuen Testaments unterscheiden sich wohl die verwendeten Bilder, das Ergebnis bleibt jedoch überall dasselbe: Es wird genau abgerechnet.

Persönlich haben mich fast dreißig Jahre als Psychotherapeut völlig überzeugt: Es ist noch nie gelungen, das Schicksal zu betrügen. Weder in der profanen noch in der klerikalen Geschichte gibt es einen einzigen Beleg für einen langfristig erfolgreichen Versuch, das Schicksal auch nur zu umgehen.

Die Mythen der Völker und ihre Märchen verkünden nur eine einzige Wahrheit: In der Endbilanz kommt alles zu seinem Recht, und Betrug oder Tricks zahlen sich langfristig nie aus. Jedes System strebt nach Vollständigkeit und ahndet Vergehen dagegen. Wie oft haben zum Beispiel schon die Griechen der Antike versucht, den Schicksalsspruch des Orakels zu unterlaufen, und wie wenig hat es ihnen genutzt?

Unter diesem Aspekt ist es eine Intelligenzfrage, ob man Gesetzen, denen man in jedem Fall unterworfen ist und deren Nichtbeachtung immer negative Konsequenzen hat, nicht einfach besser von Anfang an entspricht. Vor allem auch dann, wenn diese Gesetzestreue obendrein ein erfolgreicheres und von daher auch angenehmeres und schöneres Leben beschert. Ein Leben, das es schließlich sogar ermöglicht, mithilfe der Erkenntnis der irdischen Gesetze von diesen am Ende des Entwicklungsweges immer freier zu werden, um schließlich in die Erfahrung der Einheit einzugehen.

> *Alle Gesetze sind Versuche, sich den Absichten der moralischen Weltordnung im Welt- und Lebenslaufe zu nähern.*
> GOETHE

DIE EINHALTUNG DER GESETZE

Zuerst ist es einfach nur intelligenter, sich nach dem Resonanzgesetz zu richten und wachsam gegenüber dem der Polarität zu bleiben, wenn man Erfolg in dieser Welt anstrebt. Wer aber über diese Welt hinauswill, um Einheit zu erfahren, wird sich über die Polarität erheben und die beiden Täuscher Raum und Zeit, wie es im Osten heißt, überwinden müssen, um mit allem eins zu werden.

Der bisherige Versuch der Mehrheit, die Schicksalsgesetze zu ignorieren, ist offensichtlich aussichtslos und bringt auf allen Ebenen Nachteile. Die Zeit ist auch reif, dies jetzt zu ändern. Warum also nicht gleich mit der Erkenntnis der entscheidenden Gesetze beginnen, um ein in jeder Hinsicht und auf allen Ebenen erfolgreicheres Leben zu führen, eins, das mehr Spaß macht und mehr Erfahrungen bringt, das spannender und erfüllter ist?

Das Gesetz der Polarität – bestimmender Faktor dieser Welt

Yin und Yang brauchen und ergänzen einander, erst gemeinsam bilden sie das Tao, die Ganzheit. Nirgendwo wird das so klar und einfach deutlich wie im Tai-Chi-Symbol. Das ist schon das ganze Geheimnis: *Yin + Yang = Tao*. **Beide Seiten der Polarität bedürfen einander und sind nur zusammen ganz und eins. Wann und wo immer wir lediglich einen Teil betonen, wächst der andere im Schatten mit.**

Da wir das meist gar nicht bemerken, sprechen wir dann von der unbewussten, geheimen oder eben der Schattenseite im Sinne C. G. Jungs, des Begründers der analytischen Psychologie.

An nichts krankt unsere Welt so wie am Schatten. Die helle Yang- und die dunkle Yin-Seite ergänzen sich zum vollkommenen Symbol des Kreises oder der Einheit. Aber selbst noch in jedem Teil steckt der Gegenpol, wie der schwarze Punkt im weißen Yang-Feld und der weiße im schwarzen Yin zeigen. Von diesem Grundmuster ist unser Leben mehr bestimmt, als wir oft ahnen.

Dies kann man schon an einem einfachen, für unsere Lebensstimmung aber mitentscheidenden Beispiel deutlich machen: In die helle Zeit des Tages, dem Yang und der Sonne entsprechend, sind wir gut beraten, einen Yin-Bereich wie den Mittagsschlaf oder eine Meditation zu integrieren. In der dunklen Yin-Zeit der Nacht haben wir mit den Träumen der REM-Phasen[4] ganz automatisch einen Yang-Anteil. Dadurch erst werden unser Tag und unser Leben rund.

Die Polarität macht in dieser Welt vor nichts halt und setzt sich immer weiter fort; das heißt, in jedem Pol findet sich wieder der Gegenpol. Deshalb müssten wir das Symbol eigentlich wie hier dargestellt zeichnen und dann immer so weiter.

Selbst noch in der Mathematik finden wir das polare Prinzip wieder. Minus und Plus entsprechen und ergänzen sich auch dort und heben einander auf. Wir könnten es auf folgende Formel reduzieren:

$$- \text{ plus } + = 0$$

Die Erfahrung der Polarität gehört nicht nur zu unserem täglichen Leben, sie **ist** unser tägliches Leben. Wer einen Stein werfen will, holt sich den Schwung vom Gegenpol. Er wird zuerst nach hinten ausholen, um den Stein dann möglichst weit nach vorn zu schleudern. Jeder kennt das auch von Kugelstoßern und Speerwerfern.

Das greif-barste Beispiel der Polarität haben wir in unserer Hand, das wichtigste in unserem Denken im Kopf. Wollen wir etwas greifen, müssen wir den Daumen in Opposition zu den übrigen vier Fingern bringen. Nur wenn der Daumen diesen Gegenpol einnimmt, ist Greifen möglich. Würde er sich in eine Reihe mit den anderen Fingern stellen, hätten wir eine Klammerhand wie manche Affen und keine Chance, Werkzeuge zu benutzen und auf der übertragenen Ebene unser Leben in den Griff zu bekommen.

So wie wir nur über den Gegenpol greifen können, ist uns auch das Be-greifen nur über die Polarität möglich. Wie könnten wir uns »klein« vorstellen, wenn es nichts Größeres gäbe, was wäre uns »hoch« ohne »tief«, was »reich« ohne »arm«? Und sogar »gut« ergäbe ohne »böse« keinen Sinn. Alles in dieser Welt hat seinen Gegenpol, seine andere Seite. Mit einem Bein könnten wir nicht gehen, mit einem Auge nicht räumlich sehen, und das Einatmen braucht das Ausatmen. Wird eine Seite zu sehr betont, kommt es zur Schattenbildung und damit zu Problemen. Der Asthmatiker übertreibt das Einatmen, »vergisst« das Ausatmen und kann an dieser Einseitigkeit im sogenannten Status asthmaticus sogar sterben. Geben braucht Nehmen und vice versa.

So wie Einatmen das Ausatmen, so erzwingt Schlaf das Erwachen und Leben den Tod. Die Umkehrung ist in vieler Hinsicht selbstverständlich: Das Ausatmen erzwingt natürlich auch das Einatmen wie auch das Wachen den Schlaf. Jede Tür ist immer Ein- und Ausgang, je nach Blickwinkel, auch wenn wir oft nur eine Seite wahr- und wichtig nehmen. Insofern ist die östliche Ansicht, dass nicht nur das Leben den Tod erzwingt, sondern der Tod auch das Leben, logischer, weil sie sich im Einklang mit dem Polaritätsgesetz befindet.

Diese Welt ist eine der Gegensätze von ihren kleinsten bis zu ihren größten Aspekten. Das Atom besteht aus positiv geladenem Kern, um den negativ geladene Elektronen kreisen. Beide Seiten sind gegensätzlich und ziehen sich doch an – sie brauchen einander, um ganz zu sein. Lediglich durch die Bewegung der Elektronen auf ihren Bahnen stürzen sie nicht in den Kern in der Mitte.

> *Wie Geborenwerden Sterben mit sich bringt, erwirkt Sterben Geborenwerden – beide gehören zusammen wie Wellenkamm und -tal, wie Ebbe und Flut, Kommen und Gehen, Tag und Nacht...*

Dieses System im Kleinsten ist zugleich Modell des Größten, denn ähnlich kreisen die Planeten um die Sonne als Zentrum und alle Sonnensysteme um die Mitte des Spiralnebels unserer Galaxie, die wir »Milchstraße« nennen, weil sie aus unserer Perspektive als breites Lichtband erscheint, während sie von der Seite wie eine Linse und von oben wie ein Spiralkreis aussieht.

So ergibt sich der *Tanz um die Mitte* oder das Bild des Mandalas, des zentralen Musters dieser Schöpfung, dem nicht nur jedes Atom entspricht, sondern auch jede Zelle, unser Auge, der Kopf und die Erdkugel, aber auch jeder andere Himmelskörper und schließlich die ganze Galaxie. Bis zu allergrößten astronomischen Dimensionen stoßen wir auf dieses Prinzip, finden sogenannte Quasare, die unvorstellbar große Energiemengen ausstrahlen, und Schwarze Löcher, die sie wieder einsaugen.

Polarität in der modernen Naturwissenschaft und Technik

Da in der materiellen Schöpfung alles aus Atomen besteht, lässt sich in diesem polaren System die zentrale Grundstruktur erkennen: Mandala und zugleich grundlegendes Bild unserer

Wirklichkeit. Da aber alles polar ist, sollte es – jedenfalls aus Sicht dieser Welt – auch bezüglich der Polarität einen Gegenpol geben.

Der Nobelpreisträger Max Planck ging in einer 1929 in Berlin gehaltenen Rede sogar so weit, die Existenz der Einheit beziehungsweise Gottes aus der Polarität abzuleiten (was freilich noch kein »Gottesbeweis« im herkömmlichen Sinne ist). Er sagte:

> Es gibt keine Materie an sich. Alle Materie entsteht und besteht nur durch die Kraft, welche die Atomteilchen in Schwingung bringt und sie zum winzigsten Sonnensystem des Atoms zusammenhält. Da es im gesamten Weltall weder eine intelligente noch eine ewige Kraft gibt, so müssen wir hinter dieser Kraft einen bewussten, intelligenten Geist annehmen. Dieser Geist ist der Urgrund aller Materie. Nicht die sichtbare und vergängliche Materie ist das Reale, Wirkliche, Wahre – denn die Materie bestünde, wie wir gesehen haben, ohne diesen Geist überhaupt nicht –, sondern der unsichtbare, unsterbliche Geist ist das Wahre.
>
> Da es aber Geist an sich allein auch nicht geben kann, sondern jeder Geist einem Wesen zugehört, müssen wir zwingend Geistwesen annehmen. Da aber auch Geistwesen nicht aus sich selbst sein können, sondern geschaffen werden müssen, so scheue ich mich nicht, diesen geheimnisvollen Schöpfer ebenso zu benennen, wie ihn alle Kulturvölker der Erde früherer Jahrhunderte genannt haben: Gott.[5]

Die Polarität findet sich auch in allen »Niederungen« der praktischen Wissenschaften. Chemiker gehen selbstverständlich davon aus, dass Salz nur entstehen kann, wenn die Gegenpole Säure und Base zusammenkommen. Die Säure ist dabei das (archetypisch männliche) Protonen abstoßende Prinzip, die Base das Protonen einsaugende (archetypisch weibliche). Auch der Aufbau der Moleküle gehorcht der Polarität, denn es sind gegenpolare Kräfte räumlicher und elektrischer Anziehung, die sie im Innersten zusammenhalten.

Das weibliche Östrogen   *Das männliche Androgen*

Zwei besonders gelungene Darstellungen der wichtigsten Geschlechtshormone.

Die Vererbung folgt ebenfalls polaren Mustern mit den jeweils paarweise auftretenden Chromosomen und den beiden gegenpolaren Geschlechts-Chromosomen: das weibliche X und das männliche Y. Eine Ebene tiefer, innerhalb der Chromosomen, bestimmt der genetische Code der DNS den Erbgang, der dem Schlüssel-Schloss-Prinzip und damit ebenfalls dem polaren Prinzip folgt.

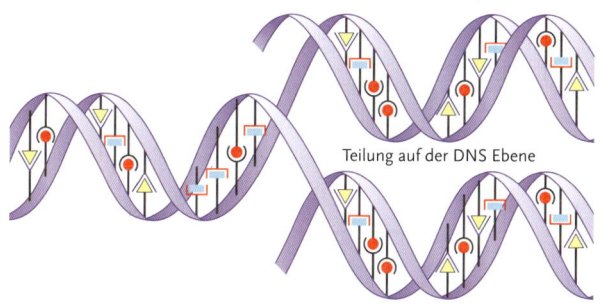

Teilung auf der DNS Ebene

Die Polarität beherrscht natürlich auch die Welt der Technik. Elektrischer Strom braucht beide Pole, Plus und Minus, oder er bricht zusammen. Der Magnet lebt von Nord- und Südpol. Das Rad, von dem unser Fortschritt so lange lebte und es zum Teil immer noch tut, beruht auf der Spannung zwischen der Leere in der Mitte und der sie umkreisenden Peripherie. Das *Tao Te King* drückt das poetisch aus:

> Wir fügen Speichen in einem Rad zusammen,
> aber es ist das Loch in der Mitte,
> das die Bewegung des Wagens bewirkt.
>
> Wir formen Ton zu einem Topf,
> aber es ist die Leere darin,
> die das Gewünschte enthält.
>
> Wir zimmern Holz für ein Haus,
> aber es ist der Innenraum,
> der es bewohnbar macht.
>
> Wir arbeiten mit Seiendem,
> doch Nichtsseiendes macht den Nutzen aus.[6]

Und selbst noch die Computer, die das Rad als Symbol des Fortschritts ablösten, leben von der Spannung zwischen der Null und der Eins und bauen auf diesem sogenannten binären System ihre und unsere neue Welt auf.

Der Ursprung der Polarität *oder* Polarität und Sexualität

Der menschliche Körper ist wie alle Materie dieser Schöpfung aus Atomen aufgebaut, welche ihrerseits Moleküle bilden, die wiederum Zellen ergeben. In der Zelle stehen der ruhende, alle Information enthaltende Kern und das aktive, die praktischen Lebensvorgänge unterhaltende Zytoplasma in polarer Beziehung zueinander. Die Zellen bilden Gewebe, spezifische Organ- und unterstützende Bindegewebe, die sich wiederum polar zueinander verhalten. Die Organe sind dann in der Regel selbst wieder polar aufgebaut, wie die beiden Hälften des Gehirns, und formen Körper von Tieren und Menschen, die offensichtlich als Männlein und Weiblein wieder polar auftreten.

Auf diese Art haben frühere Generationen Sexualität im Aufklärungsunterricht »genossen«. Das mag zunächst langweilig erscheinen, trifft es aber dennoch auf den Punkt. Es ist die Polarität, die uns als Art überleben lässt. Sexualität lebt von der Vereinigung der Gegensätze des Weiblichen und Männlichen. Nur wenn beide zusammenkommen und eins werden, besteht die Möglichkeit, für einen Moment sogar Einheit zu erfahren und zu ver-wirklich-en: seelisch im Orgasmus und körperlich, indem wir einem Kind das Leben schenken. Die wunderbare Erfahrung der Einheit im Orgasmus ist, salopp formuliert, der wirksame »Trick«, mit dessen Hilfe die Evolution uns Menschen bis in die Gegenwart gebracht hat.

Im Hinduismus werden Lingam und Yoni, die figürlichen Darstellungen der menschlichen Geschlechtsorgane, in entsprechenden religiösen Riten verehrt und zum wesentlichen Teil vieler Kulte. Ganze Tempelanlagen wie die in Khajuraho im indischen Bundesstaat Madhya Pradesh sind von figürlichen Darstellungen des Geschlechtsverkehrs in wirklich all seinen Stellungen und Varianten überzogen.

So wurde der Akt, bei dem Menschen Gott am nächsten kommen, sowohl in der Rolle als Schöpfer wie auch im Erleben von Einheit zum Zentrum religiöser Verehrung. Das ist wiederum der Gegenpol zu jenen aus dem Judentum hervorgegangenen Religionen, die ihn diskriminieren und gedanklich beschmutzen.

Tatsächlich ist der Geschlechtsakt der Nachvollzug der grundsätzlichen menschlichen Aufgabe, wie sie in vielen Gleichnissen zum Ausdruck kommt: die Polarität zu überwinden durch Zusammenfügen beider polarer Seiten. Besonders deutlich ist diesbezüglich die Geschichte von den Kugelmenschen, die Platon uns überliefert, jener große Geist, der – lange vor dem institutionellen Christentum – den körperfeindlichen Gegenpol zur sexuellen Lust in Gestalt der »platonischen Liebe« formulierte: Die Kugel(mensche)n, ursprünglich rund und mit zwei Köpfen und je vier Armen und Beinen ausgestattet, waren übermütig und wurden sogar den Göttern gefährlich. Da bekamen sie die Aufgabe, nachdem der Göttervater Zeus sie mit seinem Schwert in der Mitte durchteilt und in der Welt verstreut hatte, ihre nun fehlende Seite wiederzufinden. Dass die getrennten Hälften einander finden und sich wiedervereinigen, um eins zu werden und den Himmel der Einheit zu erfahren, ist der Stoff unzähliger Mythen, Märchen, Geschichten und Filme. Und nach dreißig Jahren Beratung kann auch ich eindeutig konstatieren: Diese Thematik liefert den wesentlichen Antrieb hinter unseren Biografien!

Das haben sich die Götter wirklich gut ausgedacht, um das menschliche Leben mit Dynamik und Spannung zu versehen! Auch Jahwe, der jüdisch-christlich-islamische Schöpfergott,

DER URSPRUNG DER POLARITÄT

Typisch tantrische Skulptur einer indischen Tempelfassade.

hat mit der in der Genesis beschriebenen Wegnahme der anderen Seite beziehungsweise Rippe von Adam und der Weitergabe an Eva für einigen Stoff gesorgt, der uns bis heute in Atem hält...

Deutlichster Ausdruck der Polarität in der Menschenwelt ist die Sexualität. Betrachten wir die Psychologie und selbst die Welt der Werbung und damit des Handels, zeigt sich überall ihre beherrschende Rolle: Wir leben in einer weitgehend sexualisierten Moderne und sind damit nicht mehr weit entfernt von Sigmund Freud, der hinter fast allen seelischen Problemen Sexuelles witterte. Würden wir in seinen Schriften das Wort »Sexualität« durch »Polarität« ersetzen, könnten diese noch heute bestehen. Denn tatsächlich ist die Polarität und unser hilfloser Umgang mit ihr das bei weitem größte Problem auf Erden, wie sich nicht nur – auf persönlicher Ebene – in der dramatischen Zunahme der Scheidungen zeigt, sondern überall, etwa in den wachsenden Spannungen zwischen Nord und Süd, Stadt und Land und letztlich zwischen Arm und Reich.

> *Der Stoff, aus dem die Welt besteht und um den sich alles dreht: die Polarität.*

Polarität und zwischenmenschliche Beziehungen

Auch der Bereich der Partnerschaft liefert eine Fülle von Anschauungsunterricht im Hinblick auf die Polarität. Wer hätte noch nicht miterlebt, wie zwei unsterblich ineinander verliebte Menschen glauben, ihr Leben sei dadurch zu retten, von jetzt an mit diesem/dieser Geliebten für immer zusammen zu sein?

Wenn das Schicksal gnädig oder gemein genug ist, erfüllt es ihnen den Wunsch. Solange sie so unsterblich verliebt sind, von Luft und Liebe leben können und Gott und die Welt umarmen wollen, ist ihr Er-leben noch der Einheit nahe, und alles fühlt sich ganz, heil und wundervoll an. Sobald aber die Sterblichkeit und damit die polare Welt der Gegensätze wieder in ihr Leben Einzug hält, gelten auch deren Regeln und an erster Stelle das Polaritätsgesetz.

Leider ist das Erleben von Einheit in der Partnerschaft fast nur, dafür aber immer wieder, im orgiastischen Einswerden möglich. Es wird aber kaum oder nur sehr schwer im Alltag aufrechtzuerhalten sein. So ist es

> *Es gibt nichts Gutes, außer man tut es [selbst].*
> ERICH KÄSTNER

meist nur eine Frage der Zeit, bis die regelrechte »Großhirnvergiftung« des Verliebts-eins vergeht und dem polaren Leben weicht. Was in größter Liebe vor den Altar geführt, dort Anerkennung von höchster Stelle erfahren hat und noch feierlich gelobt wurde, wird später nicht selten in blanker Feindseligkeit vor Gericht bestritten und schließlich geschieden, oft obendrein ohne Rücksicht auf Kinder und die gemeinsame Zeit, von den Gütern ganz zu schweigen. Warum nur tun sich Menschen, die sich einst als füreinander bestimmt glaubten, diesen Wandel von heißer Liebe in kalten Hass an?

Es widerfährt ihnen, weil sie das Polaritätsgesetz nicht kennen und/oder seine Wirkungen unterschätzen. Fast jedem ist das Muster dieser Erfahrung bekannt. Anfangs ist alles eitel Sonnenschein, weil wir am neuen Partner nur sehen, was uns wundervoll erscheint, was wir gernhaben und bei uns selbst ebenfalls entwickeln möchten. Kaum sind wir aber aus dem Himmel der Einheit, deren Geschmack uns das Verliebtsein vermittelt, zurückgekehrt in die Niederungen der polaren Welt, zeigen sich auch schon Schattenseiten am Partner. Es sind unsere, nur sehen wir das nicht (ein). Der Partner präsentiert uns unabsichtlich Aufgaben, die *wir* zu integrieren hätten; das heißt, wir müssten sie zuerst (bei uns) erkennen, bearbeiten und annehmen und schließlich sogar schätzen lernen.

Würden wir durchschauen, wie alles, was uns am Partner und überhaupt draußen in der Welt stört, mit uns zu tun hat und uns zur Aufgabe wird, wäre jede Partnerschaft eine wundervolle Chance zur eigenen Psychotherapie. In der Regel neigen wir aber eher dazu, was uns am Partner (und an der Welt) stört, nicht auf uns zu beziehen, sondern an ihm (und der Welt) zu bekämpfen. Wir projizieren lieber auf Gott und die Welt, was nichts anderes meint, als Schuld zu verteilen, statt uns an die eigene Nase zu fassen. Oder noch direkter: Statt Verantwortung für uns selbst zu übernehmen, schaffen wir uns Feinde.

> *Projizieren bedeutet Feinde produzieren.*

Dabei kommt uns noch eine typische Art von Fehlwahrnehmung zu Hilfe. Wir messen bei anderen nach einem ganz anderen Maß als bei uns selbst. Diesen Zusammenhang hält uns die Bibel vor, wenn sie sagt, wir neigten dazu, den Splitter im Auge des anderen zu erkennen, den Balken im eigenen aber nicht. Dabei muss letztlich alles, was uns draußen stört, mit einem inneren Problem zu tun haben, sonst könnte es uns gar nicht stören. Ein Beispiel mag das deutlich machen. Der schlimmste denkbare Vorwurf, den man uns machen könnte, nämlich »Ihr Mörder!«, ließe uns wahrscheinlich ruhig bleiben, weil wir mit dem Thema nichts zu tun haben. Bei dem ungleich milderen Vorwurf »Ihr Lügner« könnte das in einer entsprechenden Situation schon ganz anders sein, denn direkt würden wir vermutlich etwas denken wie: »Woher weiß der das denn?« So könnte sich viel eher Streit ergeben, weil wir alle diesbezüglich Erfahrungen haben. Um uns zur Reaktion, zum Mitschwingen im Guten wie im Schlechten zu bringen, muss eine Beziehung respektive Resonanz zum jeweiligen Thema vorhanden sein, wenn auch nicht unbedingt auf derselben Ebene.

Genau genommen bringt uns der Partner die äußere Welt nur näher heran. Der Frau verdeutlicht ihr Mann eigene maskuline Seelenanteile, dem Mann die Frau entsprechend seine feminine Seite. Darüber hinaus aber alles, was an der eigenen Persönlichkeit noch nicht rund und vollkommen ist. Folglich könnten wir unseren Partnern für so wertvolle Dienste dankbar sein, vor allem wo sie uns auf besonders deutliche, das heißt drastische und unübersehbare Art und Weise auf die berühmte Palme bringen und so auf eigene Fehler und damit fehlende Seelenanteile aufmerksam machen. Die Palme ist ein ganz besonderer Baum, sonst würden wir sie sprachlich wohl nicht auch in Breiten verwenden, in denen sie gar nicht wächst. Sie könnte uns durch ihre Einzigartigkeit, die darin besteht, all ihre Äste beziehungsweise Blätter aus ihrer Mitte, ihrem Herzen wachsen zu lassen, eine Lösung zeigen. Würden wir uns alles selbst zu Herzen nehmen, was uns an anderen stört, wäre dies das Ende aller Projektionen, und nichts könnte uns mehr auf die Palme bringen.

Aus diesem Grund kommt der Partner wohl auch in der Umgangssprache so gut weg. »Bessere Hälfte« sagt der Volksmund, wohl weil es jene Hälfte ist, die uns die fehlenden und oft verdrängten eigenen Seelenanteile zeigt, jene Bereiche, die die Jung'sche Psychologie »Anima« und das Märchen »Prinzessin« nennt und die wir (Männer) integrieren müssen auf dem Weg zur Einheit, so wie Frauen ihren Animus oder Prinzen. Die Spanier nennen den Partner *media naranja*, die »(andere) Hälfte der Orange«. Diese ist ohne ihr Gegenüber offenbar halb und unvollkommen und droht auszutrocknen. Zusammen ist das Leben – so die Hoffnung – dagegen eine runde Sache.

Die Bilder mit den gespiegelten Gesichtshälften mögen darstellen, wie sehr wir ständig diese zwei Seiten nicht nur in uns tragen, sondern wie sie uns auch ins Gesicht geschrieben sind.

Das schon erwähnte antike Gleichnis von den Kugelmenschen weist auf die Wichtigkeit der fehlenden Hälfte ebenso hin wie der biblische Mythos von Adams zweiter Hälfte, aus der Eva entstand, auch wenn Luther – in künstlerischer Freiheit – glaubte, für eine Frau reiche schon eine (männliche) Rippe.

Würden wir diese Geschichten der Polarität – von den ersten bis zu den letzten Menschen der Gegenwart – im partnerschaftlichen Bereich ernst nehmen, könnten wir alle Partnerprobleme auf allen Ebenen als willkommene Psychotherapieanlässe nutzen und beständig an ihnen wachsen. **Problemfeindlichkeit ist also nichts anderes als Entwicklungsfeindlichkeit.**

Partner bereiten uns tatsächlich in des Wortes Doppelsinn Probleme und damit auch Chancen. Gerade wo sie für uns schwierig (an) zu nehmen sind, werden sie zu echten Herausforderungen und Wachstumsgelegenheiten.

»Liebet eure Feinde.« Oder moderner: »Nehmt eure Projektionen zurück.« Das meint wohl Christus, wenn er uns auffordert, unsere Feinde zu lieben, diejenigen also, die uns widerstehen, mit denen wir Schwierigkeiten und Probleme haben. Dadurch können wir am besten wachsen, indem wir bei uns selbst entdecken, was wir an ihnen nicht leiden können, und das integrieren.

Ausgangsbild des fastenden Autors

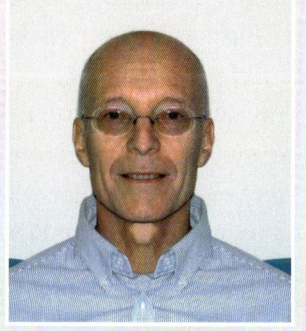 

Nur rechte Gesichtshälften Nur linke Gesichtshälften

Diese Übung mittels Spiegelung der Gesichtshälften (in Photoshop für viele ein Kinderspiel) kann eine persönlich ziemlich erhellende Erfahrung sein. Sich zum ersten Mal bildlich seiner isolierten weiblichen oder männlichen Hälfte gegenüberzusehen, die der jeweilige Partner psychologisch spiegelt, mag das Verständnis für bisher abgelehnte eigene Seelenanteile wecken.

Polarität in Wirtschaft und Politik

Entscheidend für unser Leben ist, dass die Gesetzmäßigkeit der einander bedingenden Gegensätze auch alle gesellschaftlichen, wirtschaftlichen und politischen Ebenen bestimmt. Wer einen Pol nur einige Zeit übersieht, wird von ihm mehr oder weniger rasch eingeholt. Der vernachlässigte Pol bekommt mit der Zeit solche Macht, dass er das ganze Leben aus dem Schatten bestimmt oder, wenn er gar nicht mehr integriert wird, auch beendet. Große Koalitionen etwa, die wegen ihrer Übermacht auf die Opposition kaum noch Rücksicht nehmen müssen, bringen nicht selten eine außerparlamentarische Opposition (Apo) hervor, natürlich ohne das zu beabsichtigen. Die Fassungslosigkeit der etablierten Politiker ob solcher Phänomene ist typisch für unser Unverständnis bezüglich der Polarität.

Ständig erleben wir, wie auf jede Hochkonjunktur die entsprechende Rezession folgt. Dieser Aspekt der Polarität wäre leicht zu begreifen, stattdessen engagieren Regierungen sogenannte Wirtschaftsweise, die ihre Prognosen in einem fort der sie Lügen strafenden Wirklichkeit anpassen. Auf diese Weise ist wenig Wesentliches vorherzusagen. Sicher ist dagegen, dass wir immer den Gegenpol heraufbeschwören, wenn wir uns auf einen Pol versteifen. Alle Politiker dieser Welt sind sich (wenigstens darin) einig, immer Hochkonjunktur zu wollen. Sicher und sichtbar ist aber, wie sie – zusammen mit den eigentlich Mächtigen in den großen Bankhäusern – permanent Rezessionen heraufbeschwören, natürlich ohne es zu wollen. Die Herren des Geldes dürften es allerdings sehr wohl wollen.

Die Lösung wäre, schon in der Phase der Hochkonjunktur die Rezession im Auge zu haben, das Wachstum entsprechend zu kontrollieren und seine »Kollateralschäden« zu beheben, mit Respekt vor der Rezession, die das anderenfalls umso härter übernimmt.

Wir beklagen, dass die großen Friedenspolitiker von Mahatma Gandhi und Martin Luther King über Dag Hammarskjöld und Olof Palme, John F. und Robert Kennedy bis zu Anwar as Sadat und Itzhak Rabin durch Gewalt ums Leben kamen. Wir können es auf dem Boden des Polaritätsgesetzes durchschauen, während die gesamte Presse nur fragt: Wie konnte das passieren? Warum immer die Besten?

Entsprechende Recherchen auf der Ebene des Verursacherprinzips mögen interessant sein, immerhin steht inzwischen fest, dass der eigene Geheimdienst der USA, der CIA, Martin Luther King »liquidieren« ließ. Loretta King, seine Witwe, bekam einen symbolischen Dollar Entschädigung von einem US-Gericht zugesprochen. Auch dass der schwedische UNO-Generalsekretär Dag Hammarskjöld einem Komplott von englischem, US-amerikanischem und südafrikanischem Geheimdienst zum Opfer fiel, die sein Flugzeug abschießen ließen, ist durchaus wissenswert. Er war deren Interessen im Kongo im Wege. All

> *Die Menschheit muss dem Krieg ein Ende setzen, oder der Krieg setzt der Menschheit ein Ende.*
> JOHN F. KENNEDY

das wirft ein entsprechendes Licht auf die Geheimdienste, die – nomen est omen – im Geheimen so manches Süppchen kochen, das wir zwangsweise auslöffeln müssen, und zu deren Rezepten die gewählten und verantwortlichen Politiker gar nicht stehen wollen. Solche Abteilungen für die Drecksarbeit gehören aber offensichtlich zu allen scheinbar so sauberen Demokratien unserer Zeit. Auch sie sind Ausdruck der Polarität.

Irgendwann werden wir vielleicht auch noch erfahren, wer Olof Palme und die Kennedy-Brüder wirklich umbringen ließ und warum. Theorien, die das hässliche Gesicht der unbedachten Polarität zeigen, gibt es bereits genug. All dem juristisch und politisch nachzugehen ist wichtig und sollte entsprechende Konsequenzen nach sich ziehen. Aber noch wichtiger wäre die Erkenntnis des Polaritätsgesetzes hinter allem. Das böte die Chance, es in Zukunft grundsätzlich mit einzubeziehen. Wirklicher Frieden entsteht eben nicht durch den Wechsel vom Kriegspol, symbolisch durch das Mars-Prinzip dargestellt, zum Pol der Liebe, der von Venus vertreten wird. Harmonie, die Grundlage tatsächlichen Friedens, ist ein Kind von Venus **und** Mars, so wie die entsprechende Göttin Harmonia in der antiken Mythologie deren gemeinsames Kind ist. Die Bereitschaft zu Versöhnung und Ausgleich bedarf also durchaus des Mutes und der Kraft, der konstruktiven Konfliktbereitschaft und Energie des marsischen Gegenpols. Schon die Bereitschaft zur Waffenruhe ist ein klassisches Mars-Thema, denn dazu muss das Schwert zuerst aus seiner Scheide gezogen und die Ent-scheidung getroffen werden, um es anschließend auch symbolisch wieder in die Scheide zurückzustecken. Die danach not-wendige Aussöhnung zwischen den Fronten der vormaligen Feinde, die Bereitschaft zu Ausgleich und Liebe, muss dagegen vom Gegenpol der Venus kommen.

Harmonie zwischen Israelis und Palästinensern etwa kann nur entstehen, wenn alle Friedensinitiativen sich der Rolle der Fundamentalisten in den eigenen Reihen mit Mut und Kraft widmen, die auf Krieg be-stehen statt auf Versöhnung. Die Übereinstimmung zwischen islamistischen Terroristen und orthodoxen jüdischen Siedlern ist diesbezüglich verblüffend groß. Die friedliebenden Menschen beider Seiten müssten sich

POLARITÄT IN WIRTSCHAFT UND POLITIK

Mahatma Gandhi

Martin Luther King

Dag Hammerskjöld

John F. Kennedy

Robert Kennedy

Olof Palme

Anwar as Sadat

Itzhak Rabin

mit Mut und Energie, Kraft und Stärke der Herausforderung durch diese Kriegstreiber stellen, wenn der Frieden je eine Chance haben soll. Dass sich die zwei ehemaligen Feinde, Generäle und Kriegshelden Sadat und Rabin persönlich versöhnt haben, war für beide ein großer und wundervoller Schritt, für ihre Länder eine besondere Chance, gescheitert sind sie jeweils an den Feinden in den eigenen Reihen. Sadat wurde von islamischen und Rabin von einem jüdischen Fanatiker umgebracht.

Solange sie militärisch auf dem Kriegsschauplatz gegeneinander zu Felde zogen, haben beide überlebt, das Mars-Prinzip kam durch ihren gegenseitigen Kampf auf seine Kosten. Als sie von Falken zu Friedenstauben mutierten und die Notwendigkeit des Kampfes gegen die Fanatiker in den eigenen Reihen ignorierten, begegnete ihnen das ansonsten nicht mehr ausreichend repräsentierte Mars-Prinzip in Gestalt jener Gewalt, die ihrer beider Leben kostete.

Hier kommt neben dem Prinzip der Polarität noch die Ebene der Urprinzipien oder Archetypen ins Spiel des Lebens. Tatsächlich können wir diesen Prinzipien, denen ein späteres Kapitel gewidmet ist, auf erlösten und unerlösten Ebenen gerecht werden. Nur: Aus dem Leben ausschließen können wir sie nicht, sosehr wir uns auch bemühen mögen.

Das Problem von Gut und Böse

Wem das Gesetz der Polarität in Fleisch und Blut übergegangen ist, der wird auch seine härteste Ausformung in dieser Welt im Problem von Gut und Böse durchschauen. Denn nicht nur Partner fallen aus den Höhen heißer Liebe in kalten Hass, ganze Kulturen werden Opfer dieses Problems. Das als Religion der Liebe angetretene Christentum hat die Kreuzzüge in die Wege geleitet und die Inquisition zu verantworten. Beides typische Beispiele für Projektion, die noch gesondert zu behandeln sein wird.

Der frühere US-Präsident George W. Bush und seine Bush-Krieger haben mit ihrem Kampf gegen den Terror diesen weltweit mindestens verfünffacht. Probleme, gegen die wir kämpfen, wachsen leider dadurch meist erheblich, anstatt zu verschwinden, wie es vom Polaritätsgesetz unbeleckte, naive Gemüter erhoffen. Wer einen Pol der Wirklichkeit aus der Welt schaffen will, stärkt ihn damit unbewusst; das heißt, er verschiebt ihn auf eine weniger gut sichtbare Ebene, wo er – als Schatten – meist noch viel gefährlicher wird. Diesen nennen wir dann »böse«.

Der Kampf gegen was auch immer löst nie das zugrunde liegende Problem. Es ist prinzipiell unmöglich, auf diesem Weg irgendetwas aus der Welt zu schaffen. Wir können etwa im allopathischen Kampf gegen Symptome Phänomene be-seit-igen, aber – wie das Wort schon in aller Ehrlichkeit verrät – dann landen sie nur auf der Seite, was sie eher noch gefährlicher macht. Während die Homöopathie mit den Symptomen zu einer Lösung kommen will, was langfristig ungleich mehr Erfolg verspricht, drängt die Schulmedizin die Krankheitszeichen lediglich von der Oberfläche. Aber damit sind sie leider nicht verschwunden, sondern werden meist in der Tiefe nur bedrohlicher.

Das zumindest sollten wir wissen und in unser Kalkül mit einbeziehen. Leider gibt es keine Ausnahme von dieser Regel. Wie in der Schulmedizin Antibiotika oft genau jene Probleme schaffen, die sie lösen sollen, geschieht es überall. Im Einzelfall wollen wir sie nicht missen, aber insgesamt haben sie uns eine schreckliche Misere beschert. Bei Kindern, die in den ersten zwei Lebensjahren eine Antibiotikakur bekommen, steigt das Allergierisiko um mehr als fünfzig Prozent. Den dramatischen Anstieg der Allergien haben wir also weitestgehend selbst heraufbeschworen. Mindestens genauso schlimm ist aber die Entwicklung von resistenten Keimen durch den unkritischen Einsatz von Antibiotika. Jedes Jahr sterben allein in Deutschland 30 000 bis 40 000 Menschen an ganz normaler Lungenentzündung, weil die Keime resistent und die Antibiotika nicht mehr wirksam sind. Trotzdem wollen wir sie aber im Einzelfall – eben bei uns persönlich – nicht missen.

So wird sich jeder im akuten Fall gegen den Dieb zur Wehr setzen und, statt sich schädigen zu lassen, lieber den Dieb schädigen. Dazu gibt es in dieser Situation wohl wenig Alternativen. Aber danach könnte man sich fragen, warum es eigentlich so viele Diebe geben muss, und die Verhältnisse dahin gehend ändern wollen, dass für alle ehrliche Arbeit mehr bringt als Diebstahl.

Das Böse ist der jeweils verdrängte, nicht zur Kenntnis genommene und deshalb unbewusste oder dunkle eigene Seelenanteil. Er oder es unterliegt damit sehr unserer Wertung. Beispielsweise lässt Bertolt Brecht den Mac in der *Dreigroschenoper* sagen: »Was ist ein Einbruch in eine Bank gegen die Gründung einer Bank?« Was lange als unverschämte, typisch sozialistische Provokation galt, erscheint unter dem Eindruck der globalen Finanzkrise gar nicht mehr so weit hergeholt. Es gibt genug Hinweise darauf, dass die Gründung der FED, der sogenannten Federal Reserve Bank, die als reine Privatbank der US-Regierung das gesamte Geld leiht, der eigentliche Anfang der jetzigen Misere ist.

Als der Ostblock zusammenbrach und naive Gemüter das Böse vernichtet und das Paradies heraufkommen sahen, warnten bewusstere Zeitgenossen vor der drohenden Einseitigkeit dieser Perspektive. Natürlich bekam die einseitige Sicht allen Warnungen zum Trotz die Oberhand und brauchte nicht lange, die hässlichen Seiten des Kapitalismus hervorzuholen. Wer hätte noch Anfang 2008 geglaubt, bürgerliche Politiker würden im Jahr 2009 die Verstaatlichung der Banken betreiben wollen, um das System zu retten?

Nehmen wir die Wertungen heraus, entpuppt sich das Gute als das Bewusste, das Böse als das Unbewusste. Da wir vom Licht der Bewusstheit sprechen, ergeben sich die Gegenpole Licht und Schatten. Religionen neigen daher zur Sonnen- und Lichtsymbolik und schaffen, wenn sie Anerkennung und Macht bekommen, sehr schnell eine Schattenseite, die meist genauso dunkel ist wie ihr lichter Anspruch hell. Das ist der Grund, warum sich deren spirituelle Traditionen von Anfang an auch um die Schattenseiten kümmern und zum Beispiel die Templer mit Baphomet eine Teufelsgestalt verehrten oder ihr jedenfalls Respekt erwiesen. Hierin liegt wohl auch der Grund, warum Christus den Teufel immer respektiert und als Herrn dieser Welt anerkennt, wenn er auch seinen Versuchungen widersteht, da er auf eine andere, höhere Ebene zielte.

> *Licht und Schatten sind die beiden Seiten einer Medaille, die wir selbst prägen.*

Wie das Böse in die Welt kam, haben die Religionen in ihren jeweiligen Mythen darzustellen versucht. Einer der Lieblingsengel Gottes, der Lichtträger Luzifer[7] oder Satanael, lehnte sich gegen ihn auf, und Gott schlug ihn nieder, wissen die Sagen der Juden zu berichten. Als er stürzte, soll aus seiner Krone ein großer Smaragd gefallen sein, aus dem später der Gralskelch geschaffen wurde, verraten andere Quellen.

Auch Märchen versuchen, uns auf ihre symbolische Art und Weise Einblick in dieses größte Problem der Menschen zu verschaffen, besonders deutlich in der Geschichte von Dornröschen, die obendrein die Übergangszeit vom Matriarchat zum Patriarchat beleuchtet. Die Ausgangssituation ist ziemlich aktuell. Das Königspaar wünscht sich ein Kind, und »es klappt nicht«. Als ihnen schließlich doch eine kleine Prinzessin geboren wird, ist die Freude riesig, und ein großes Fest wird ausgerichtet. Nun ergibt sich ein unerwartetes Problem: Man hat (am Königshof!) für die dreizehn weisen Frauen des Landes nicht genug Gedecke, nämlich nur zwölf statt dreizehn. Ersteres ist die Zahl der (archetypisch männlichen) Sonnenmonate des Jahres, Letzteres die der (archetypisch weiblichen) Monde. Offenbar um diesen Wechsel vom weiblichen zum männlichen Prinzip deutlich zu machen, wird ein Teil des bisher in dreizehn weisen Frauen geehrten Weiblichen nicht mehr zur königlichen Tafel zugelassen und stattdessen ausgeschlossen. Mit der Dreizehn soll natürlich auch gleich all das dem archetypisch männlichen Pol verdächtig Weibliche, das von dunklen Göttinnen wie Hekate oder Kali ausgedrückt wird, wie der Tod (dreizehnte Tarotkarte), verbannt werden.

Die dreizehnte weise Frau ist also gar nicht ursprünglich böse, sondern wird lediglich durch ihren Ausschluss unberechen- und unbeherrschbar, wie sich bald auf der Feier herausstellt. Kaum nämlich hatten von den geladenen zwölf Frauen elf ihre guten Wünsche ausgebracht, platzte ebenso unerwartet wie unerwünscht die dreizehnte herein und stieß einen Fluch gegen die Prinzessin aus. Sie solle sich »in ihrem fünfzehnten Jahr an einer Spindel stechen und tot hinfallen«.

DAS PROBLEM VON GUT UND BÖSE

Schauen Sie sich einmal das folgende Bild genau an und finden Sie heraus, wo die wirklichen Kamele sind.

Ein Licht-und-Schatten-Spiel aus der Wüste.

Haben Sie auch zuerst die schwarzen für die echten Kamele gehalten und dabei Licht und Schatten verwechselt beziehungsweise den Schatten für die Wirklichkeit gehalten? Das kann leicht passieren, und es braucht wirklich viel Achtsamkeit. Religionen und Menschen erreichen im Laufe ihrer Entwicklung nicht selten Stadien, in denen sie nur noch Schatten zu sein scheinen; aber wer sucht, findet immer das lichte Original wie im Kamelbild.

Wer sich noch immer schwertut: Das Foto wurde von senkrecht oben aus dem Flugzeug aufgenommen, weshalb die echten Kamele als schmale helle Figuren erscheinen. Da die Sonne schon tief stand, sind die Schatten lang und eindrucksvoll und schauen mehr wie echte Kamele aus, während die echten von oben wie Striche in der Landschaft wirken.

Alle waren erschrocken. Die zwölfte weise Frau, die ihren Wunsch noch übrig hatte, konnte diesen Fluch nicht mehr aufheben, sondern lediglich abmildern, was der Prinzessin aber immer noch einen todähnlichen hundertjährigen Schlaf einbrachte.

Das ausgeschlossene Weibliche rächt sich also. Oder wertfreier betrachtet: Es bringt sich doch noch in Erinnerung, und zwar so, dass es nicht mehr zu überhören ist. Das könnte uns eindrücklich zeigen, wie alles Ausgeschlossene gefährlich und unbeherrschbar wird. Ihr Ausschluss macht die dreizehnte Frau zur nicht mehr be- und geachteten Schattenfigur, die sich nun die verweigerte Achtung auf böse, weil unerwünschte Art und Weise verschaffen muss.

In seinem Schrecken aber greift sich der König nicht an die eigene Nase, wohl weil er seine Verantwortung für das Geschehen nicht wahrhaben und seinen Fehler im Ausschluss eines Aspektes des Weiblichen nicht zugeben will. Stattdessen beharrt er auf seiner Position und begeht einen weiteren, ausgesprochen typischen Fehler. Statt dem Leben seine Vollständigkeit zurückzugeben, sucht er – auf (arche)typisch männliche Art – sein Heil in der Flucht nach vorn. Mann muss schon sehr kurzsichtig sein, um Angriff für die beste Verteidigung zu halten. Möglicherweise lassen sich so kurzfristig die Nerven beruhigen und die berechtigte Angst beschwichtigen, aber langfristig verschlechtert solches Vorgehen alles.

Der König lässt – rein funktional denkend – alle Spindeln im ganzen Reich verbrennen. So fühlt er sich in seiner Naivität sicher. Nun gibt es keine Spindeln mehr, der Fluch hat vermeintlich keine Macht mehr, und die Prinzessin kann in (Pseudo-)Sicherheit aufwachsen. Mit den Spindeln glaubt er den Fluch erfolgreich verbannt zu haben.

Die halbe Wahrheit[8]

Vom Propheten Mohammed wird folgende Begebenheit berichtet: Der Prophet kam mit einem seiner Begleiter in eine Stadt, um zu lehren.

Bald gesellte sich ein Anhänger seiner Lehre zu ihm: »Herr! In dieser Stadt geht die Dummheit ein und aus. Die Bewohner sind halsstarrig. Man möchte hier nichts lernen. Du wirst keines dieser steinernen Herzen bekehren.«

Der Prophet antwortete gütig: »Du hast recht!«

Bald darauf kam ein anderes Mitglied der Gemeinde freudestrahlend auf den Propheten zu: »Herr! Du bist in einer glücklichen Stadt. Die Menschen sehnen sich nach der rechten Lehre und öffnen ihre Herzen deinem Wort.«

Mohammed lächelte gütig und sagte wieder: »Du hast recht!«

»O Herr«, wandte da der Begleiter Mohammeds ein. »Zu dem Ersten sagtest du, er habe recht. Zu dem Zweiten, der genau das Gegenteil behauptet, sagst du auch, er habe recht. Schwarz kann doch nicht weiß sein.«

Mohammed erwiderte: »Jeder Mensch sieht die Welt so, wie er sie erwartet. Wozu sollte ich den beiden widersprechen? Der eine sieht das Böse, der andere das Gute. Würdest du sagen, dass einer von den beiden etwas Falsches sieht, sind doch die Menschen hier wie überall böse und gut zugleich. Nichts Falsches sagte man mir, nur Unvollständiges.«

Wie es das Schicksal so will, trifft das Mädchen an dem Tag, »wo es gerade fünfzehn Jahre alt« ist – der Fluch ist längst vergessen –, in einer Stube des Schlosses auf eine Frau, die natürlich auf einer der letzten Spindeln Flachs spinnt. Es berührt die Spindel, sticht sich und sinkt in den prophezeiten todähnlichen Schlaf. Mit ihr versinkt das ganze Reich in diesen Schlaf. (Mutter) Natur holt sich ihr Recht zurück und überwuchert Schloss und Land, bis sie unter der bekannten Dornenhecke gleichsam untergehen. Erst viel später kann ein bewusster Vertreter des männlichen Pols mit dem Kuss der Liebe, einem Zeichen der Versöhnung zwischen den Geschlechtern, die Erlösung bringen, indem er mit dem Schwert der Unterscheidung und Bewusstheit die Dornenhecke durchtrennt und Dornröschen erweckt.

Wie dieser (arche)typische König haben bis heute Diktatoren etwa mit dem Verbrennen von Büchern oder Menschen wenig Glück gehabt. Wissen, aber auch alle anderen Aspekte der Wirklichkeit lassen sich einfach nicht aus der Welt schaffen, sondern eben nur be-seit-igen, um dann später von der Seite und aus dem Schatten viel dramatischer für Furore zu sorgen. Auch noch so große Opfer, wie hier der Verzicht auf gesponnenes Garn, können solch irrwitzige Positionen nie retten.

Dem unbewussten König entsprechend, gefährden wir bis heute die Zukunft unserer Kinder und Kindeskinder, indem wir funktional durch hilflose Bestimmungen die Gefahren etwa der Atom- und Gentechnologie zu bannen versuchen. Nach ähnlicher Methode verbieten wir Drogen und alles, was uns gefährlich und unbeherrschbar erscheint. Dadurch aber machen wir alles nur noch schlimmer. Das Polaritätsgesetz lässt sich so nicht umgehen.

Wie hilflos diese modernen Kreuzzüge gegen das sogenannte Böse sind, verraten gerade Drogen sehr anschaulich. In anderen Kulturen waren und sind sie manchmal bis heute Teil des Kults, bei uns jedoch des Teufels. Junge Leute kümmern sich aber genau einen Teufel um solche Verbote und unterlaufen sie überall. In Deutschland geht die Wut darüber zum Beispiel so weit, dass man von der Polizei unter Lebensgefahr eingesammeltes sündteures Heroin im Beisein von Notaren verbrennen lässt. In England verwendet man es dagegen zur Schmerzlinderung bei Schwerstkranken und gewinnt so ein enorm wirksames Mittel, das obendrein nichts (mehr) kostet.

> *Was wir bekämpfen, stärken wir, ob uns das passt oder nicht.*

Eigentlich müsste sogar polaritätsblinden Politikern klar werden, dass strikte Verbote die Produktion von Drogen lediglich in die Hände der organisierten Kriminalität verlegen. So wird das Drogenproblem seit langem nicht gebessert, sondern konsequent verschlimmert. Aufschlussreichen diesbezüglichen Anschauungsunterricht brachte die Prohibition in den USA, das landesweite Verbot von Alkohol. Innerhalb kurzer Zeit besorgte die Mafia den Nachschub, und selbst »gute Bürger«, ein Ausdruck, der hier für im Hinblick auf die Schicksalsgesetze ungebildete Menschen steht, erkannten den Irrtum und erlaubten den Alkohol neuerlich. Die Aufrechterhaltung der Drogenverbote bei uns heute hat vor allem mit Projektion, der Schuldverschiebung auf andere, zu tun. So schafft man sich bürgerlicherseits eine Gruppe von Sündenböcken und braucht die eigenen Suchtprobleme nicht zu konfrontieren. Das erklärt, warum Nachrichtensprecher regelmäßig die Zahl der Drogen- beziehungsweise Herointoten vermelden, aber in diesem Zusammenhang meist verschweigen, dass allein die

Zahl der Opfer im Straßenverkehr durch Alkohol doppelt so hoch ist. Die Zahl der im gleichen Zeitraum an Alkohol zugrunde Gegangenen liegt um den Faktor dreißig höher, die der Tabaktoten ungefähr um den Faktor achtzig. Wir sprechen hier für Deutschland von etwa 1200 »Drogen«-, 40 000 Alkohol- und 100 000 Tabakopfern. Letztere Heerscharen sind einer projizierenden Gesellschaft trotzdem keine Erwähnung in diesem Zusammenhang wert.

Die Geschichte der Projektion

Wie der König im Märchen haben auch die meisten modernen Menschen wenig Neigung, sich an die eigene Nase zu fassen. Kaum rutscht jemand auf einem schneeglatten Bürgersteig aus, lautet die Frage: »Wer war streupflichtig?« So gut wie niemand macht sich Gedanken darüber, warum er beispielsweise ungeeignete Schuhe zur ungeeigneten Zeit gewählt hat. Auf den ersten Blick ist es natürlich auch bequemer, alle Verantwortung auf andere abzuwälzen. Aus der Perspektive mancher Zeitgenossen mag der Versuch, aus jedem Unglück finanziell noch Kapital zu schlagen, sogar als schlau gelten. Das aber unterschätzt die Macht des Schicksals und seiner Gesetze und führt letztlich zu noch viel mehr Unglück.

Dass wir inzwischen – im deutschsprachigen Raum – »Schuld« und »Verantwortung« synonym gebrauchen, ist weit mehr als eine sprachliche Ungenauigkeit, es wird zum Drama der Gesellschaft. Denn da niemand Schuld auf sich laden will, übernimmt auch kaum noch jemand Verantwortung. So ist es kein Zufall, dass der Prozentsatz an Jungunternehmern in keinem EU-Land so niedrig liegt wie in Deutschland.

DIE GESCHICHTE DER PROJEKTION

Christen fühlen sich – fast wie schiitische Muslime – besonders leicht von Schuld beladen und haben von daher ein grundsätzlich starkes Bestreben, sie, wo immer möglich, zu vermeiden. Über Projektion klappt das für ungebildete Menschen am leichtesten.

Ein Beispiel, das heute weit genug zurückliegt, um es vorbehaltlos zu betrachten, ist die Inquisition, deren Vorgeschichte mehr als deut-lich ist. Allerdings klingt es – im Nachhinein – noch immer unglaublich, was Menschen im Namen Christi anderen antun konnten. Das aber ist wiederum typisch für Projektionen und verhält sich bezüglich der Gräuel gegenüber Juden ganz entsprechend.

> *Projektion ist viel leichter als Konfrontation und viel gefährlicher.*

Die Dinge sind so grässlich, dass sie am liebsten verschwiegen werden. Aber nur wer Projektion anschaut und durchschaut, kann sie in Zukunft vermeiden.

Katholische Würdenträger hatten es zu allen Zeiten gut, besonders wenn sie in der Männern vorbehaltenen Hierarchie aufgestiegen waren. In den langen Zeiten unserer Geschichte, die wesentlich von Hunger geprägt waren, konnten sie sich wie sonst nur der Adel sogar Völlerei leisten. Ausgrabungen im Umfeld von Klöstern ergaben, dass sich viele Mönche mit Kalorienmengen zwischen fünf- und achttausend pro Tag zugrunde richteten. Sie hatten als einzigen Wermutstropfen das Zölibat zu ertragen.

Aus dieser Situation ergab sich vereinfacht dargestellt aus psychologischer Sicht gesehen die Inquisition: War ein Geistlicher von den Reizen eines in der damaligen Auffassung so untergeordneten Wesens wie einer Frau angetan, konnte das ja nicht nur an der Frau liegen. Man ging jedoch davon aus beziehungsweise argumentierte, dass ein Mann, der sein Leben Gott geweiht hatte, über solchen Anfechtungen stehen müsse. War er nun aber doch verrückt nach ihr, galt als sicher, dass sie ihn mit »unlauteren« Mitteln um den Verstand gebracht haben musste. Mit »rechten« Dingen konnte das – nach damaligem Verständnis – nicht zugegangen sein, denn dazu war eine Frau viel zu schwach. Der Teufel musste seine Hand im Spiel und die Frau verhext haben, sodass sie solche Macht erlangen konnte. So betrachteten sie es geradezu als einen Akt der Gnade, die Frau von dieser Besessenheit zu befreien. Die dazu benutzten Methoden verraten bis heute die wahren Motive der kirchlichen Täter. Sie waren offenbar sexbesessen und obendrein sadistisch.

Mit der Zeit kamen noch wirtschaftliche Faktoren hinzu. Man führte ein bald gut funktionierendes Denunziantenwesen ein. Wer jemanden des Bundes mit dem Teufel bezichtigte, bekam bei Überführung desselben zehn Prozent von dessen Eigentum, die Kirche nahm sich als Hauptleidtragende die restlichen neunzig Prozent. Dieses System hielt das Interesse an Freisprüchen sehr gering. In Schriften wie dem *Hexenhammer* der Dominikaner sind die entsprechenden Verhörmethoden und Strafen nachzulesen. Wie weit der Wahn der Projektion ging und wie raffiniert die damaligen »Würdenträger« eigene sadistische Besessenheit rationalisierten, verraten die Protokolle aus dieser dunklen Zeit.

Gestanden Beschuldigte zum Beispiel nicht, wurden sie dem sogenannten hochnotpeinlichen Verhör unterzogen. Bei einer typischen Verhörmethode wurden sie nackt an den Armen aufgehängt und hingen dann mit einem Pflock zwischen den Schenkeln knapp über dem Boden direkt vor ihren Peinigern. Die kirchlich bestellten Sadisten stachen sie nun mit Nadeln in Leberflecken und Muttermale. Als besonders aussagekräftig galten jene in der Nähe der primären und sekundären Geschlechtsmerkmale. Bluteten die solcherart geschändeten Frauen aus diesen Malen, galt das als normal, und die Kirchenknechte folterten weiter. Bluteten sie aber an einem Mal nicht, galt das als Überführung, und sie konnten anschließend verbrannt werden, sofern sie nicht schon vorher verblutet oder an der seelischen Qual gestorben waren. Andere Gottesurteile ließen den Opfern nicht mehr Chancen. Zum Beispiel wurden sie gefesselt ins Wasser geworfen. Gingen sie unter, war der Fall gelöst, blieben sie aber – unerklärlicherweise – an der Oberfläche, galten sie als überführt und wurden verbrannt, denn nur der Teufel konnte ihnen geholfen haben.

> *An anderen eigene Probleme zu bekämpfen ist ein typisches Kriterium der Projektion.*

Es ließen sich noch mehr der Grausam- und Scheußlichkeiten anführen, mit denen die Kirche einerseits ihren Würdenträgern ermöglichte, mittels Projektion ihrer sexuellen Gelüste Herr zu werden, andererseits als angenehmem Nebeneffekt ihr eigenes Vermögen dramatisch zu vergrößern.

Was wäre der Ausweg gewesen? Die Würdenträger hätten sich eingestehen müssen, dass sie selbst das Problem waren, weil sie mit der Unterdrückung ihrer sexuellen Bedürfnisse nicht fertig wurden. Das aber hätte Mut erfordert, man hätte den Papst um Änderung der Zölibatsbestimmungen angehen müssen. Das aber war damals – wie übrigens anscheinend bis heute – undenkbar. Folglich ließ man den Unwillen über die eigene Unzulänglichkeit lieber an den attraktiven Frauen der eigenen Umgebung aus.

Aus der Logik der Projizierenden ist das fast immer nachvollziehbar. Natürlich wird es leichter, das Zölibat zu halten, wenn man alle attraktiven Frauen in der eigenen Umgebung schänden und umbringen lässt. Rote Haare oder ausgeprägt weibliche Figuren waren damals geradezu lebensgefährlich.

Wie schwer das Eingestehen und die Übernahme der Verantwortung für solch eine durch Projektion entstandene Schuld auch nachträglich noch ist, mag daran erkennbar werden, dass es bis zu einem vagen Schuldeingeständnis Jahrhunderte dauerte. Erst der greise und schon todkranke Papst Johannes Paul II. brachte es zu einer Entschuldigung. Bis heute wurde diese Schuld der Kirche aber nicht aufgearbeitet. Das wäre auch jetzt noch schwierig, denn sollten dann nicht auch die damals konfiszierten Güter zurückgegeben werden? Seinerzeit aber wurde der Grundstein des immensen kirchlichen Reichtums gelegt. Wann immer jedoch ein Papst allein gedanklich Hand an diesen legte, wie der nur 33 Tage amtierende Johannes Paul I., zog sich sein Pontifikat nicht gerade in die Länge.

Dabei wäre es für die Kirche selbst am wichtigsten, zu ihrer Erneuerung und Regeneration diesen Schritt zu schaffen. Ansonsten wird sie weiter an diesem Schatten kranken und vor neuerlichen Exzessen nicht verschont bleiben. Auch bei den in jüngerer Vergangenheit aufgeflogenen sexuellen Vergehen homosexueller Priester an katholischen Jungen war die Tendenz unübersehbar, die Verantwortung auf die Opfer zu schieben. Und in bewährter Weise landeten Schuldige nicht vor Gericht, sondern durften sich in Klöstern verstecken wie der »hochnotpeinliche« österreichische Kardinal Hans Hermann Groër, der 2003 in seiner sicheren klösterlichen Zuflucht starb.

Projektion ist und bleibt so die Methode (geistig) schwacher Menschen, mit der Welt umzugehen. Ihre Aufdeckung erfordert Stärke und ist unvermeidlich und im wahrsten Sinne des Wortes not-wendig auf dem Weg der Selbstverwirklichung. Diese Stärke wäre nicht nur der katholischen Kirche, sondern uns allen zu wünschen.

All das hat auch nichts mit Christus und dem von ihm zur Welt gebrachten Glauben zu tun, es zeigt nur einmal mehr, wie schwer es ist, in der Welt der Gegensätze auch nur den Gedanken an die Einheit rein zu erhalten.

Auch wenn Ausmaß und Art der Grausamkeiten der Inquisition in modernen Ohren absurd klingen, sind die Mechanismen bis heute die gleichen geblieben und weiterhin ähnlich wirksam und keineswegs auf die katholische Kirche beschränkt.

Die Nazis haben nach dieser Methode alle deutschen Probleme auf die Juden geschoben und diese aus der Welt zu schaffen versucht, indem sie sie ermordeten. Heute würden es geistig entsprechend Strukturierte am liebsten ähnlich mit hier wohnenden Ausländern tun. Selbst als sie dann überführt in Nürnberg vor Gericht standen, haben die allermeisten Nazis weiterprojiziert. Kaum einer hatte den Mut, sich schuldig zu bekennen, im Gegenteil plädierten die widerwärtigsten Verbrecher auf »unschuldig« beziehungsweise »Befehlsnotstand« und projizierten die Verantwortung für ihre Untaten auf Vorgesetzte, zur Not auf Hitler selbst, der sich schon durch Selbstmord davongemacht hatte. Es nutzte ihnen wenig vor dem alliierten Gerichtshof. Danach aber erkannten die Alliierten, dass sie nicht so einfach ein halbes Volk entnazifizieren

> *An der Verarbeitung der Nazizeit und der hier begangenen Untaten lässt sich vieles im Hinblick auf Projektion und Schatten verstehen.*

konnten, und wurden ziemlich nachsichtig, besonders wenn sie jemanden noch brauchen konnten. Die Entnazifizierung von Wernher von Braun, der den Nazis ihre V2-Raketen gebaut hatte, muss sehr rasch gegangen sein, denn er hat dann fast nahtlos weiter Raketen gebaut – nun für die USA.

Während in Deutschland immerhin ein Schuldeingeständnis möglich war, hat Österreich sich auf ungleich elegantere Weise aus der Verantwortung verabschiedet. Man hat Hitler, der Oberösterreicher war, und viele der höchsten Nazis gleichsam ausgebürgert und gegen Beethoven getauscht, der der Wiener Klassik einverleibt wurde. Ansonsten hat man sich durch geschickte Geschichtsauslegung als erste überfallene Nation deklariert und ist so ganz gut davongekommen.

Noch geschickter waren die Italiener, die den Faschismus erfanden, auch KZs hatten und kurz vor Kriegsende noch die Kurve kriegten und die Seite wechselten, sodass sie am Ende zu den Siegermächten zählten. Allerdings haben beide Länder – aus dieser mangelnden Bearbeitung ihres Schattens – bis heute einen erschreckend hohen Bodensatz an faschistoidem Gedankengut und entsprechenden Wählern, der das diesbezügliche deutsche Elend noch übersteigt.

»Was ist wohl in seelischer und sozialer Hinsicht aus vielen untergetauchten Nazis geworden?«, ließe sich fragen. Die Antwort ist einfach, sie haben den faschistischen Schatten wieder eingepackt und sind zurück in bürgerliche Existenzen abgetaucht, aus denen sie auch gekommen waren. Hunderttausende von KZ-Wächtern, Juristen und Lehrern haben hinterher wieder ihre kleinbürgerlichen Existenzformen aufgenommen, als wäre nichts gewesen. Aber die Angst, doch noch entdeckt zu werden, saß ihnen in den Knochen.

Simon Wiesenthal, der in den Nachkriegsjahren viele hohe

Nazis aufspürte und vor Gericht brachte, sagte in einem Interview, es seien oft unverdächtig nette alte Herren gewesen, die er da einer späten Gerechtigkeit zugeführt hätte.

Wesentlich mildere Varianten dieser Übertragung als Abwehrmechanismus finden sich in vielen verschiedenen Regionen und Ländern wie etwa in Bayern, wo der Volksmund die Projektion mit dem dümmlichen Spruch entlarvt: »Mir san mir, die andern, die san bled.« Oder noch krasser in Tirol: »Bist a Tiroler, bist a Mensch, bist koa Tiroler, bist a Oarsch.«

Tatsächlich ist Projektion noch immer eines der beliebtesten Verfahren auch in der modernen Politik, was diese so langweilig macht und – jedenfalls teilweise – die Politikverdrossenheit der Bürger erklärt. Die Wahlkämpfe sind so öde, weil sich jeder als Licht- und Hoffnungsträger präsentiert und alles Böse dieser Welt auf seine Gegner projiziert. Nach der Wahl geht das peinliche Drama dann weiter, es gibt nur Gewinner, und selbst wer verloren hat, projiziert die Verantwortung auch dafür auf den Gegner.

Aber auch die Boulevard-Ebene der Presse lebt weitgehend von Projektion. Die eingedickte Wahrheit der Schlag-Zeilen enthält oft gar keine mehr, sondern ist nur noch geeignet, Minderheiten und Sündenböcke zu diskriminieren. Natürlich verkaufen sich Sensationsblätter besonders gut, wenn sich viele Menschen auf ihre Projektionen einlassen und diesen Un- beziehungsweise bestenfalls einseitigen Sinn glauben.

Immer wird man für die jeweilige Projektion Argumente oder wenigstens Rationalisierungen finden. Es ist vielleicht der gemeinste Mechanismus der Projektion, dass sie so plausibel argumentiert werden kann.

Auswege aus dem Dilemma der Polarität

In dem zeitlosen Muster des Mandalas gibt es grundsätzlich zwei Richtungen und damit Möglichkeiten, sich zu bewegen: zum einen in Richtung Mitte-lpunkt, was nichts anderes bedeutet als zur Einheit, oder zum anderen in Richtung Peripherie, das heißt zu wachsender Spannung. Auf dem Hinweg des Lebens aus dem Mitte-lpunkt, der Empfängnis entsprechend, bis zum Kreisumfang der Lebensmitte wächst die Spannung; auf dem Rückweg von der Peripherie zum Punkt der Lösung und Erlösung im Tod nimmt sie ab.

Das entspricht dem archetypischen Weg, wie er in Mythen und Gleichnissen dargestellt ist, für unsere Kultur am grundlegendsten in der biblischen Schöpfungsgeschichte. Die Genesis berichtet, dass sich die Menschen die Vertreibung aus dem Paradies der Einheit selbst zuzuschreiben haben, weil sie vom Baum der Erkenntnis des Guten und des Bösen, dem Baum der Erkenntnis der Polarität also, kosteten. Eva konnte der Verführung durch die Schlange nicht widerstehen und nahm davon, um anschließend Adam zu verführen.

Der bot danach gleich das erste überlieferte Beispiel von Projektion. Als Gott Jahwe ihn nämlich zur Rechenschaft ziehen will, weist er alle Verantwortung von sich. Als Gott insistiert, schiebt Adam alle Schuld auf Eva. Nachdem ihm das nichts nützt, wird er noch frecher und projiziert sogar auf Gott selbst und sagt: »Das Weib, das du mir beigestellt hast, gab mir davon!« Aber es hilft ihm nichts, zusammen mit Eva wird er aus dem Paradies vertrieben, und so haben in seiner Gefolgschaft auch alle Männer eine gewisse Entwicklungschance bekommen.

Begleitet wird diese Vertreibung der ersten Menschen aus

der Einheit von nachdrücklichen Aufträgen Gottes: Sie mögen sich die Erde untertan machen und im Schweiße ihres Angesichts ihren Lebensunterhalt verdienen. Eva und ihre Töchter werden zusätzlich abgestraft, müssen in Zukunft unter Schmerzen gebären und sind von der Schlange bedroht, die ihnen nach der Ferse trachten wird.

Und da – nach einem weiteren Gesetz – im Anfang bereits alles liegt, ließe sich allein anhand dieser Geschichte erkennen, dass zum Schluss alles Projizieren nichts nützt. Niemand kommt auf die Dauer damit durch, jedenfalls nicht vor Gott.

Die Menschheit ist dem biblischen Auftrag treu geblieben und hat sich die Erde in beeindruckender Weise untertan gemacht, auf ihrem Weg in die Peripherie haben aber auch die Spannungen entsprechend zugenommen, und sie steigen weiter.

Der christliche Auftrag lautet für den erreichten Punkt maximaler Spannung, weit draußen am Rand des Entwicklungskreises: »So ihr nicht umkehret und wieder werdet wie die Kinder, könnt ihr das Himmelreich Gottes nicht erlangen.« Wir sollen uns also aus der großen Spannung wieder befreien, indem wir zurückkehren zum Ausgangspunkt, zur Einheit des Paradieses. Das gilt für den Einzelnen gleichermaßen wie für die Menschheit als ganze.

> *Die Zahl der sich am eigenen Scheitern unschuldig Fühlenden ist ein zuverlässiges Maß für Projektionsleidenschaft und entsprechenden Mangel an Gesetzeskenntnis.*

Diesen gleichen archetypischen Weg beschreiben Märchen und Mythen. Deren Helden müssen jeweils hinaus in die Welt ziehen, dorthin, wo die Spannungen schließlich unerträglich werden und sie ihre Kämpfe kämpfen müssen, um dadurch ihre andere Seelenhälfte zu finden und zu erobern – ihre Anima (in den Worten C. G. Jungs) oder ihre Prinzessin (im Märchen). Dann erst können sie aus der spannungsgeladenen Atmosphäre der Mandalaperipherie zurückkehren zur Mitte, zum Vater oder zum König, beides in der patriarchalen Welt Symbole Gottes oder der Einheit. Und wenn sie nicht gestorben sind, so leben sie noch heute … Mit diesem Schlusssatz der Märchen wird unter anderem kundgetan, dass es sich hier nicht um eine historisch einzuordnende Geschichte, sondern um ein zeitloses Muster handelt. Es gilt also, sich seine andere Hälfte bewusst zu machen, sie zu erobern beziehungsweise dem Bewusstsein anzugliedern, um so wieder eins zu werden und die Polarität zu überwinden.

Eine zweite, noch anspruchsvollere Version des Auftrags könnte lauten: sich über die Polarität im übertragenen Sinne also etwa mittels Meditation zu erheben. Denn auch damit würden wir uns die Welt der Gegensätze untertan machen. Das entspräche einem Auftrag zu einem religiös-spirituellen Weg.

Letztlich laufen beide Wege im Mandala des Lebens wieder auf die Polarität hinaus. Der eine, der Hinweg im Lebensmuster, ist der Weg der Ver-wicklung in die Welt der Gegensätze und der Spannung, der andere oder Rückweg im Leben wäre der der Ent-wicklung oder der Heilsweg der Religionen.

Folglich ließe sich jede Aktion darauf untersuchen, ob sie der Ver- oder der Ent-wicklung dient. Wir brauchen die beiden Richtungen nicht zwingend zu bewerten, denn sie gehören offensichtlich zum Spiel (des Lebens), doch wird es in der Regel getan, da fast alles in der Welt der Gegensätze Wertungen unterliegt.

Im christlichen Bereich ist die Wertung besonders krass. Alles, was aus der Mitte hinausführt, wird als Sünde oder Absonderung von Gott oder der Einheit betrachtet, vom Mitte-lpunkt des Lebens. Das altgriechische Wort für »sündigen« heißt *hamartanein*, was neben »absondern« (von der Mitte) auch noch »den Punkt verfehlen« bedeutet und so direkt auf das Muster des Mandalas verweist.

Im modernen Leben wird dagegen der aktive Weg von innen nach außen sehr viel positiver gewertet als der Rückweg zur Mitte. Deutlich zeigt sich diese Einstellung in dem allgemeinen Wunsch nach Jugend und der Abwehr all dessen, was mit Alter zu tun hat. Der Hinweg des Lebens von der Empfängnis an wird damit zur Absonderung von der Einheit der Mitte, der Rückweg könnte der Entwicklung der Seele dienen. Dass beide Richtungen not-wendig sind, um das ganze Leben zu bewältigen, wird durch die krasse Wertung leicht und oft aus den Augen verloren.

In einem Gleichnis wie dem vom verlorenen Sohn blitzt dieses Wissen auf, denn tatsächlich gibt es nur für den verlorenen Sohn, der das Leben gewagt hat, ein Fest, der andere Sohn und Nesthocker geht – trotz vehementen Protestes – leer aus. Nach Ansicht des christlichen Meisters ist es also besser, auf dem Entwicklungsweg zu scheitern wie der verlorene Sohn, als ihn gar nicht erst zu beginnen. Nach dieser Auffassung dürfen wir in den Spannungen der polaren Welt, an den Herausforderungen ihrer Gegensätze, also sogar scheitern. Solange wir das Muster des Wegs im Auge behalten und den Heimweg zur Einheit antreten, sind wir – im christlichen Sinne – auf unserem Weg. Wichtig scheint offenbar nur, auf diesem Weg zu erkennen, dass in der Welt der Gegensätze kein Heil liegt, dass wir durch Erfolge etwa in materieller Hinsicht niemals Glück und Erfüllung finden können. Diese Erkenntnis lässt sich wahrscheinlich leichter durch Erlangung von Reichtum gewinnen als durch Scheitern an diesem Anspruch, wichtig ist zum Schluss aber lediglich die Erkenntnis, wo keine Lösung liegt (in der polaren Welt) und wo sie andererseits wartet (in der Mitte der Einheit).

Ver-wicklung führt in die Spannung der Polarität und zum Herrn dieser Welt. Kurzfristig mag man sich auf diesem Weg auch selbst wie ein Herr der Welt fühlen. Ent-wicklung führt zurück zur Mitte und zur Einheit. Wer sie verwirklicht und sich entwickelt, wird nicht nur zum Herrn seiner kleinen Welt, sondern auch zu allem anderen: **Er weiß, dass er in allem ist und alles auch in ihm.**

Ver- und Ent-wicklung sind nur verschiedene Abschnitte auf dem Lebensweg.

Fallstricke im Reich der Polarität – Von Einseitigkeit bis zu positivem Denken

In der weiten Welt der Gegensätze sehnt sich jede Halbkugel nach ihrer anderen Hälfte, alles strebt nach Vereinigung. Deshalb erzwingt langfristig jeder Pol sein Gegenüber. Wer das verstanden hat, wird den Weg wacher und achtsamer gehen. Er weiß, dass das Engagement für einen Pol den anderen ebenso auf den Plan ruft. Wer mit aller Gewalt gegen den Terrorismus und für den Frieden kämpft, wird Krieg ernten und noch mehr Terror. »Wer Gewalt sät, wird Gewalt ernten«, weiß das Sprichwort und durchschaut damit jene gut gemeinten Vorwände, all das geschehe nur für den Frieden.

Wer aber die echte innere (und äußere) Auseinandersetzung führt und mit großem Einsatz Krieg führt, wird Frieden ernten. Hier wäre vor allem an den heiligen Krieg aller Religionen, die große **innere** Auseinandersetzung, zu denken. Aber selbst nach äußeren Kriegen kommt es, wenn die Spannungen gelöst sind, zu Frieden. Dessen Haltbarkeit hängt jeweils davon ab, inwieweit auch die inneren Auseinandersetzungen geführt wurden.

Friedensdemonstranten machen dieses polare Thema überall auf der Welt deutlich. Sie **kämpfen** für den Frieden und ernten nicht selten Kampf, wenn sie nicht überhaupt gleich selbst **losschlagen**.

Wer zum Beispiel alle »Kinderkrankheiten« mittels Impfungen aus der Welt schaffen will, um Gesundheit zu verbreiten, erntet eben keine gesunden, sondern kränkliche, anfällige Kinder. Die Schulmedizin erbringt diesen Beweis seit langem, auch wenn sie sich der verheerenden Folgen ihrer gut gemeinten Aktionen nicht bewusst ist. Auch hier gilt der Satz »Das Gegenteil von gut ist gut gemeint«, der Bertolt Brecht zugeschrieben wird – immer wieder dieselbe Erfahrung der Polarität, die bereits in Mephistos zeitlosen Worten zum Ausdruck kam. Das Böse bedingt das Gute und umgekehrt. Da beide Pole stets zur Vereinigung tendieren, werden wir nie einen aus der Welt bekommen, im Gegenteil: Mit dem Kampf gegen den einen stärken wir letztlich auch den anderen Pol.

Wer sich nur mit einem Pol beschäftigt, erzwingt dadurch den anderen. Der Atheist etwa beschäftigt sich ständig mit Gott. Psychiatern müsste längst aufgefallen sein, dass sich Besessenheitsphänomene praktisch nie bei Zuhältern und Prostituierten finden. Der Teufel scheint – entgegen der bürgerlichen Erwartung – Bordelle eher zu meiden. Dafür ist er in Nonnenklöstern und bei Puritanern und Pietisten immer gleich um die

> *Widerstand ruft hervor, wogegen er sich richtet.*

Ecke zu finden. In meinen Jahren mit der stillen, eher auf Unterdrückung vitaler Lebensäußerungen wie Sexualität setzenden Transzendentalen Meditation habe ich nicht wenige ihrer Anhänger in der Psychiatrie verschwinden sehen. Die vergleichsweise lauten und sich ihrer Vitalität viel vehementer stellenden Sannyasins Bhagwans beziehungsweise Oshos vermieden diese Sackgasse dagegen mehrheitlich.

Statt solche Zusammenhänge zu durchschauen, mag es leichter sein wegzusehen, und so gibt es diesbezüglich tatsächlich einen breiten Konsens, der auch die Psychiatrie einschließt. Statt auf Schattenbildung durch Verdrängung zu verzichten und auf Bewusstwerdung durch Schattentherapie zu setzen, haben Psychiater lieber ihre Krankheitsbezeichnungen geändert und geben sich wissenschaftlich modern. Was man früher »Besessenheit« nannte, wurde erst in »Dementia praecox« (frühzeitige Demenz) und schließlich in »Schizophrenie« umbenannt. Am Phänomen hat sich dadurch leider wenig verändert. Der durch Verdrängung übermächtig gewordene Schatten übernimmt die Macht und dominiert das Leben. Die Psychopharmaka unterdrücken lediglich den Schatten, aber damit auch das Leben, und das Ergebnis ist nicht der gesunde, sondern der Mensch auf Sparflamme.

Es könnte allmählich auffallen, dass diejenigen, die sich freiwillig den dunklen Seiten ihrer Seele widmen, ihrem Schatten, wenig Tendenz zu Psychosen entwickeln, wohingegen diejenigen, die alles Dunkle verdrängen, dafür immer anfälliger werden. Und tatsächlich bekommt fast ein Drittel der Bevölkerung einmal im Leben eine Psychose.

Die Positivdenker und Affirmationsakrobaten gewisser Kreise der Eso-Szene, die nur auf Licht und Liebe aus sind, holen mit allen nur erdenklichen Mitteln den eigenen Schatten hervor, ohne es zu wollen und anfangs überhaupt zu bemerken, bis es (zu) spät ist. Wie alle Polaritätsblinden verstärken sie im Gegenteil bei den ersten Anzeichen von Schattenmanifestation noch ihre Anstrengungen im Kampf dagegen. Wie anders wäre es zu erklären, dass die vielen Lichtarbeiter es einfach nicht schaffen, auch nur ein bisschen mehr Licht zu machen? Am schlechtesten geht es natürlich ihnen selbst. Ihre Umgebung ist von den Licht-Liebe-Geschichten bald nur noch genervt und merkt gar nichts von den ständig gebetsmühlenartig beschworenen Besserungen durch Lichterfahrungen. Nirgendwo auch habe ich so vorzeitig gealterte Menschen erlebt wie in jenem Teil der Eso-Szene, der auf physische Unsterblichkeit setzt. Der Schatten ist – dem Polaritätsgesetz folgend – dort am deutlichsten, wo er am heftigsten negiert wird.

Wenige Bereiche sind natürlich auch so anfällig für Schatten wie die Eso-Szene, deren Anliegen ja gerade als höchstes Ziel die Erleuchtung ist. Wer alles will, muss sich aber auch allem stellen. Wenn er nur die helle Seite will und diese für die Ganzheit hält, wird das Erwachen bitter, denn es wird im Schattenreich geschehen. Auch darin liegt noch Gnade, denn den Erleuchtungsfreaks fehlt ja gerade der Schatten, und den bekommen sie dann folgerichtig, wenn auch von ihnen unerwartet, was Zeitpunkt und Ausmaß angeht. Insofern ist selbst eine Psychose noch eine heilsame Erfahrung, bringt sie doch den lange verdrängten Schatten nicht nur hervor, sondern sogar an die Macht. So lange unterdrückt, bekommt er, wenn das Fass voll ist, die Vorherrschaft.

Ähnliches können wir auf allen Ebenen der Wirklichkeit erleben. Wer die Bauern und Arbeiter lange und hart genug unterdrückte wie die russischen Zaren oder die chinesischen Kaiser, brachte sie damit irgendwann ganz an die Macht und sich selbst in die Ohnmacht. Insofern hat sich sogar bis in Politikerkreise, die ansonsten die Schicksalsgesetze geflissentlich übersehen, herumgesprochen, dass das Zulassen der Opposition die eigene Macht eher stabilisiert.

Historische Alternativen zum Umgang mit Polarität

In früheren Zeiten gab es selbst an Höfen völlig autokratischer Potentaten Hofnarren, deren wesentliche Aufgabe darin bestand, dem Herrscher die (andere) Meinung zu sagen, allerdings auf witzige Art und Weise. Verschiedene Indianervölker hatten den Heyoka, der eine ähnliche, aber ritualisierte Rolle spielte. Er musste immer den Gegenpol vertreten, also anderer Meinung sein als die Mehrheit der Stammesversammlung. Dadurch kam die Polarität immer mit ins Spiel des Lebens. Zwar folgte man dem Rat des Heyoka kaum, aber der Schatten oder Gegenpol war durch ihn vertreten, wurde artikuliert, und man war sich seiner ständig bewusst. Dadurch wusste man sich vor seinen Überfällen sicherer. Einzige Aufgabe des Heyoka war es, diesen anderen dunklen Aspekt der Wirklichkeit ständig ins Spiel zu bringen und so präsent zu halten.

Mit ihrem Wirken erübrigten die Narren und Heyokas den unberechenbaren und unerwarteten Einbruch des Schattens ins tägliche Leben wie durch die dreizehnte weise Frau im Dornröschen-Märchen. Der Schatten kam, wenn, dann wenigstens nicht unvorhergesehen, denn man wartete ihm ja auf in Gestalt der Narren. Diese hatten auch eine Art Repräsentationsrolle, fast wie moderne Bundespräsidenten. Heutige Könige und Bundespräsidenten ohne reale Macht erfüllen ähnliche Repräsentationsaufgaben. Sie stehen für das Prinzip der

Staatsspitze, ohne ansonsten viel konkrete Arbeit leisten zu müssen. Dummerweise engagieren wir nur Repräsentanten der Lichtseite, die dunkle ist der Verdrängung zum Opfer gefallen und bricht deshalb wohl so oft und so unerwartet und furchtbar ins moderne Leben ein. Das ist auch der Grund, warum der Volksmund weiß, dass der Teufel im Detail steckt. Da er im Großen und Ganzen keine Beachtung mehr findet, sucht er sie sich in Nischen.

Die im alten Indien und vielen archaischen Kulturen übliche Integration des Schattens in Gestalt besessener Kranker in Familie und Dorfgemeinschaft dürfte entsprechend heilsame Bedeutung gehabt haben. Dadurch hatte der Schatten seinen Platz und ließ die anderen in Ruhe.

> *Das Glas ist sowohl halb voll als auch halb leer. Es macht wenig Sinn und viele Probleme, eine dieser Positionen überzubetonen.*

Immerhin kamen solche Gesellschaften ganz ohne Psychiatrie aus. Wir dagegen wähnen uns geschickter, wenn wir den in Gestalt psychotischer Menschen störenden Schatten in Asyle verbannen. Das Polaritätsgesetz sorgt dafür, dass er nicht ganz vergessen wird. Immerhin geht die EU-Kommission inzwischen davon aus, dass 25 Prozent der europäischen Bevölkerung psychiatrisch behandlungsbedürftig sind.

Die Menschen alter Gesellschaften wurden zwar höchstwahrscheinlich von den Ver-rückten und ihren Ver-rücktheiten gestört, aber durch sie auch ständig an die Existenz der anderen Seite in ihrem und allem Leben erinnert. Je weniger eine Gesellschaft ausschließt an Verrücktheit, Schatten und Tod, desto lebendiger ist sie einerseits und desto sicherer andererseits. Das gilt natürlich auch für den Einzelnen.

Konsequenzen für ein modernes Leben unter Einschluss des Schattens

Es ist offenbar mehr als lohnend, sich der anderen, dunklen Seite bei allen Dingen und Aktivitäten, Plänen und Unternehmungen bewusst zu sein. Denn den Schatten im Bewusstsein zu halten ist jedenfalls die einzige Art, relativ sicher vor ihm zu leben. Wann immer wir uns entscheiden müssen, könnten wir uns bewusst machen, die andere Seite, gegen die wir uns entscheiden, schuldig zu bleiben. Sie wird zum Schatten und bedarf weiterer Beachtung.

> *Wer es wagt, all seine Seiten ins Spiel des Lebens einzubringen, wird lebendiger sein und mehr Leben erfahren und verbreiten.*

Bei all unseren Standpunkten könnte uns klar werden, dass es auch die entsprechenden Gegenstandpunkte gibt. Ein interessantes Spiel verlangt, zu allen eigenen Überzeugungen und Standpunkten einmal die Gegenseite ins Spiel zu bringen und sie zu argumentieren. Wer also ein glühender Verfechter vegetarischer Ernährung ist, sollte einmal zehn Minuten lang die Fülle der Gegenargumente ins Feld führen. Wer sich gegen die Atomkraft engagiert, könnte für zehn Minuten zu deren ebenso engagiertem Befürworter werden. Der Themen gäbe es genug – von der Demokratie über die Emanzipation bis zur Todesstrafe. Es gibt nichts, was in dieser polaren Welt nicht einen Gegenpol hätte, der Beachtung verdient!

Wir könnten erkennen, wie sehr normales Diskutieren fast immer dazu dient, das Gegenüber zu überzeugen, aber kaum je dazu, selbst geistig in Bewegung zu kommen. Es geht darum, eingefahrene Spuren zu verteidigen und eherne Standpunkte zu zementieren. Diese werden dadurch aber weder sicherer noch wahrer. Bereits der Vorsokratiker Heraklit hat mit seinem *panta rhei* (»Alles fließt«) der Faszination für Standpunkte in einer Welt im Fluss allen Reiz genommen.

Es sind der Wahrheiten offenbar viele, die jeweils für verschiedene Ebenen gelten. Ein Erstklässler hat seine und ein Abiturient eine andere. Aus dem ersten Stock eines Hochhauses sieht die Wirklichkeit anders aus als aus dem zwanzigsten. Man könnte sagen: Jeder hat von seinem Standpunkt recht, oder Wahrheit hat innerhalb der polaren Welt immer einen Ebenenbezug. Sie erfordert insofern keine Verteidigung. Diese haben nur fehlerhafte Perspektiven nötig, denen die andere Seite zur Vollkommenheit fehlt.

> *Man kann nicht zweimal in den gleichen Fluss steigen.*
> HERAKLIT

Es kann in dieser Welt keinen Standpunkt ohne Gegenstandpunkt geben. Sehr deutlich wird das in der Ernährungslehre. Da gibt es praktisch nichts, was nicht in einem System verboten und dafür in einem anderen empfohlen wird. Das gilt selbst noch für die Zubereitung. Nach der chinesischen Medizin sollen wir praktisch alles kochen, nach unseren Rohköstlern möglichst nichts. Wenn sich etwas scheinbar eindeutig präsentiert, könnten wir gleich die andere Seite oder – wie der Volksmund sagt – den Haken beziehungsweise Pferdefuß suchen. Und der Pferdefuß gehört zum Teufel, dem Herrn dieser Welt, der eben immer mit von der Partie ist. Wie gesagt steckt er oft im Detail, ist aber jedenfalls dabei. Diese Haltung erspart Enttäuschungen, die auf lange Sicht jedoch auch nur Täuschungen beenden.

Lösen lassen sich Probleme kaum durch Diskutieren – sonst

würde das ja etwa in Talkshows geschehen –, sondern indem man über sie hinauswächst. Wenn der Erstklässler und der Abiturient sich nach Jahrzehnten wiedertreffen und beide Atomphysiker geworden sind, werden sich ihre früheren unterschiedlichen Sichtweisen aufgelöst haben. Sobald der Bewohner des ersten und des zwanzigsten Stocks einen gemeinsamen Hubschrauberflug machen oder sich auch nur gegenseitig einladen, werden sie sich über ihre früheren Standpunkte erheben können.

In der Philosophie ist das in der Idee der Dialektik ausgedrückt. Diese geht davon aus, dass sich zu jedem Standpunkt A ein Gegenstandpunkt B entwickeln lässt. Beide lassen sich in einem übergeordneten C vereinigen, zu dem sich rasch eine Gegenposition D ergibt. C und D werden dann wieder von der übergeordneten Position E vereinigt, zu der sich der Gegenpol F finden lässt – und so weiter, und so fort... Die Frage, ob das ewig so weitergeht, wird in der Geschichte unterschiedlich beantwortet. Für die reinen Dialektiker ergibt sich eine endlose Folge von Stufen. Für andere, die das dialektische System offener nutzen, führt die Stufentreppe schließlich in den Himmel. Die hermetische Philosophie, aber auch alle anderen Weisheitslehren gehen davon aus, dass dieses polare Spiel der Dialektik letztlich in die Einheit mündet. Demnach ist die bewusste Verwirklichung der Einheit im Sinne der Schattenintegration die einzige Chance, der Polarität zu entkommen.

Wer die Einheit als Ziel erkennt, kann das Spiel mit der Polarität gleichsam als Entwicklungsmotor dorthin nutzen. Der Teufel ist als Herr dieser Welt tatsächlich not-wendig, um aus den Menschen ihren guten Kern herauszuholen, was ja im bereits erwähnten Mephisto-Zitat zum Ausdruck kommt. Ähnlich wie wir stinkende Jauche benutzen, um duftende Rosen zu ziehen, oder wie der strahlende Lotos aus der Kloake Indiens wächst.

Ganz praktisch lässt sich über den Gegenpol manches besser erreichen als auf direktem Weg, aber es gibt grundsätzlich beide Möglichkeiten. Die Homöopathie geht den Weg, Ähnliches mit Ähnlichem zu heilen, die Schulmedizin arbeitet allopathisch über den Gegenpol. In der Farb- und Ernährungstherapie kommen wir nur über den Gegenpol voran. Einen überhitzten Menschen würden wir mit Blau kühlen, einen unterkühlten mit Rotlicht wärmen, ein unterkühlter Mensch mit wenig Eigenwärme würde sich besser von wärmenden Speisen (etwa mit Curry oder Ingwer) ernähren, ein überhitzter sein Mütchen mit Vorteil über Zitrusfrüchte kühlen.

Die Konsequenz aus der Erkenntnis der Polarität ist vor allem ihre Anerkennung und Akzeptanz und das Einstellen des Kampfs gegen sie, was aber keinesfalls heißt, sich dem als »böse« und »schlecht« Erkannten zu ergeben. Im Gegenteil gilt es weiter, das Gute zu tun, das dem eigenen Bewusstseinsstand entspricht, sich dabei aber immer des Gegenpols bewusst zu sein, damit es eben nicht ins Gegenteil umschlägt.

Allgemein gilt es zum Beispiel als »gut«, Bettlern Almosen zu geben. Wer das jedoch tut, um »ein guter Mensch zu sein«, und sich womöglich noch was darauf einbildet, läuft bereits Gefahr, Opfer der Polarität zu werden. Vielleicht hat er es nur getan, um dabei gesehen zu werden. Oder er hat Angst, selbst in eine ähnliche Lage zu geraten, und möchte »irgendwie vorbeugen«, damit ihm dann entsprechend geholfen wird. Oder aber er besänftigt so vielleicht nur sein schlechtes Gewissen, will dadurch irgendeine eigene »Untat« sühnen.

Es wäre also sinnvoll, Bettlern weiterhin etwas zu geben, allerdings mit einem wachen Auge für den eigenen Schatten. Ihnen nichts zu geben oder sie gar zu maßregeln bringt jedenfalls sicher niemanden weiter. Wer im missverstandenen Mephistopheles'schen Sinne bewusst »böse« handelt, um Gutes zu erreichen, macht sich in aller Regel etwas vor. Und wer sagt, er gebe Bettlern grundsätzlich kein Geld, weil sie es sowieso nur in Alkohol umsetzten, schützt vielleicht auch vor, Gutes zu tun. In Wirklichkeit ist es aber meist nur eine Bemäntelung des eigenen Geizes. Wenn er seine Bedürftigkeit nur vortäuscht, ist das in erster Linie ein Problem des Bettlers und von ihm zu verantworten.

Licht und Schatten, Sucht und Suche, Standpunkt und Gegenstandpunkt, alles hat seine Wahrheit – Probleme lösen sich, indem man über sie hinauswächst.

Aus dem Wissen um die Nähe der Gegenpole lässt sich vieles verstehen. Wer seine eigene Verstopfung nicht durchschauen, verstehen und deuten kann, wird auf dem Gegenpol leichter fündig. Dass der Durchfallpatient »die Hosen voll«, also »Schiss« hat, macht schon die Sprache deutlich. Gemeinsames Thema von beiden ist die Angst. So teilen auch der Alkoholiker und der Abstinenzler ein Thema: Alkohol. Der eine giert süchtig nach jedem Schluck, der andere geifert fanatisch über jeden Tropfen. Der Raucher und der militante Nichtraucher können sich ewig streiten über ihr gemeinsames Problem, die Luft. Der eine möchte sie reinigen, der andere anreichern.

Süchtige und Suchende gehören folglich zusammen, beide haben noch nicht gefunden, was sie eigentlich brauchen – die Einheit oder wenigstens eine Vorstufe davon wie Gesundheit, (inneren und äußeren) Reichtum, Glück. Der Dalai Lama sagt, der Sinn unseres Lebens sei es, glücklich zu sein, wohl wissend, dass wir dann auf dem Weg zur Einheit sind.

Der alltägliche Schatten – und Umgangsformen mit ihm

Obwohl also die Polarität überall und in jedem Detail, aber auch im Großen und Ganzen steckt, im Weltzusammenhang, mag man bei sich selbst wenig bis gar keinen Schatten entdecken. Einerseits liegt das an der Eigenblindheit, andererseits ist Schatten bereits von der Definition her das Unbekannte, das außerhalb der Bewusstheit liegt. Man müsste schon eine Schattentherapie machen, um sich des eigenen Schattens einigermaßen bewusst zu sein. Auch wenn Schattentherapie sicher der Königsweg ist, gibt es noch weitere Mittel und Wege, an Schatten heranzukommen.

Grundsätzlich wäre zu durchschauen, dass alles in der Welt der Gegensätze immer auch Schatten hat, besonders das Lichte und Heilige. Je heller das Licht, desto dunkler der Schatten. Was nur gut erscheint, ist also besonders schattenverdächtig. Während der Amtszeit des Charismatikers John F. Kennedy, der einige viel zitierte inspirierende Sätze hinterlassen hat, befanden sich die USA im Vietnamkrieg, und durch die Kubakrise wurde fast ein dritter Weltkrieg ausgelöst. Ein überführter Krimineller wie Richard Nixon, mit Schimpf und Schande aus dem Präsidentenamt gejagt, hat, obwohl Befürworter des Kriegs, Vietnam Frieden gebracht und die Eiszeit mit China beendet.

Und das Spiel bleibt aktuell. George W. Bush, seines Zeichens Wahlbetrüger und stets den eigenen egoistischen Vorteil nutzend, der sich selbst als Vertreter der Achse des Guten sah, hat in ziemlich mutwillig angezettelten Kriegen Schatten ausgelebt. Für die überraschende Aufdeckung desselben ist er weniger anfällig als eine Lichtgestalt wie Barack Obama. Das heißt wiederum nicht, dass wir uns über ihn und andere Charismatiker nicht freuen dürften, nur sollten wir bei so viel Licht ein Auge auf den Schatten haben.

Alles, was mir widerstrebt oder mich stört, muss mit mir und meinem Schatten zu tun haben, sonst könnte es nicht so auf mich wirken. Je mehr sich also jemand in und von dieser Welt stören lässt, desto mehr Schatten hat er noch zu konfrontieren. Die Prinzessin auf der Erbse hat folglich noch einiges vor sich.

> *Was uns widerstrebt oder stört, muss etwas mit uns und unserem Schatten zu tun haben, sonst hätte es diese Wirkung nicht.*

Aber auch alles, was ich bin, hat eine Schattenseite. Bin ich arm, ist der Reichtum im Schatten, bin ich reich, ist die Armut im Schatten. Das gilt für Größe und Kleinsein, Gesundheit und Krankheit, Ruhe und Hektik und alle Eigenschaften, die ein Mensch haben kann. Das Buch *Körper als Spiegel der Seele*[9] macht sich das zunutze und deutet die ganze Erscheinung des Menschen im Hinblick auf die Schattenseiten der jeweiligen Formen und Figuren.

Doch auch alles, was ich an Krankheitsbildern erlebe, lässt meinen Schatten noch deutlicher erkennen. Im Sinne von *Krankheit als Symbol* verbirgt sich hinter jedem körperlichen und seelischen Symptom ein Schattenaspekt, den ich erkennen und durchschauen kann, um daran zu wachsen.

In klassischer Weise lassen sich natürlich auch die Träume der Nacht nutzen, um herauszufinden, was tagsüber fehlt. Albträume sind tatsächlich die Schattentherapie des Alltags. Nur was tagsüber offen und unbewältigt blieb, drängt nachts über dieses Ventil ins Bewusstsein. Sind es dunkle Aspekte, werden sie sich albtraumartig zeigen und dabei entladen. Letztlich verraten die Archetypen beziehungsweise Urprinzipien die Themen hinter den Träumen, die im täglichen Leben zu kurz kommen. Der vertraute Umgang mit den Urprinzipien ist eine unschätzbare Hilfe, die später noch Thema wird.

Auch was ich materiell besitze, kann Schatten verraten. Wenn ich mehr Wohnungen oder Häuser mein Eigen nenne, als ich beleben kann – Häuser, die ich be-sitze, ohne darin zu *sitzen* –, zeigt das Angst vor Heimatlosigkeit und Ungeborgenheit. Wer Berge von Geld be-sitzt, ist oft von der darin liegenden Macht *besessen*, und Angst vor Armut und Machtlosigkeit ist sein Schattenthema. Wo Gold angehäuft wird, könnten (Selbst-)Wertprobleme auf der anderen Seite liegen. Diesbezüglich mag *Die Psychologie des Geldes* einiges enthüllen und sinnvolle Auswege weisen.

Und auch alles, was ich mache, hat seine Schattenseite, also etwa mein Beruf. Bin ich als Arzt oder Heilpraktiker der Gesundheit und dem Heil verpflichtet, liegen der »Medizyniker« und »Unheilpraktiker« im Schatten. Krankenschwestern, als Engel der Leidenden im Sinne des Florence-Nightingale-Ideals angetreten, verwandeln sich zuweilen in Todesengel, wie immer wieder enthüllt wird. Journalisten sind der Information und Wahrheit verpflichtet, im Schatten ihrer Schlagzeilen liegen Manipulation, Vertuschung und Lüge. Der auf seinen Glauben eingeschworene Missionar bekämpft an den Ungläubigen den eigenen Unglauben. Der Bauer, der gesunden Ernährung der Bevölkerung verpflichtet, droht zu ihrem Totengräber zu werden über all die Herbi-, Pesti- und Fungizide einerseits, die er über den Boden den Lebensmitteln beimischt, und andererseits über den Mangel an wertvollen Stoffen, die der moderne Anbau (die Kunstdüngerwirtschaft) auf die Dauer der Erde entzieht. Dabei kommen keine Leben-smittel mehr heraus, und die Gesundheit bleibt auf der Strecke. Die Bauern wissen das sogar, denn sie behandeln die Feldfrüchte und Tiere für den eigenen Gebrauch durchaus sensibler. Der Schatten der Banker ist mittlerweile sogar ins Allgemeinbewusstsein vorgedrungen. Anstatt anderen zu Existenzen und Wohlstand zu verhelfen, haben sich viele Banker unanständig bedient und die Allgemeinheit hängenlassen.

Aber auch noch das Hobby verrät Schatten- beziehungsweise im übrigen Leben fehlende Seiten. Wer sich in der Freizeit ständig bewegen muss, dürfte ein Defizit an Mobilität im Beruf haben, sicherlich auf körperlicher, wahrscheinlich aber auch auf geistiger Ebene. Den Läufern fehlt möglicherweise der Vorwärtsdrang in Beruf und/oder Partnerschaft, den Turnern wohl eher die Beweglichkeit beim Turnen im Bett oder auf der Karriereleiter. Wem es im Hobby um Geschwindigkeit geht, der kommt wahrscheinlich im Alltag – für sein Gefühl – zu langsam voran.

Wo als Hobby gespielt wird, mangelt es oft dem Leben an spielerischen Elementen, die also in den Schatten sinken und über das Hobby wiederbelebt und ins Leben eingeladen werden. Wer als Hobby sammelt und auf Vollständigkeit bei seinen Briefmarken, Bierdeckeln oder was auch immer zielt, dem fehlt offenbar etwas im Leben zur Ganzheit. Wird die Freizeit mit Lesen und Filmen verbracht, kompensiert das Mangel an eigenem Erleben. Besonders deutlich wird diese Tendenz, wenn jemand ständig Biografien über bekannte Menschen verschlingt. Er partizipiert dann gleichsam an fremdem Leben, statt seines zu leben.

Wer ein Verhältnis neben seiner Ehe oder Hauptbeziehung hat, lebt darin ziemlich wahrscheinlich deren Schatten. Ist der Ehemann ein braver, redlicher und verantwortungsbewusster

Bürger, vertritt der Liebhaber vielleicht eher den Bohemien, der ihr die Sterne vom Himmel holt, sonst aber auch nichts. Ist an seiner Seite die schlanke, ranke »Model«-Frau, hat er an der rundlichen Geliebten eher mehr Freude in der Sinnlichkeit. Vor allem aber werden auf diesem wenig anerkannten, jedoch häufig gewählten Weg über das Verhältnis in der angestammten Beziehung fehlende Elemente kompensiert. Ein wilder Geliebter stabilisiert so eher die brave Ehe mit dem ebenso braven Ehemann, und dieser könnte ihm geradezu dankbar sein. Denn bekäme seine Partnerin diesen Aspekt gar nicht, würde ihre Beziehung unter Umständen noch rascher scheitern. Natürlich ist das kein Rezept, und viel besser wäre, der »betrogene« Partner würde den noch fehlenden Aspekt in sein Leben integrieren, den (ihm) der Geliebte schon (vor)lebt. Im Allgemeinen nehmen Geliebte (beiderlei Geschlechts) nichts weg, sondern bringen etwas dazu, was bis dahin gefehlt hat.

Wer suchet, der findet Schatten überall!

Natürlich wird das gemeinhin genau umgekehrt gesehen. Die verblüffend genaue Analogie zum Hobby mag Licht in diesen Schattenbereich werfen. So wie ein Bewegungshobby einen sitzenden Beruf erträglicher macht, kann ein ekstatischer Liebhaber die langweilige Ehe erträglicher machen und sogar verlängern. Letztlich suchen wir uns ein Hobby, weil uns im Beruf etwas fehlt, weil wir dessen Schatten spüren. Genauso finden wir Geliebte, wenn uns in der Beziehung zu viel fehlt beziehungsweise der Schatten zu deutlich wird.

Wer also seinen Schatten sucht, wird in jedem Fall fündig, es ist nur eine Frage der Intensität der Suche und auf wie viele Bereiche des Lebens sie ausgedehnt wird. Selbst Eigenschaften, die wir bewundern, aber nicht leben, gehören zu unserem Schatten. Ein Ausspruch von Marianne Williamson deutet das an:

> Unsere tiefste Angst ist nicht die,
> dass wir unzulänglich sind.
> Unsere tiefste Angst ist die,
> dass wir über die Maßen machtvoll sind.
> Es ist unser Licht, nicht unsere Dunkelheit,
> das uns am meisten erschreckt.
> Wir fragen uns: Wer bin ich denn,
> dass ich so brillant, großartig, talentiert,
> fabelhaft sein sollte?
> Aber wer sind Sie denn,
> dass Sie es *nicht* sein sollten?[10]

Das Resonanz- oder Affinitätsgesetz

Unter den Gesetzen der polaren Welt folgt das Resonanzgesetz an zweiter Stelle und gleich auf das der Polarität. Allerdings braucht es das Wissen um ersteres, um mit letzterem sinnvoll und auf die Dauer erfolgreich umzugehen.

Definition des Resonanzgesetzes

Dieses Gesetz besagt, dass wir nur wahrnehmen, wozu wir Resonanz haben, und auch nur in Kontakt kommen, womit wir in Resonanz sind. Damit werden wir einem Radio vergleichbar, für das es keine Fernsehprogramme gibt, weil es auf deren Empfang nicht eingestellt ist. Sie können sich in ihm nicht manifestieren. Für eine Stimmgabel gibt es nur ihren eigenen Ton, auf den sie geeicht ist und mit dem sie schwingt beziehungsweise in Resonanz geht. Wenn wir auf etwas nicht eingestellt sind, können wir es weder wahr- noch wichtig nehmen. So ist zu erklären, dass die Menschen über unendlich lange Zeiten etwa Magnetismus und Elektrizität einfach übersahen, von elektromagnetischen Wellen ganz zu schweigen. Unsere Augen haben zum Spektrum des sichtbaren Lichtes Resonanz, unsere Ohren zu dem der (für uns) hörbaren Töne. Andere Wesen haben andere Resonanzen, Fledermäuse hören auch Ultraschall und Hunde und Katzen immerhin noch hochfrequente Töne, für die wir schon taub sind. Das erklärt Hundepfeifen, die Hunde hören, Menschen aber nicht.

Die Fülle der Resonanzphänomene ist so groß, dass es erstaunt, wie wenig Beachtung dieses Prinzip bisher in der Welt fand. Vor allem, wo wir – selbst wissenschaftlich – längst wissen könnten, wie grundlegend es ist. Der Amerikaner William Condon hat nachgewiesen, dass menschliche Kommunikation ein Resonanzgeschehen ist. An Filmaufnahmen von Sprechern und ihren Zuhörern in Super-Slow-Motion zeigte er, dass Letztere die ganze Zeit über in Resonanz mit dem Sprechenden stehen, und zwar mittels winziger, subjektiv gar nicht wahrnehmbarer, aber in Extremzeitlupe deutlich sichtbarer Minibewegungen der mimischen Gesichtsmuskulatur. Lediglich autistische Kinder und Taube sind unfähig zu dieser Resonanz. Dabei handelt es sich ausdrücklich nicht um Reaktionen auf das Gesprochene. Die mimischen Bewegungen geschehen völlig synchron, also im selben Moment. Hier dürfte auch der Grund liegen, warum Taubheit so viel schwerer zu ertragen ist als Blindheit. Taubheit verhindert die Resonanz mit anderen Menschen, Blindheit keineswegs.

Aus Gefängnissen ist bekannt, dass die schlimmste aller Strafen die Verweigerung von Resonanz ist. Das macht die sogenannte sensorische Deprivation so unerträglich, dass man sogar von Isolationsfolter spricht. Die meisten Gefangenen verfallen dann auf laute Selbstgespräche. Nichtbeachtung und damit Entzug der Resonanz ist auch für Kinder die härteste Strafe, sie betteln dann zur Not um Ohrfeigen, schaukeln oder wiegen sich selbst oder schlagen schlimmstenfalls sogar ihre Köpfe an die Wand, nur um Rhythmus und Resonanz zu spüren.

In solchen Situationen sind Menschen schon dem Wahnsinn verfallen. Wenn gar nichts mehr wahrnehmbar ist, könnte man allerdings auch mit dem Nichts in Resonanz gehen, wie es Sri Aurobindo in englischer Gefangenschaft widerfahren ist.

Der Begründer des Integralen Yoga war als Freiheitskämpfer von den Engländern in ein Verlies geworfen worden, das aus einem stockfinsteren Loch bestand. Als ihn alle Wahrnehmung verließ, nahm er die Stille in sich wahr, ging in Resonanz damit und wurde eins mit ihr, dem Nichts und dem All. Auf dieser Idee beruht die sogenannte Dunkeltherapie.[11]

> *Wann immer wir etwas wahr- und wichtig nehmen, müssen wir Resonanz dazu haben. Dann hat es auch mit uns zu tun!*

Resonanz hinter alltäglichen Geheimnissen

Es finden sich in unserem Leben zahlreiche Hinweise auf Resonanzphänomene, die jeder kennt, ohne sich ihrer vielleicht so bewusst zu sein. Denken Sie nur einmal daran, warum wir im Zeitalter erstklassiger Unterhaltungselektronik überhaupt noch ins Konzert gehen. Mit einer guten digitalen Aufnahme und genau zwischen erstklassigen Boxen positioniert, ließe sich die optimale Tonqualität im eigenen Wohnzimmer am ehesten verwirklichen. Aber wir wissen aus Erfahrung, dass im Konzert noch anderes, Erhebenderes, ja, Erhabenes möglich ist. Die Erklärung dafür liegt in der Resonanz. Wir schwingen mit der Musik wie die anderen Zuhörer auch, und damit schwingen wir mit ihnen allen zusammen, was schon eine enorme, alles verändernde Resonanz bewirkt. Obendrein schwingen aber natürlich ebenso die Musiker des Orchesters oder der Band in dieser Resonanz, die sie mit ihrem Dirigenten und allen Anwesenden teilen.

Damit ist auch das Geheimnis großer Dirigenten gelüftet

und findet in der Resonanz seine zwanglose Erklärung. Ihre Aufgabe ist es, die Musiker in Resonanz mit der Musik des Komponisten zu bringen. Insofern werden sie zu Brückenbauern zwischen dem Schöpfer der Musik und den Musikern und so auch oft zwischen Vergangenheit und Gegenwart. Sie wiederbeleben gleichsam alte Musik, und indem sie viele damit in Resonanz beteiligen, entsteht eine verblüffende Energie, die uns mit der Lebendigkeit des Augenblicks erfüllt. Ein gelungenes Konzert führt immer zu einem Feld von Resonanz – je mehr daran beteiligt sind, desto spürbarer wird es.

> *Etwas bleibt für uns so lange geheim, bis wir Resonanz dazu entwickeln.*

So erklärt sich auch das Geheimnis von Bühnen- und Filmstars, von Spitzentrainern und Coaches. Je besser sie ihre Aufgabe erfüllen, Resonanz herzustellen, desto berührender und schöner wird das Erlebnis für alle. Folglich ist es die Fähigkeit, Resonanz zu bewirken, die ihren Ruf und Ruhm begründet. Ein Therapeut, der keine Resonanz mit seinen Patienten herstellen kann, wird nicht mehr aufgesucht. Je schneller er es aber vermag, desto besser für seine Patienten und seinen Ruf.

Einstellung und Resonanz

Resonanz ist auch eine Einstellungssache: Wer sich im Stau des Ferienverkehrs ankommen lässt und in Resonanz mit den anderen Urlaubshungrigen in der langen Schlange begibt, fühlt sich offenbar viel weniger schlecht, als die Fernsehzuschauer annehmen, die den Staubericht sehen. Natürlich gilt das nicht für all diejenigen, die es eilig haben und sich nicht auf diese Schwingung einlassen. Wir haben also die Wahl, und der Stau kann es uns zeigen. Wo wir mit dem jeweiligen Augenblick in Resonanz gehen, ergeben sich Zufriedenheit und Wohlgefühl. Selbst beim Zahnarzt ist das möglich, wenn er eine entsprechende Resonanz zustande bringt. Hier tut sich eines der Geheimnisse von Meditation und Exerzitien auf. Wer ganz in Resonanz mit dem Sitzen in Stille geht, statt sich an der Langeweile zu stoßen, kann wunder-volle Erfahrungen bis hin zu solchen der Einheit machen. Wer »zum Putzen wird«, statt sich an »niedriger Arbeit« zu stören, kann die funktional unsinnigen Putzorgien etwa im Zen-Kloster nutzen, um mit dem Augenblick eins zu werden, und sich der Resonanz und Energie ergeben. Das wäre grundsätzlich sicher auch im normalen Haushalt und Alltag möglich.

Aber wir können natürlich ebenso gut mit Unzufriedenheit in Resonanz gehen und entsprechende Felder aufbauen, wie sich vielfach in sogenannten hochentwickelten, in Wirklichkeit nur materiell reichen Ländern zeigt. **»Wir schaffen uns Leid, wenn wir immer alles anders haben wollen, als es ist«**, sagt der buddhistische Lehrer Thich Nhat Hanh. Das Leid entsteht, weil wir in Resonanz mit der Unzufriedenheit treten. Gehen wir dagegen in Resonanz mit Zufriedenheit, können wir mit fast allem in Einklang kommen und sehr zufrieden leben.

Einverstanden sein heißt in Resonanz gehen. Sich unverstanden fühlen bedeutet Mangel an Resonanz wahrnehmen.

Resonanz zu Resonanz

Sobald wir Resonanz zu Resonanzphänomenen entwickeln, finden wir sie überall. Selbst Dinge sind betroffen. In alten Uhrenläden konnte man beobachten, wie die Pendeluhren an einer Wand fast alle im selben Rhythmus schlugen, offenbar weil sie in Resonanz miteinander gingen. Alte Radioapparate enthüllten dieselbe Vorliebe der Natur für Resonanz. Man brauchte mit dem Drehknopf am Frequenzband noch gar nicht ganz an der richtigen Stelle anzukommen, stellte sich schon Empfang beziehungsweise Resonanz ein.

Aus dem Studium kennen Medizinstudenten den Überraschungseffekt, wenn einzelne freigelegte und noch schlagende Herzzellen es offenbar sehr eilig haben, in Resonanz zu gehen. Noch deutlich bevor sie sich berühren, fallen sie in denselben Rhythmus.

Immer schon fällt auf, wie viele alte Ehepartner sich über die Jahre so angleichen, dass sie mehr wie Geschwister denn wie Eheleute wirken. Die Resonanz zwischen Blinden und ihren Hunden ist unübersehbar und beeindruckend. Aber schon die normale Anpassung beziehungsweise das Einschwingen zwischen Hund und Herrchen respektive Frauchen ist verblüffend und mit Resonanz zu erklären, wie die Bilderzusammenstellung rechts zeigen mag.

Offiziere wissen natürlich um die Gefahr, die von marschierenden Soldaten im Gleichschritt für Brücken ausgeht. Sie rufen solche Resonanz hervor, dass sie »aus dem Tritt« müssen, um diese nicht zum Mitschwingen und Einstürzen zu bringen. Auch wie viel Energie durch die Resonanz des Gleichschritts gespart werden kann, ist bekannt. Das war wohl ein entscheidendes Geheimnis der Römer. Denn ansonsten bliebe unklar, wie diese ursprünglich unkultivierte Bauernbande aus Latium die in jeder Hinsicht höher stehenden Etrusker in der Nähe und mit der Zeit all die Kulturen der damaligen Welt einschließlich der griechischen unter ihre Macht bringen konnte. Die Römer gehörten zu den Ersten, die erkannten, wie durch

Marschieren große Entfernungen zeit- und energiesparend überwunden werden konnten. Darin und auch im Erkennen sinnvoller Obergrenzen für Kampfverbände lagen ihre entscheidenden militärischen Vorteile. Bis heute steckt man – nach römischem Vorbild – Soldaten in identische Uniformen und lässt sie einfache Lieder singen, um sie in den gleichen Atemrhythmus zu bringen und so die Resonanz weiter zu erhöhen.

Auf anspruchsvollere Weise gelingt Ähnliches beim Mantrasingen. Alle Beteiligten gelangen über ihren Atemrhythmus in Resonanz und in ein angenehmes und mit der Zeit sehr verbindendes sogenanntes Chanten, das lange ohne Anstrengung durchzuhalten ist. Über Resonanz können dabei deutlich spürbar Felder aufgebaut und Energien freigesetzt werden.

Wir wissen vom Tanzen, wie angenehm Resonanz wird, wenn wir einem Rhythmus erlauben, uns gemeinsam zu bewegen, während wir nur mehr mit und miteinander schwingen. Wo es gelingt, ist uns ein erhebendes, beschwingtes Gefühl sicher. Ähnliches ergibt sich auf gewissen Volksfesten, wenn unter dem Einfluss einer alkoholvermittelten Großhirnvergiftung gesellschaftliche Schranken, Barrieren und Tabus fallen, wildfremde Leute sich unterhaken und in bier- oder weinseliges Schunkeln übergehen – zu einer Musik, deren Rhythmus, vornehm ausgedrückt, archaisch ist, um nicht von primitiv zu sprechen, ein Wort, das – im Rahmen der üblichen Projektionen – für andere reserviert ist.

Die Wirkung der La-Ola-Welle in Sportstadien lässt sich ebenfalls über Resonanzphänomene nachvollziehen. Die Fans versetzen sich damit offensichtlich in Resonanz, tatsächlich aber scheinen sie damit sogar eine gewisse Wirkung auf ihre Mannschaft zu haben, wenn wir an den Heimvorteil im eigenen Stadion denken. Die in der Welle sichtbar werdende Resonanz scheint auch die elf Spieler zu beflügeln, denn vor leeren Rängen fällt der Heimvorteil offensichtlich aus.

Zur Zeit der 68er-Bewegung schafften es relativ wenige Studenten spielend, große Vorlesungen zu sprengen über einen einfachen Rhythmus, der, im Sprechgesang und geklatscht, den Professoren wenig Chancen ließ: »Ho, Ho, Ho Chi Minh« – so einfach, so blöd, so wirksam! Keiner der Rap-Sänger-Avantgarde kannte Ho Chi Minh oder war auch nur in Vietnam gewesen, aber viele spürten die mit seinem geklatschten Namen verbundene Resonanz und die darüber vermittelte Macht.

Die Synchronisation zwischen den Herzrhythmen von Patienten und Psychotherapeuten fällt ebenfalls unter das Gesetz der Resonanz und erklärt, warum es so leicht ist, für entspannte erfahrene Therapeuten, Patienten in Trance zu führen, und warum selbst begabte junge sich – zumindest anfangs – dabei so schwertun. Erstere gehen einfach voran in Trance und geben mit ihrem ruhiger werdenden Atem den Rhythmus vor. Unerfahrene lösen dagegen mit ihrer Nervosität und Unsicherheit entsprechende Resonanzen beim Patienten aus.

Resonanz kann Brücken schlagen – und zerstören.

Resonanz und Wissenschaft

Auch Wissenschaftler waren und sind der Resonanz nahe gekommen. In früheren Zeiten haben ein russischer Astronom namens Molchanow und der deutsche Forscher Theodor Landscheidt schon Wesentliches zur Resonanz entdeckt, aber es wurde ignoriert. Molchanow fand beim Vergleich der Zahlenverhältnisse im Sonnensystem, dass es sich dabei um resonante Strukturen handelt. Landscheidt entdeckte, dass sich die Strukturen des Atoms mit denen des Sonnensystems in vollkommener Analogie befinden und folglich ebenfalls in Resonanz. Beides rückt Goethes Vision der Sphärenharmonie in greifbare Nähe.

Moderne Wissenschaftler arbeiten schon längst mit dem Resonanzprinzip, nämlich dem resonanten Licht des Lasers. Die Macht dieses gebündelten und in gleicher Phase schwingenden Lichts ist so groß, dass sich damit sogar Stahl mühelos schneiden lässt.

Physiker wissen auch schon lange, dass Sender und Empfänger in einem bestimmten zahlenmäßigen Verhältnis zueinander stehen müssen, damit Empfang, also Resonanz entsteht.

Ergebnisse aus dem Bereich der Nachrichtentechnik legen folgende Definition für Resonanz nahe, nämlich als ein »**In-Einklang-Schwingen, ohne dabei identisch zu sein**«. Das Verbindende liegt offenbar im Formbereich, also auf der Ebene der Signatur und Form, nicht in materieller Identität. Die Zellen eines Muskels haben alle Spindelcharakter und schwingen vorbildlich miteinander. Sie ziehen im wahrsten Sinne des Wortes an einem Strick, nämlich an derselben Sehne. Aber auch die Muskeln untereinander gehen offenbar in Resonanz und agieren wie ein Wesen im Sinne einer koordinierten geordneten Bewegung. Letztlich sind an banalem Gehen praktisch alle Muskeln der Skelettmuskulatur beteiligt und funktionieren resonant. Man fühlt sich geradezu an riesige Fischschwärme erinnert, die sich wohlkoordiniert wie ein einziges Wesen bewegen.

> *Wissenschaft arbeitet mit Resonanz, aber erkennt sie noch nicht.*

Generell sind die Zellen aller Organe eines Organismus in Beziehung und wahrscheinlich in Resonanz zueinander. Die allen gemeinsame Signatur des Mandalas »Tanz um die Mitte«, die vom Atom über die Zellen bis zum Spiralnebel reicht, dürfte dafür im Großen garantieren.

Resonanz ist kein Geheimnis, sondern erklärt viele

So ist Resonanz das Geheimnis aller menschlichen und tierischen Bewegung und Entwicklung und damit auch des Lebens. Es ist aber ebenso die Erklärung des Phänomens »Ge-

RESONANZ HINTER ALLTÄGLICHEN GEHEIMNISSEN

heimnis« an sich. Denn für uns bleibt alles geheim, wozu wir (noch) keine Resonanz haben. Die Partitur einer Oper ist für mich ebenso ein Buch mit sieben Siegeln wie komplizierte mathematische Formeln der Quantenphysik. Insofern müssen Geheimnisse eigentlich nicht verborgen werden, sondern sie verbergen sich über fehlende Resonanz von ganz allein. Die sogenannten Geheimlehren blieben auf diese Weise leicht unentdeckt. Das Tarot, das in symbolischen Bildern einen uralten, wenn nicht gar zeitlosen Entwicklungsweg darstellt, hielt sich auf einem gebräuchlichen Kartenspiel inmitten der Welt vor dieser weitestgehend geheim.

Ähnlich blieb das Resonanzgesetz auch für die Wissenschaft die längste Zeit unbekannt, obwohl – unbewusst – schon längst damit gearbeitet wurde. Die wissenschaftliche Welt wurde erst vor relativ kurzer Zeit so richtig reif für die Resonanz mit der Entdeckung der sogenannten Spiegelneuronen 1995 durch Giacomo Rizzolatti, der heute als Professor an der Universität von Parma eine Forschungsgruppe zum Thema »Spiegelneuronen« leitet. Bei diesen speziellen Neuronen handelt es sich um Nervenzellen im Gehirn, deren Aufgabe in der Herstellung von Resonanz besteht. Ihre Arbeit erklärt, warum wir zu gähnen beginnen, wenn ein Gesprächspartner damit anfängt, oder warum wir nach kurzer Zeit die Beine übereinanderschlagen, wenn er es vorher getan hat. Vieles in uns will ständig und möglichst oft in Resonanz gehen. Die Spiegelneuronen dürften dahinterstecken.

Sie sind wohl auch dafür verantwortlich, dass kleine Affen ihre Eltern nachäffen und unsere Kinder ebenfalls über Nachahmen am besten lernen. In Wirklichkeit gehen die Kleinen wohl einfach in Resonanz zu den Großen und lernen auf diesem Weg spielend, was sonst so schwer wäre. Hier liegt auch

RESONANZ HINTER ALLTÄGLICHEN GEHEIMNISSEN

die Erklärung dafür, warum alle Kinder dieser Welt problem- und fehlerlos und immer akzentfrei ihre Muttersprache lernen. Sie gehen in Resonanz mit den Älteren. Überlässt man dieses Thema aber Pädagogen ohne Kenntnis des Resonanzgesetzes, kommen die bekannt schlechten Ergebnisse heraus mit schweren Akzenten und verschwendeten Jahren.

Die Pädagogik steht leider noch vor der Entdeckung der Resonanz. Nur so sind ihre ausgesprochen schwachen Ergebnisse zu erklären. Lehrer sind den modernen Jugendlichen – jedenfalls in Deutschland und Österreich – kaum noch Vorbild, dafür sind sie zu schlecht bezahlt und in der gesellschaftlichen Anerkennung zu weit gesunken. Einzelne Lehrer aber haben das Gesetz der Resonanz immer angewandt und sich und ihren Schülern das Leben damit leichter gemacht.

Auch die Bevölkerung hat intuitiv immer von Resonanz gewusst, und der Volksmund hat sie in seiner drastischen Weise ausgedrückt, wenn er den Teufel immer mit dem größten Haufen in Zusammenhang bringt, um damit anzuzeigen, dass Geld immer zu Geld kommt. Die Sprache ist überhaupt eine Schatzkammer für Ausdrücke aus dem Reich der Resonanz. So meint der Ausdruck »einen Draht zu jemandem haben« ja nicht, dass man mit diesem Menschen verkabelt ist, sondern dass es sich so anfühlt und man sich mit ihm unerklärlich verbunden fühlt. Auch wer »auf der gleichen Wellenlänge« ist, hat dieses Gefühl, ebenso wie jener, der »eine Antenne für jemanden hat«. Wer für andere »auf Empfang geschaltet« hat, will damit sagen, wie offen er für sie ist. Aber selbst noch unser gebräuch-

> *Resonanz ist miteinander schwingen bei aller Verschiedenheit. Sie spart Energie, wird von der Natur bevorzugt und macht Freude.*

liches Wort »mitschwingen« bedient sich dieses aus der Technik entlehnten Vokabulars, das die Resonanz ins Spiel des alltäglichen Lebens und seiner Sprache bringt.

Am Beispiel der Pädagogik, wo die Resonanz noch auf ihre Entdeckung wartet, lässt sich erkennen, dass auch dieses Gesetz wie das der Polarität in allen Bereichen unserer Wirklichkeit gilt, selbst wenn das von den entsprechenden Spezialisten, den »-logen« und »-gogen«, noch nicht erkannt wird.

Konsequenzen aus dem Resonanzgesetz

Die Konsequenz aus der Entdeckung der Resonanz ist schon im persönlichen Bereich erheblich. Jeder Mensch nimmt seine Welt wahr, mit der er in Resonanz ist, zu allem anderen bekommt er weder Kontakt noch Verständnis. Unsere Welt wird uns so zum Spiegel. Wir können uns jederzeit darin erkennen. Aber auch umgekehrt hat alles, was wir erkennen, mit uns zu tun, wir könnten es sonst gar nicht wahrnehmen und einordnen. (Der Witz dazu: Der kleine, noch junge Elefant sieht zum ersten Mal einen nackten Mann und fragt entsetzt: »Mama, wie trinkt der denn...?«)

Probleme entstehen, sobald wir den Spiegelcharakter der Welt verkennen und sie für objektiv und unabhängig von uns halten. So entstehen all die Versuche, die Welt draußen im Spiegel zu ändern. Wer morgens in den Spiegel schaut, würde allerdings kaum versuchen, sein griesgrämiges Gesicht im Ebenbild zu verschönern oder Mitesser dort auszudrücken.

Kaum aber haben wir das Bad am Morgen verlassen, beginnen die Spiegelfechtereien. Der Partner wird gefragt, warum er so missmutig sei. Anfangs wird der das noch bestreiten, aber wer lange genug auf seiner (Fehl-)Wahrnehmung beharrt, wird ihn sicher irgendwann missmutig machen und findet so scheinbar auch noch Bestätigung. Mit der Zeit können also eigene Projektionen über Resonanz wahr werden.

Wer den Spiegel nicht als solchen erkennt, wird Anstoß an ihm nehmen. Am deutlichsten wurde das in den alten Spiegel-Irrgärten auf Volksfesten. Sah man die Spiegel als Spiegel, konnte man ganz gut hindurchkommen – anderenfalls gab es Beulen. Die Analogie zum Alltag ist offensichtlich. Wer die Umwelt als Spiegel erkennt, kann gut durchs Leben kommen. Wer sie dagegen (wie die Wissenschaft) für objektiv hält, wird immer wieder Anstoß nehmen und in Auseinandersetzungen und Kämpfe verwickelt werden.

Dabei spricht nichts gegen Spiegel. Sie sind der beste Weg, sich selbst zu erkennen. Wir sollten also unsere Umwelt, gerade wenn wir sie als Spiegel identifizieren, wichtig nehmen und zur Selbsterkenntnis nutzen.

Sobald wir sie allerdings ändern wollen, ergibt sich ein Problem. So wenig, wie sich die Mitesser im Spiegel ausdrücken, werden sich wesentliche Veränderungen der Außenwelt im Außen erreichen lassen. Wir müssten uns stattdessen selbst ändern und damit unsere Resonanz. Eine weitere sinnvolle Möglichkeit wären Rituale, denen wir uns noch widmen müssen. Sie ermöglichen, äußere Veränderungen vorzunehmen unter Wahrung des Innenbezugs. Damit könnten äußere Veränderungen auch innere bewirken, und so würde die Resonanz gewahrt bleiben. Ansonsten haben äußere Veränderungen, wie sie üblich sind und ständig vorgenommen werden, die unübersehbare Tendenz, die eigentlichen Probleme nicht zu beeinflussen, sondern nur zu verlagern, zu verschieben und im schon beschriebenen Sinn zu »beseitigen«. Auf diese Weise ergibt sich nur Oberflächenkosmetik. Für »Eigenänderungen« aber sind die meisten Menschen zu träge, und so suchen sie das Heil in funktionalen Maßnahmen wie der König bei Dornröschen und damit in Spiegelfechtereien.

Was uns draußen stört, wäre innen zu bearbeiten, wobei uns die Erkenntnis der Polarität und des Schattens dabei zu Hilfe kommt. Wer sich ständig an unehrlichen Menschen in seiner Umgebung stört, muss das Thema in sich beziehungsweise seinem Schatten haben. Allerdings muss und wird es meist nicht eins zu eins zu finden sein. Irgendwo wird die Unehrlichkeit liegen, es könnte zum Beispiel auch Unehrlichkeit sich selbst gegenüber sein. Dann könnten Betroffene trotzdem ehrlich im Umgang mit anderen sein. Bei sich selbst sehen sie die Unehrlichkeit wegen ihrer Eigenblindheit und Verdrängung nicht, haben aber Resonanz dazu, und diese bringt sie immer wieder in Situationen, in denen sie Unehrlichkeit »draußen« erleben. Hier arbeiten also beide Gesetzmäßigkeiten zusammen, um uns wachsen und eigene Unehrlichkeit erkennen und durchschauen zu lassen. Werden Betreffende dadurch ehrlich zu sich selbst, erleben sie auch in der Außenwelt Ehrlichkeit.

> *Jeder lebt in seiner Welt. Wer sie ändern will, muss sich ändern.*

Resonanz hat also auch ihre zwei Seiten, wir können im Positiven wie im Negativen ins Mitschwingen geraten. Schöne Aspekte werden wie gesagt etwa beim Tanzen angesprochen, wenn wir gemeinsam im selben Rhythmus zur Musik schwingen, negative, wenn uns die Umwelt mit unseren Schattenseiten in Resonanz bringt, wie etwa im Beispiel der Unehrlichkeit. Wir schwingen uns dann auf etwas ein, was uns nicht bewusst ist, weil wir es in den Schatten verdrängt haben.

Der Weise, der alles integriert hat und mit sich im Reinen ist, wird auch mit der (Um-)Welt keine Probleme mehr haben. Er lebt in der besten aller Welten, wie immer diese konkret aussehen mag. Eine Ausnahme ist hier nur der heilige Zorn, mit dem etwa Christus den Tempel seines Vaters von den Geldwechslern, den Vorläufern der Banker, reinigte.

> *Was immer uns begegnet, muss in Resonanz zu uns sein. Wenn es uns gefällt, ist es in Resonanz mit unserem bewusst(en) Sein. Wo es uns missfällt, ist es in Resonanz mit unserem Schatten.*

Sich reif machen für ...

Es kann uns folglich nur das passieren oder zustoßen, wozu wir Resonanz haben oder wofür wir reif sind. Selbstverständlich können wir auch nachhelfen und uns reif machen für bestimmte ersehnte Erfahrungen. Das wäre der erfolgreichere Weg des Umgangs mit der Welt. Sehne ich mich nach der großen Liebe, kann ich mich reif für sie machen und mein Herz entsprechend öffnen. Sehe ich mein Heil im Geld, muss ich mich eben dafür reif machen.

Wieder mag ein Witz das verdeutlichen: Ein alter Mann bittet Gott seit Jahren um einen Sechser im Lotto. Inzwischen hat er sein Leben auch so bewältigt, aber die Gewohnheit lässt ihn weiter bitten. Als er schon längst mit nichts mehr rechnet, reißt der Himmel auf, und Gottes gewaltige Stimme donnert herunter: »Dann füll doch endlich wenigstens mal einen Schein aus!«

Wer reif für ein Thema ist, wird ihm »plötzlich« überall begegnen. Kaum war man auf einer Fortbildung und hat neue

DAS RESONANZ- ODER AFFINITÄTSGESETZ

homöopathische Arzneimittelbilder gelernt, beggnen sie einem auf der Rückfahrt schon im Zug, gegenüber sitzt »Pulsatilla«, und »Ignatia« bittet um Vorlage des Tickets. Wie »von selbst« tauchen mit einem Mal entsprechende Bücher, Filme und Menschen auf, **wie bestellt**, und tatsächlich hat man sie (durch Resonanz) »geordert«. Das ist der Punkt, an dem Bücher wie *Bestellungen beim Universum* ansetzen. Wer damit »arbeitet«, sollte nur immer und bei allem das übergeordnete Polaritätsgesetz im Auge behalten und sich klarmachen, dass er am eigenen Schatten nie vorbeikommt und alles Bestellte – auf die eine oder andere Art – irgendwann auch bezahlen muss.

Das Resonanzgesetz lässt Menschen zusammenfinden, die am selben interessiert sind, die zueinanderpassen, weil sie ähnliche Themen oder auch Probleme im Sinne positiver oder negativer Resonanz haben. Kaum hat sich jemand entschlossen, kein Fleisch mehr zu essen, trifft er jede Menge Vegetarier und entdeckt sie erstaunt auch im eigenen Bekanntenkreis. Diese lebten schon lange ohne Fleisch, was er nur nicht wusste, weil er es noch nicht zur Kenntnis genommen beziehungsweise noch keine Resonanz dazu hatte.

Die mit solchen Entdeckungen verbundene Überraschung wie auch das Erstaunen über das Auftauchen der not-wendigen Hilfen in Gestalt von Menschen und Büchern, Filmen und Erfahrungen ist verständlich, aber über das Resonanzgesetz leicht erklärbar: Bisher war man eben noch nicht reif für diese Thematik. Deshalb trat sie nicht ins Leben, oder man konnte sie auch einfach (noch) nicht wahr- und wichtig nehmen.

So entsteht die Faszination für Geschichten und Filme wie »Crocodile Dundee«. Der aus dem australischen Busch ins moderne New York versetzte Krokodiljäger hält erstaunt seinen stiefelbewehrten Fuß ins Bidet, und das Kinopublikum lacht. Er hat einfach noch keinen Bezug zu dieser Art Anal- und Genitalhygiene, sie war in seinem bisherigen Umfeld kein Thema. Aber wir ahnten, wenn er mit der hübschen Journalistin weiterging, würde das eines seiner nächsten Themen werden. Der Papalagi, ein (fiktiver) Südsee-Insulaner, hatte ähnliche Resonanzprobleme, indem er Stromleitungen und Autos übersah.[12] Die Indianer konnten die ersten Gewehre gar nicht fürchten, weil sie sie nicht kannten und keine Resonanz dazu hatten. Ihre Vorfahren hatten noch ganze Segelschiffe übersehen, weil sie nicht in ihr Weltbild passten beziehungsweise sie noch keine Resonanz dazu hatten.

> *Die bewusste Wahl von Umgebung und Umwelt beeinflusst unsere Resonanzen.*

An dieser Stelle mag auch klar werden, wie sehr Entwicklungsstufen mit Resonanz zu tun haben. Kinder haben natürlich andere Resonanzen als Erwachsene. Sie leben in ihrer eigenen Welt, die anders, aber nicht schlechter oder besser ist.

Resonanz und Polarität

Lange glaubte und lehrte die Wissenschaft das Gesetz der zunehmenden Entropie, das die Zerstörung unserer Welt durch den sogenannten Wärmetod voraussagte, wenn alle möglichen Prozesse vollendet, die Temperatur überall gleich und die maximale Entropie erreicht sei. Entropie ist dabei ein Maß für die Unordnung. Die – laut alter naturwissenschaftlicher Auffassung – unumkehrbar wachsende Entropie würde damit ins Urchaos zurückführen.

Inzwischen aber hat der russisch-belgische Physikochemiker und Nobelpreisträger Ilya Prigogine in seiner Formulierung der sogenannten dissipativen Strukturen und der Selbstorganisation eine Denkalternative formuliert. Trotzdem beherrscht das dem archetypisch männlichen Prinzip entsprechende Entropiegesetz noch heute fast allein das Bewusstsein. Auch wenn inzwischen mutige Querdenker in der Wissenschaft wie der amerikanische Zellbiologe Bruce Lipton[13] den weiblichen Pol der Kooperation zu denken und sogar zu artikulieren beginnen. Würden viele von uns dieser Richtung folgen, entwickelte sich eine neue Resonanz, und wir könnten alle gemeinsam überleben, weil wir nicht mehr alternativlos den düsteren Prophezeiungen des Entropiegesetzes ausgeliefert wären.

Wie gesagt hatte Darwin mit dem Kampf ums Überleben nur die eine archetypisch männliche Seite beschrieben, Lamarck mit der Tendenz zu Synergie und Kooperation die andere archetypisch weibliche, die entsprechend schnell wieder verdrängt wurde. Tatsächlich finden sich überall in der Schöpfung Hinweise auf Zusammenarbeit und gegenseitige Unterstützung, die Darwin und wir mit ihm viel zu lange übersahen. Allein unser eigener menschlicher Organismus wäre ohne Kooperation und Synergien nicht denkbar. Letzteres meint Zusammenarbeit beziehungsweise zu einem gemeinsamen Zweck am selben Strick zu ziehen, wie es zwischen den Organen und Geweben, ja sogar Zellen ständig passiert. Der chinesischen Philosophie mit ihrem Bestreben des Ausgleichs und der Suche nach der Mitte war das schon immer klarer.

Ähnlich hatte schon einmal lange vor Darwins Zeit und noch vor Sokrates und der klassischen Antike Heraklit formuliert, der Krieg sei der Vater aller Dinge. Dass alles, was einen Vater hat, aber auch eine Mutter braucht, war dabei offenbar nicht weiter aufgefallen. Das Patriarchat neigt dazu, alle Aspekte des weiblichen Pols der Wirklichkeit geflissentlich zu übersehen oder doch wenigstens so niedrig zu hängen, dass sie bald wieder vergessen werden können. Das liegt an mangelnder Resonanz. An uns aber liegt es, eine neue Resonanz zu diesem weiblichen Pol und ein Feld für Synergie und Kooperation zu schaffen. Das Wissen dazu ist seit langem vorhanden, es braucht aber noch den Aufbau eines neuen Wirklichkeitsfeldes mittels Resonanz.

Insofern könnten wir die Resonanz »das Gesetz des weiblichen Pols der Wirklichkeit« nennen. Seine Zeit dürfte jetzt kommen. Aber anstatt nun völlig in diesen (zugegebenerweise verlockenden) Pol hinüberzuschwingen, sollten wir nicht übersehen, dass es das Gegeneinander und die Polarität weiterhin gibt und sie ebenfalls ihr Recht einfordert. Zur Resonanz würde es gerade gut passen, statt neuerlichem Entweder-oder ein Sowohl-als-auch anzubieten und die beiden großen Gesetze unserer Wirklichkeit gleichermaßen anzuerkennen, zu beachten und zum gemeinsamen Vorteil des Überlebens und vor allem Lebens anzuwenden.

> *Krieg lebt vom Gegeneinander und führt zu Zerstörung, Resonanz braucht das Miteinander und führt zur Vereinigung.*

Jetzt könnte die Zeit kommen, da wir die Anerkennung des weiblichen Pols und seine Hilfe zur Lösung jener Probleme brauchen, die die einseitige Betonung des männlichen Pols geschaffen hat. Die »Amokläufe« von Kreuzrittern, Inquisitoren, Konquistadoren, Kolonialisten, Militaristen, Faschisten, Kommunisten und Terroristen, Diktatoren, skrupellosen Vertretern unter den Managern und Investmentbankern haben die Welt an den Rand des Ruins gebracht. Doch noch immer starren wir gebannt auf diesen einen Macher-Pol, unsere Nachrichten sind einseitig zugemüllt mit den grässlichen Ergebnissen seiner Verfechter und Anhänger.

Und obwohl inzwischen fast alle den Krieg verabscheuen, werden die »großen« Kriegsherren, Kaiser und Könige vielfach immer noch idealisiert. Expansionspolitik gilt als bewundernswert, vor allem natürlich wirtschaftlich, aber sogar noch politisch. Manager großer Konzerne, die sich über die ganze Welt ausbreiten und kompromisslos über kleine Unternehmen und vor allem Menschenschicksale hinweggehen, werden immer noch hoch geachtet und bezahlt. Solange wir diese Machtstellungen stets noch mehr achten und idealisieren als die wirklich wichtigen Dinge des Lebens, werden wir, dem Gesetz der Resonanz folgend, auch solche Tendenzen anziehen.

Dabei ist unübersehbar, dass wir schon immer vom weiblichen Pol abhängen und leben. Während Männer ihren ehrgeizigen Wahnsinn über Kriege auf Schlachtfeldern und in Wirtschaftskriegen inszenieren, bekommen überall und ziemlich still und von der Öffentlichkeit unbemerkt Frauen ihre Kinder. Was immer wir heute verbrennen und verheizen, hat Mutter Natur in langer Zeit bereitgestellt. Noch heute sind wir fasziniert, wenn Männer mit Kettensägen in Wälder eindringen und unter einem Höllenlärm Baumriesen fällen, die über Jahrzehnte ganz still und Zentimeter für Zentimeter gewachsen sind. Der Krach der Holzfäller fällt auf, aber sollte uns nicht langsam auch die andere Seite auffallen? In der Natur gibt es eine unglaubliche Kraft des Wachstums, der Fotosynthese und damit des Aufbaus von (vom männlichen Pol) »Biomasse« genannter Energie und Kraft. Das ist ein viel größeres Wunder als die archetypisch männliche Kettensäge!

Tatsächlich dürften wir in der Resonanz endlich diese andere Seite der Natur, ihren weiblichen Pol, wiederentdeckt oder besser -gefunden haben, denn Hildegard von Bingen sprach schon von der Viriditas, der Grünkraft, und war dem Phänomen wohl näher als ihre Nachfahren dann für Jahrhunderte. Inzwischen sind die Indizien stark, die diese Seite auch in der Evolution belegen. Wer suchet, der findet, und überall tun sich »plötzlich« Aspekte von Kooperation und Symbiose auf. Und sogar bis auf die Ebene des Zelllebens, also an der Basis des Lebens, findet Bruce Lipton noch Belege für Kooperation. So wird es wohl Zeit, die eingetretene Schieflage des Weltbilds wieder ins Lot zu bringen.

Wenn das, was einen Vater hat, auch eine Mutter braucht, und wenn der Krieg, der Kampf – also Mars als Prinzip der Aggression –, der Vater aller Dinge ist, dann müsste folgerichtig seine Gegenspielerin und Partnerin, die Liebesgöttin Venus, seine Mutter sein. Ihre Themen sind Versöhnung und Frieden, Schönheit und eben Synergie. Sie ist die Kupplerin im Olymp, mit deren Hilfe neues Leben entsteht und so Wachstum in Gang kommt.

Dass diese beiden Prinzipien Ares (Mars) und Aphrodite (Venus) aus Sicht der Polarität Gegenspieler sind, wird uns nach Kenntnis des Polaritätsgesetzes nicht mehr davon abhalten können, sie in enge Beziehung zu bringen. Und tatsächlich hatten sie auch im Mythos ein Verhältnis von zentraler Wichtigkeit, dem die Kinder Eros und Harmonia, Phobos und Deimos entstammen. Die in Polaritätsangelegenheiten weniger einseitigen Griechen der Antike hatten kein Problem mit der Vorstellung der Vereinigung der

> *Wenn der Krieg der Vater aller Dinge ist, ist die Liebe ihre Mutter.*

beiden Gegenpole. So konnten aus Krieg und Frieden, Kampf und Liebe so wundervolle Prinzipien wie die der Harmonie und Erotik, aber auch so bedrohliche wie das der Phobien und Ängste und das der Dämonen hervorgehen.

Vieles spricht dafür, der Liebesgöttin und damit der weiblichen Seite der Kooperation und des Zusammenspiels, der Harmonie und Liebe wieder den ihr gebührenden Raum und die zustehende Beachtung zu schenken, zumal wir heute so viel über ihr Thema wissen.

Liebe als Resonanzphänomen

Einander zu lieben bedeutet, sich füreinander zu öffnen, die Grenzen aufzugeben und aus zwei eins zu machen. Dieses Eine wird dann als deutlich mehr denn die Summe seiner beiden Teile erlebt. Es kommt zu einem Ebenenwechsel im Empfinden, und ganz Neues wird möglich, etwa wenn aus dem Zusammenkommen und -schwingen ein Kind entsteht. So wie die beiden Gegenpole Säure und Base zusammen etwas ganz Neues, Neutrales, das Salz ergeben.

In der Anbahnungsphase fragt der Junge das Mädchen vielleicht: »Willst du mit mir gehen?« Wenn sie dann zusammen und nebeneinander gehen, schwingen sie miteinander, erst recht, wenn sie anschließend miteinander schlafen. Die rhythmischen Bewegungen beim Geschlechtsakt geben der erreichten Resonanz deutlichen Ausdruck. Aber ständig sind sie weiter auf der Suche nach gemeinsamen Resonanzerfahrungen, die ihrer Liebe gleichermaßen Ausdruck und Kraft verleihen, sie tanzen und schwingen miteinander, sitzen zusammen in Hollywoodschaukeln oder in Ruderbooten, wo sie sich wiegen lassen und eins fühlen wie damals im Mutterleib, als der Atem der Mutter und jeder ihrer Schritte den Embryo sanft wiegte. Die beiden Halbkugeln haben sich wiedervereint und genießen das Ergebnis der neuen Resonanz, die ihnen ein Gefühl von Energie und Kraft gibt. Zusammen fühlen sie sich stark, und ihrer Liebe scheinen keine Grenzen gesetzt. Sie könnten Bäume ausreißen, sich dabei scheinbar nur von Luft und Liebe ernähren und Gott und die Welt umarmen.

All das sind Ergebnisse eingetretener Resonanz. Die Liebenden spüren einen berührenden Energieüberfluss, der sie leicht auf regelmäßige Mahlzeiten verzichten lässt. Über ihr Einswerden fühlen sie sich der Einheit und damit Gott nahe. So spüren sie keine Grenzen mehr, nichts scheint ihnen und ihrer Liebe in diesem Geistes-, Seelen- und Herzenszustand unmöglich. Ihre Liebe macht sie grenzenlos und offen für den Partner, für alle Menschen und für die große Göttin, die – eins mit Gott – dem All entspricht.

Wo immer Menschen in Einklang gehen und Einverständnis herstellen, ergibt sich dieses Phänomen zunehmender Energie und Kraft. Dieses Gefühl ist umso überzeugender, je größer vorher die Kluft zwischen den beiden Polen war, die in Einklang fallen. Das dürfte der Grund dafür sein, dass die Liebe von Kindern zu ihren Tieren so groß ist. Sie überspringt ein ganzes Naturreich. Aber auch Menschen aus völlig verschiedenen Schichten können in der Überbrückung einer großen Kluft diese entsprechend große Energie der Resonanz erleben, wie etwa in dem Romanklassiker *Salz auf unserer Haut*[14] von Benoîte Groult, in dem sich eine Pariser Intellektuelle und ein bretonischer Fischer *unsterblich* ineinander verlieben. Dieses »unsterblich« verrät, wie sehr die besondere Resonanz die beiden über die Welt der Gegensätze erhebt, in der alles sterblich ist. Bei Ro-

DAS RESONANZ- ODER AFFINITÄTSGESETZ

meo und Julia wie auch Tristan und Isolde, jenen sprichwörtlichen Liebespaaren, sind es die gesellschaftlichen Schranken, die sie trennen und die ihre große Liebe überspringen und überbrücken kann. Was so weit auseinander war und dann zusammen schwingt, erzeugt eine enorme Resonanz, die große Kräfte und fast himmlische Energien freisetzt.

> *Je größer und tiefer die überwundenen Abgründe, je weiter der Brückenschlag, desto erhebender das Gefühl der Resonanz, desto größer und berauschender die Liebe.*

Hier kommt wieder die Polarität ins Spiel, denn Gegensätze ziehen sich an und tendieren besonders dazu, ihre Vereinigung in Liebe zu erfahren. Resonanz ist folglich auch das Mittel, die Polarität innerhalb der Welt der Gegensätze zu überwinden und so den Befreiungs- beziehungsweise Erleuchtungsfall schon einmal zu proben.

Auch das plötzliche Einsetzen der Resonanz kann diese besonders eindrucksvoll erscheinen lassen, weshalb die Liebe auf den ersten Blick so etwas Besonderes und Beeindruckendes zugleich ist. Das Geheimnis des Anfangs und ersten Moments wird uns später noch beschäftigen und zu einem weiteren Gesetz bringen. Wen Resonanz mit einem Mal trifft und wessen Wahrnehmung und Weltempfinden sich in einem einzigen Augenblick ändern, dem wird schlagartig klar, dass Leben noch weit mehr ist, als die Welt der Polarität zu bieten hat.

Wenn Liebe aber unsere einzige Chance ist, in der polaren Welt wieder Einheit zu erfahren, dürfte hier auch die Erklärung für die einzigartige Faszination liegen, die sie auf fast alle Menschen ausübt. Es gibt ja kaum einen Film, kaum einen Roman, die ohne sie auskämen, und jedes Leben ohne Liebe erscheint uns leer und unbefriedigend. Diese Erfahrung geht weit über die körperlichen Aspekte der Liebe hinaus, auch wenn natürlich der Orgasmus der Paradefall des Einswerdens zweier Menschen ist und in der möglichen Einheitserfahrung auch das höchste Ziel des Menschseins anklingt, die Erleuchtung in himmlischer Liebe. So wäre – nach Bhagwan beziehungsweise Osho – kosmisches Bewusstsein ein Orgasmus mit der (ganzen) Schöpfung.

Natürlich können wir noch unterscheiden zwischen ekstatischem Verliebtsein und tiefer, inniger Liebe, wie sie sich oft zwischen Mutter und Kind und manchmal auch zwischen Partnern ergibt. Beide Formen können Einheitserfahrungen schenken, während jedoch das Verliebtsein mit seinem Rausch meist zeitlich begrenzt bleibt, gibt tiefe Liebe eine durch die Zeiten tragende Kraft und Integrität. Im Idealfall entwickelt sich Letztere aus Ersterem. Die tiefe Liebe wird zum besonderen Entwicklungsmotor und bringt uns der göttlichen Einheit in ihrer Zeitlosigkeit still und fast heimlich näher. Sie ist auch die beste Brücke zur göttlichen Liebe, dem Ziel aller Religionen.

Insofern wundert es nicht, dass die Religionen, selbst diejenigen, von denen man es kaum erwartet, auf Liebe und damit Resonanz hinauslaufen. Der Islam ist wörtlich die Religion derer, die Gott lieben, das Judentum hat mit dem Hohen Lied der Liebe eine poetische Darstellung körperlicher Liebe, die ihresgleichen sucht. Der Hinduismus verehrt die Geschlechtsorgane Lingam und Yoni als göttliche Prinzipien und zielt mit seinem »Tat twam asi« (»Ich bin das und das und alles, worauf der Blick fällt«) auf das Einswerden mit allem Seienden. Das Christentum bezeichnet sich überhaupt als die Religion der Liebe und fordert auf, seinen Nächsten zu lieben wie sich selbst und sogar noch die Feinde. Die hermetische Philosophie zielt auf die Chymische Hochzeit, das völlige Verschmelzen.

DAS RESONANZ- ODER AFFINITÄTSGESETZ

> *Der Bischof nahm die kleine Maria anlässlich ihrer Kommunion auf den Schoß und sagte: »Wenn du mir sagen kannst, wo Gott ist, bekommst du von mir eine Orange.«*
> *Sie antwortete: »Wenn du mir sagen kannst, wo er nicht ist, bekommst du von mir zwei.«*

Im Paradies, der Einheit, war der Bibel zufolge wie gesagt alles in Einklang und ohne Unterschied. Erst nach dem »Sündenfall« und dem Einbruch der Polarität kam die Unterscheidungsfähigkeit ins Leben.

Doch zum Schluss läuft alles auf Resonanz hinaus, alles schwingt mit allem, und nichts ist ausgeschlossen – das Leben in Ein-klang. Das ist die religiöse und hermetische Perspektive, die derjenigen der Wissenschaft mit dem Wärmetod des Universums gegenübersteht, sich inzwischen aber selbst unter Wissenschaftlern sehen lassen kann.

Der Nutzen der Resonanz

Wer später ins Bett zu seinem bereits schlafenden Partner kommt, kann sich in der Löffelchenstellung an ihn kuscheln und vorsätzlich in seinen Atemrhythmus einsteigen. Wenn dieses gemeinsame Atemmuster stabil ist und es zur Synchronisation beziehungsweise Resonanz gekommen ist, kann der wache Partner seinen Atemrhythmus langsam verändern, und der schlafende wird ihm folgen, ohne es zu bemerken.

Dieses absichtliche Eintauchen in ein fremdes Muster oder Feld – mit ihm vorsätzlich in Resonanz zu gehen, um es anschließend nach eigenem Ermessen zu verändern – kann natürlich nicht nur erhebenden Zwecken dienen, sondern auch der Manipulation. Aber es macht keinen Sinn, diese Möglichkeit zu verschweigen, denn sie wird seit jeher benutzt und ist ein beliebter Trick von Populisten und Diktatoren. Sie bringen große Menschenmengen mit Vorliebe in Resonanz, was mit Aufmärschen von Soldatenkolonnen im Gleichschritt und entsprechendem Absingen von Hymnen und Kampfliedern als Vorbereitung umso leichter gelingt. Zuerst stimmen sie sich auf die Vorurteile der Masse ein, die in aller Regel zum Projizieren neigt, und bestätigen diese mit drastischen Worten. Wenn sie sich so eine Zeit lang in Rage geredet, die Menge in Resonanz gebracht und auf ihr Feld eingeschworen haben, können sie sie fast überall mit hinnehmen. Ein klassisches Beispiel war Goebbels, Hitlers Vasall und Sprachrohr für die ganz brutalen Themen. Er peitschte die Massen in seinen Reden fast beliebig auf und konnte ihnen dann die absurdesten Zustimmungen und Versprechen abringen. Legendär ist seine Rede im Berliner Sportpalast zu einer Zeit, als die Niederlage schon deutlich absehbar war: Die Schlacht um Stalingrad war verloren, die Truppen der Ostfront befanden sich auf dem Rückzug. Noch da bekam er von Menschen mit eigenem Großhirn Zustimmung, und auf seine Frage »Wollt ihr den totalen Krieg?« erscholl ein donnerndes »Ja«.

Bis heute haben Wahlkampfreden Resonanz zum Ziel. Es geht darum, ein Feld der Zustimmung aufzubauen, und weniger um Information als um Stimmung und Stimmen. Denn Letztere lassen sich viel eher aus Stimmungen als durch Information gewinnen. Das muss per se noch nicht schlecht sein. Die Resonanzentwicklung unterliegt wie alles in dieser Welt der Polarität und kann gebraucht und missbraucht werden. So schaffen etwa Gospelgottesdienste durch Resonanz Felder für Heilung und Gottesbegeisterung.

Der neue Hoffnungsträger nicht nur der USA, sondern der (westlichen) Welt, Barack Obama, hat nach dieser Methode »wahlgekämpft«. Seine Wahl(kampf)veranstaltungen waren weniger Versuche, Information zu vermitteln, als solche, breite Resonanz zu finden. Er hat nicht wirklich gesagt, was er will, sondern immer wieder von *change* (»Veränderung«) und *hope* (»Hoffnung«) gesprochen, hat seine Anhänger eingeschworen: »Yes, we can«, aber nicht wirklich gesagt, was sie können und wollen. Und er führt als Präsident diese Art von Politik weiter, hält, wo immer er hinkommt, Reden ans Volk, die Stimmung vermitteln und ein Feld bauen. So bleibt wirklich nur die Hoffnung, dass es ein konstruktives Feld für einen Neuanfang wird, das die Menschen auch in ihrem Inneren erfasst und bewegt und auf den Weg zu einer bewussteren Welt führt.

Aber auch Werbung, Mode und gesellschaftliche Paradigmen bauen Felder auf, die Menschen in ihren Bann ziehen, gesundes kritisches Denken weitgehend lahmlegen und in ihre Richtung manipulieren. Wie anders ist der moderne Figurwahn zu erklären. Er (ver)führt nicht wenige moderne Mädchen dazu, sich mittels Magersucht zu »verdünnisieren« – einem von der Modebranche ausgeheckten krank-schlanken Ideal folgend.

Von vielen Seiten wird mittlerweile auf diesen Wahnsinn hingewiesen. Mit dem Buch *Körper als Spiegel der Seele* habe auch ich versucht dagegenzuhalten und mit rationalen Argumenten den Hintergrund durchleuchtet. Aber trotz aller besorgten Stimmen und obwohl auch das Buch sehr erfolgreich ist und offenbar von tausenden Frauen verstanden wurde, besteht das Feld fast ungebrochen weiter. Auch wenn so zahlreiche Frauen erkennen, wie sehr sie dem Diktat weniger Männer folgen, die auf männliche und sogar knabenhafte Formen stehen und diese deshalb propagieren, ist das kranke und krank machende Feld noch immer stärker.

Die Vernunft hat es sehr schwer, sich gegen bestehende Felder zu behaupten. Besser bewährt sich im Fall des allgemeinen Figurelends, Lust zu machen auf Bewegungen, wie sie die Teenies etwa bei Jennifer Lopez lieben, und nebenbei zu erkennen, wie weiblich deren Figur ist. Ein Feld für gesunde, anmachende weibliche Formen und Figuren auch in der Modebranche aufzubauen wäre eine große Arbeit und bräuchte viele Millionen Frauen, die wieder erkennen, dass es Spaß macht, im Körper einer Frau das Frausein tanzend und schwingend zu genießen.

Menschen in Resonanz zu bringen ist eine Kunst. Ob sie an der Politik oder dem Figurmuster deutlich wird, sie ist in jedem Kontext anwendbar. Entsprechend kann natürlich jeder über die Themen, mit denen er sich beschäftigt, auf die er sich einstimmt, sein Leben entsprechend gestalten. Viele der sogenannten Erfolgsbücher weisen diesen Weg.

Wer sich also nur noch mit schönen Dingen beschäftigt, wird diese auch vornehmlich anziehen, es sei denn, das Polaritätsgesetz stünde dem im Weg und er hat noch wichtige Schattenthemen auf

> *Jede Meditation bringt Erleuchtung hervor oder das, was ihr noch im Wege steht.*

seiner Agenda, vielleicht ohne es zu ahnen. Das sind dann die Situationen, in denen sich Menschen beschweren, dass das Gesetz der Resonanz oder Anziehung bei ihnen nicht (mehr) funktioniere. Dabei funktioniert es natürlich, aber das der Polarität hat wie gesagt Vorrang. Das verschweigen viele der Erfolgsbuchautoren oder wissen es vielleicht auch gar nicht besser.

Tatsächlich könnten wir aber das Wissen um die beiden Gesetze verbinden und, während wir uns in Resonanz mit schönen und entwicklungsfördernden Themen und Ideen bringen, versuchen, offen für das Auftreten des Gegenpols zu bleiben im Sinne von »Liebet eure Feinde«. Dieser urchristliche Satz fordert zur Liebe und damit zur Resonanz gegenüber dem auf, was uns noch widersteht und feindlich erscheint, wohl wissend, dass genau dort unser größtes Wachstumspotenzial liegt. Wenn es uns gelänge, auch mit den Feinden in Einklang zu kommen und mitzuschwingen, würden wir uns mit ihnen aussöhnen und damit natürlich auch mit den Themen, die sie uns spiegeln.

Wo wir uns für die schönen Aspekte der Welt öffnen, dabei aber auch offen für den Gegenpol bleiben, kann uns auch das sogenannte Böse und Schlechte nicht überraschen und überfallen, denn wir sind darauf gefasst. Ähnlich wie beim Meditieren, wo wir bei großer Offenheit für Erleuchtungserfahrungen der Einheit auch auf all das gefasst sein sollten, was der Einheit (und uns) noch im Wege steht.

Die Resonanz unseres Werkzeugs Sprache

Auch jedes Werkzeug hat wie alles in dieser Schöpfung Resonanzen und seinen Gegenpol. Gäbe es etwa nur Messer und Gabel mit ihrem Bezug zum Schneiden und Stechen, wäre Suppe kaum als Essen bekannt. Ein Hammer hat Resonanz zum Schlagen und zu Nägeln, aber schon nicht mehr zu Schrauben, auch wenn diese noch über eine ähnliche Signatur verfügen. So hat auch jeder Beruf seine Resonanz und innerhalb der Berufsgruppen noch jeder Spezialist.

Das zu wissen ist wichtig, etwa wenn man zum Arzt muss.

Wer Resonanz zum Chirurgen hat und diesen auswählt, wird mit großer Wahrscheinlichkeit operiert, wer zum Internisten geht, bekommt Tabletten, und wer die Resonanz zum Psychotherapeuten spürt, wird psychotherapiert. Und das gilt nicht nur für die Schulmedizin, sondern ganz entsprechend für die Alternativszene. Wer mit Kopfschmerzen zum Elektroakupunkteur geht, bekommt Medikamente ausgetestet, wendet er sich an einen Chiropraktiker, wird seine Wirbelsäule eingerenkt, der Homöopath gibt ihm Globuli, der Bachblüten-Therapeut Blütenessenzen, der Akupunkteur sticht seine Nadeln, und der Psychoanalytiker legt ihn vier Jahre auf die Couch ... So entscheiden die meisten Patienten selbst – nach ihrer jeweiligen Resonanz und oft, ohne es zu merken –, wie sie behandelt werden, und beschweren sich nicht selten trotzdem darüber.

> *Wer als Werkzeug nur den Hammer kennt, für den ist jedes Problem ein Nagel.*
> PAUL WATZLAWICK

Das Werkzeug beim Schreiben und Lesen eines Buchs ist die Sprache. Wir müssen sie etwas genauer untersuchen, bevor wir weiter in die Materie vordringen, um zu erkennen, was wir von ihr erwarten können und was nicht, womit sie uns in Resonanz bringt und womit sicher nicht.

Eigentlich bräuchten wir eine Sprache, die völlig ausgewogen ist und Bezug zur Einheit und zur Polarität hat. Diese aber haben wir nicht. Unsere Sprache ist Teil der Polarität und hat folglich keinen Bezug zur Einheit. Sie ist nicht einmal in Balance, was den weiblichen und männlichen Pol der Wirklichkeit angeht, sondern fordert und fördert männliche Logik und diskriminiert die weibliche. Vorwürfe wie »Du mit deiner weiblichen Logik!« dienen der Herabsetzung von Frauen, obwohl wir heute aus der modernen Physik wissen könnten, dass die ambivalente weibliche Logik der Wirklichkeit angemessener ist als die männliche mit ihrem Hang zur Eindeutigkeit, die in der Polarität nie wirklich gegeben ist.

Wir übergehen mit unserer Sprache darüber hinaus ständig den weiblichen Pol, etwa wenn wir bei Verallgemeinerungen »**der** Mensch« oder »**der** Tag« sagen, wobei »**die** Frau« und »**die** Nacht« regelmäßig unter den Tisch fallen. Ansonsten setzen wir das Weibliche konkret und in seinen Symbolen herab, wenn wir von »herr-lich« und »däm-lich« oder bayrisch »dam-isch« sprechen. Aber auch wo wir den Sonntag, der mit der Sonne dem abstrahlenden männlichen Prinzip entspricht, zum schönsten Tag der Woche und den dem weiblich reflektierenden Mond zugeordneten (blauen) Montag zum unangenehmsten Tag deklarieren, kommt der weibliche Pol viel schlechter weg. Wir wollen die Welt be-herr-schen, und niemand will etwas »be-frau-schen«.

Ähnlich wertend sprechen wir vom rechten archetypisch männlichen als dem richtigen Weg, während der linke offenbar auf Abwege führt. Als »linker Typ« fühlt man sich herabgesetzt, wohingegen ein Ausdruck wie »ein rechter Kerl« Anerkennung enthält. Wenn wir jemanden »linken«, betrügen wir ihn, wo wir mit ihm »rechten«, setzen wir uns über den richtigen, also rechten Weg auseinander. Wen wir richten, dem lassen wir Ge-rech-tigkeit widerfahren, so wie G*erichte Recht* sprechen.

Was wir im deutschsprachigen Raum *mit links* und also locker und leicht machen, findet schwerer Zustimmung als die Dinge, für die wir uns *recht* plagen, völlig ungeachtet der Tatsache, dass alles mit links Gemachte nicht nur leichter, sondern meist auch besser gelingt. Mediterrane Menschen würden das ganz anders sehen und haben meist auch mehr vom Leben, das sie gern locker und *mit links* angehen.

Selbst bis in Satzstellung und Grammatik hat sich die Bevorzugung des männlichen Pols eingeschlichen. Die präferierte Satzstellung nach dem Muster »Subjekt, Prädikat, Objekt« schreibt die Trennung von Subjekt und Objekt fest, die es laut moderner Physik gar nicht gibt. Auch wo es kein Subjekt braucht, erfinden wir eines und sagen *Dinge* wie »Es regnet«. *Es* fragt sich natürlich, wer dieses »Es« ist.

Die Alternative wäre eine Bewegung und den Fluss betonende Verbensprache, wie es das alte Hebräisch war und wie wir es mit dem Ausdruck »verbalisieren« noch formulieren. Mit seinem Fehlen der Vokale hat die Sprache der *Kabbala*, der jüdischen Esoterik, eine Vieldeutigkeit, die sicher der Wirklichkeit besser entspricht, allerdings der modernen technisch geprägten Welt mit ihrem – archetypisch männlichen – Anspruch an Eindeutigkeit nicht gerecht wird. Der Physiker David Bohm hat eine dem weiblichen Pol entsprechende Kunstsprache angedacht, die, dem Fließen des *panta rhei* nachempfunden, allerdings keine Chance auf Durchsetzung hatte.

Unsere Wertungen und Diskriminierungen gehen noch weiter und richten sich gegen einzelne Völker, wenn wir etwa vom »Herum-zigeunern« sprechen oder davon, etwas »hinzutürken«, wir diagnostizieren »Partei-Chinesisch« außerhalb Chinas und anglisieren unsere Sprache entsprechend dem im Augenblick mächtigsten kulturellen Vorbild, den USA, obwohl es gerade im Norden Amerikas seit der Zerstörung der indianischen fast keine Anzeichen von Kultur mehr gab.

Mit anderen Worten: Unsere Sprache ist ein *recht* tückisches Werkzeug, dem nicht so *recht* zu trauen ist; sie kann uns auch *linken*.

Resonanz und Polarität in einer praktischen Übung

Nachdem wir die beiden großen Gesetze der Wirklichkeit kennengelernt haben, sind wir vorbereitet auf eine Erfahrung, die uns beide noch einmal sinnlich vor Augen führt. Diese einfache Übung, die ich schon oft beschrieben habe und hier gern wiederhole, lässt uns mehr von den beiden grundlegenden Gesetzen be-greifen, ver-stehen und er-leben, als es lange theoretische Erläuterungen vermögen. Die Anleitung ist ebenso einfach wie das Ergebnis verblüffend:

> Legen Sie ein völlig undurchsichtiges weißes Blatt Papier oder besser noch zwei, drei übereinander neben das Buch. Richten Sie nun den Blick unverwandt auf die schwarze Maske auf der folgenden Seite – ohne zu blinzeln und nur für eine halbe Minute. Wenn dabei ein paar Tränen rollen, ist das in Ordnung: Das Ergebnis wird Sie dafür entschädigen. Wichtig ist nur, dass Sie Ihren Blick keinen Moment von der Monstermaske abwenden. Nach zirka dreißig Sekunden lassen Sie das weiße Blatt von jemandem darüberschieben und sehen sich an, was Sie darauf erkennen.

RESONANZ UND POLARITÄT IN EINER PRAKTISCHEN ÜBUNG

Falls Sie die Übung noch nicht kennen und diese Zeilen lesen, ohne sie gemacht zu haben, sind Sie dabei, sich um eine erhebliche Chance zu bringen. Sie sollten jetzt also nicht weiterlesen, bevor Sie die Übung durchgeführt haben. Sie dauert nur dreißig Sekunden, und zur Not können Sie sie auch allein machen und die halbe Minute schätzen.

Die Maske mag wie ein Monster gewirkt haben, das Nachbild auf dem weißen Blatt wird der Polarität entsprechend den Gegenpol hervorzaubern: eine Lichtgestalt. Diese wird je nach Resonanz interpretiert werden. Im christlichen Abendland wird am häufigsten Jesus Christus gesehen, der Heiland, Buddhisten erkennen aber auch problemlos Buddha, und jemand hat auch schon Ernesto »Che« Guevara identifiziert. Er hatte sich als Späthippie – etwas geschichtsblind – die Ikone der Studentenbewegung als Lichtgestalt bewahrt.

Entscheidend in unserem Zusammenhang ist, dass wir nach nur dreißig Sekunden Betrachtung einer Monstergestalt schon auf eine Lichtgestalt umschwenken, die »draußen«, also in jenem Bereich, den wir »Wirklichkeit« nennen, gar nicht existiert. Das weiße Blatt ist und war immer leer. Es ist lediglich das innere Bedürfnis nach Ausgleich der Polarität, das sie, im wahrsten Sinne des Wortes, aus unserem Innern hervorzaubert – je nach unserer persönlichen beziehungsweise kulturell geprägten Resonanz. So zeigt diese einfache Übung das unbedingte Wirken der Polarität und unsere jeweilige Resonanz zu kulturspezifischen Lichtgestalten.

Tatsächlich geht es – nach dem Polaritätsgesetz – natürlich auch umgekehrt: Wer ständig nur auf Engel und Lichtgestalten blickt, wird in seinem Inneren Schattengestalten und Monster heraufbeschwören. Einfach weil unsere Seele einen Ausgleich aller Einseitigkeit anstrebt.

Die Konsequenz daraus ist einfach, aber für viele schockierend. Wer sich dem eigenen inneren Licht wirklich nähern will, sollte sich mit dem Schatten und den dunklen Seiten seiner Seele beschäftigen und damit fertig werden. Wer sich ständig mit Licht beschäftigt, riskiert, dass seine Seele dagegen arbeitet und ihn mit Schattenerfahrungen in Balance hält. Das Polaritätsgesetz entlässt uns – offensichtlich – nicht aus seinem Wirkungsbereich, solange wir noch Dunkles vor uns und der Welt verbergen. Hier haben wir eine sinnliche Erfahrung, die uns erklärt, warum und wie so viele auch intelligente Menschen so blauäugig in die Schattenfalle tappen.

Schattentherapie ist deshalb der bessere Schritt in Richtung Licht. Lichtarbeit ist ehrenwert und natürlich ebenfalls in Ordnung, nur sollte man sich dabei halt auf den eigenen Schatten gefasst machen. Sie ist geradezu eine Methode, ihn hervorzulocken. Mit diesem Wissen wird auch sie zu einer – hoffentlich willkommenen – Schattentherapie. Das Schockierende für unvorbereitete Lichtarbeiter ist meist die Heftigkeit dunkelster Schatteneinbrüche, wo sie sich doch schon ganz auf Licht eingestellt hatten. Das Frustrierende ist das konsequente Ausbleiben des Lichts, solange noch unbeachteter Schatten vorhanden ist. Er lässt das tatsächlich immer vorhandene Licht einfach nicht durchscheinen.

> *Licht und Schatten gehören zusammen. Wer sie zu trennen sucht, erlebt sie hintereinander, indem er die Illusion Zeit dazwischenbringt.*

Wahrnehmung *oder* Wie wirklich ist unsere Wirklichkeit?

Wenigstens können wir uns auf unsere Sinne verlassen, mag gedacht haben, wer sich vor der vorangegangenen Übung von der Sprache im Stich gelassen fühlte. Auch da ist also eine gewisse Vorsicht geboten. Denn wie gesagt sehen wir nur einen sehr engen Bereich des elektromagnetischen Wellenspektrums, und auch was unsere Ohren angeht, überhören wir das allermeiste.

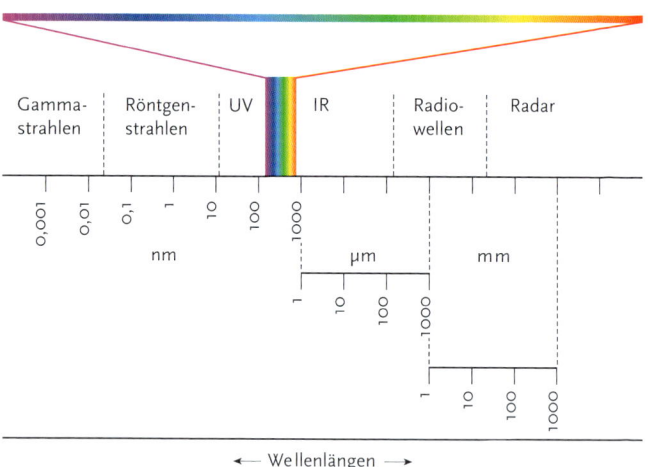

Es ist also nur ein sehr kleiner Ausschnitt, den wir mit bloßem Auge zwischen Infrarot und Ultraviolett erkennen können. Unsere Gefahr ist, alles, was wir nicht direkt über Sinnesorgane wahrnehmen, zu übersehen und zu überhören. Beim UV-Licht führt das zu vergleichsweise harmlosen Sonnenbränden, bei den im Spektrum folgenden Röntgenstrahlen kann es schon Krebs bedeuten. Die Tatsache einer enorm hohen Erkrankungswahrscheinlichkeit unserer Bevölkerung an Krebs, selbst die Schulmedizin spricht von fünfzig Prozent, lässt hier Schlimmes ahnen. Beim Hören ist es mit unseren Beschränkungen nicht viel besser, schon Mittel- (MW), Kurz- (KW) und Ultrakurzwellen (UKW) können wir nur noch über Maschinen wie Radioapparate wahrnehmen.

Hinzu kommen all die Täuschungen, denen wir aufsitzen, wenn wir glauben, etwas wahr-zunehmen. **Denn längst nicht alles, was wir wahr-nehmen, ist auch wahr-haftig wahr.** Schon ein banales Daumenkino, die Vorstufe des Films, bei dem man die Seiten eines kleinen Buchs so schnell unter dem Daumen durchblättern lässt, dass bewegte Bilder entstehen, macht das deutlich. Jeder Film macht es noch klarer. Er besteht nämlich ausschließlich aus stillstehenden Bildern. Lediglich die Geschwindigkeit der Projektion vermittelt die Illusion von Bewegung. In alten Filmen, als die Bewegungen aufgrund zu geringer Bilderzahl pro Sekunde noch ruckten, ließ sich das eher erkennen, oder wenn die Räder der Postkutsche sich plötzlich scheinbar rückwärts drehten.

Aber es kommt noch schlimmer. Wo wir immer glaubten, unsere Sichtweise sei die einzig richt-ige und führe zu objektiven Bildern und Ergebnissen, übersteht diese Illusion schon ein paar banale Bildbeispiele nicht. Wer die folgenden beiden parallelen Linien anschaut, wird kaum glauben, sie seien gleich lang.

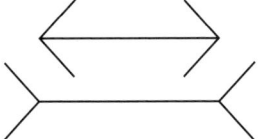

Sie sind es, aber durch die Winkel an ihren Enden entsteht ein anderer, allerdings falscher Eindruck. Wir vergleichen die beiden und werden in die Irre geführt.

Wer im Folgenden die Längen der Strecken AB und AC vergleicht, wird wohl AB deutlich kürzer einschätzen als AC. Erst beim Nachmessen wird dieser Irrtum auffliegen. Beide Strecken sind gleich lang, aber da wir sie automatisch und unaufgefordert mit den Parallelogrammen vergleichen, in denen sie liegen, wirken sie so unterschiedlich.

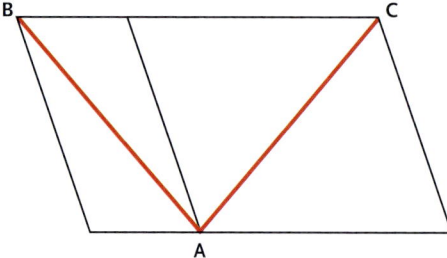

Wer die beiden mittleren roten Kugeln in folgendem Bild vergleicht, wird wohl die linke kleiner einschätzen

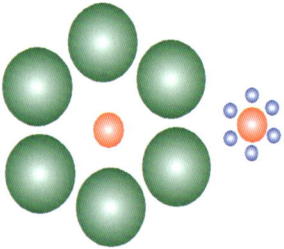

Auch das ist eine Illusion, die durch Vergleichen zustande kommt. Die linke mittlere Kugel wirkt relativ klein, weil ihre

Umgebung aus ziemlich großen Kugeln besteht, wohingegen die die rechte Mittelkugel umgebenden Kugeln so klein sind, dass sie im Vergleich groß wirkt.

Die praktische Umsetzung dieser Erfahrung von Relativität ist einfach und weit verbreitet. Wer großartig erscheinen will, sucht sich dafür vielfach eine möglichst kleinkarierte Umgebung: Erstaunt erlebte ich, wie ein Bekannter, der drei akademische Studiengänge abgeschlossen hatte, schließlich Händler für Nahrungsergänzungsmittel wurde. Auf meine erstaunte Frage entgegnete er, dass es in diesem Bereich viel leichter sei, Erfolg zu haben als in seinem angestammten, wo sich viele Intelligenzbestien tummelten. Die Anwendung der Relativität ist oft verblüffend einfach...

Aber die Desillusionierung geht noch weiter. Denn auch alles scheinbar so objektive Messen der Naturwissenschaft ist immer nur ein Vergleichen. Es wird jeweils etwas zu Messendes mit einer geeichten Skala verglichen, bei der Längenmessung etwa bis ins zwanzigste Jahrhundert mit dem Urmeter in Paris (seit 1983 wird der Meter auf Basis der Sekunde und der Vakuumlichtgeschwindigkeit definiert). Der liegt dort seit der Französischen Revolution, ist aus Platin-Iridium gefertigt und wird unter gleichmäßigen Temperaturen aufbewahrt, damit er sich nur ja nicht verzieht. Dabei ist er einfach nur die Grundeinheit unserer Längenmessung, die die vielen lokalen Einheiten von der Elle bis zum Yard in den sogenannten fortschrittlichen Teilen der Erde abgelöst hat. Wir können also immer nur vergleichen und sind deshalb weitgehend von der jeweiligen Umgebung abhängig – in unse-

> *Letztlich ist alles relativ: Drei Haare in der Suppe sind relativ viel, auf dem Kopf dagegen relativ wenig.*

rer persönlichen Wahrnehmung, aber auch bei den Messvorgängen in der Naturwissenschaft.

Deutlich anspruchsvoller bringt die Heisenberg'sche Unschärferelation Ähnliches zum Ausdruck, indem sie belegt, dass wir nie gleichzeitig die Position, also den Standort, eines Teilchens und seinen Impuls exakt messen können. Diese Tatsache mag die meisten Leser relativ kaltlassen, aber die Physiker hat sie seit den zwanziger Jahren des letzten Jahrhunderts ziemlich umgetrieben und mit dazu beigetragen, ihr ehedem feststehendes Weltbild ins Wanken zu bringen.

Etwas Ähnliches vermag das folgende doppeldeutige Bild der Wittgenstein'schen Hasen-Ente.

Lassen wir dieses nette Tier nach links blicken, haben wir es mit einer Ente zu tun, nach rechts schaut jedoch ein Hase. Jeder kann beide spontan erkennen, aber keiner wohl beide gleichzeitig sehen. Das wäre ein Zeichen von Erleuchtung. Man mag wohl sehr rasch zwischen dem einen und dem anderen Tier umschalten können, aber beides zugleich geht aufgrund der Trägheit unserer Optik nicht. Wir brauchen dieses Hintereinander, das uns mit einem Vorher und Nachher konfrontiert und folglich mit der Zeitachse. Sie bringt ihrerseits wieder Raum und Zeit ins Spiel des Lebens, die beiden großen Täuscher, wie die Hindus sagen.

WIE WIRKLICH IST UNSERE WIRKLICHKEIT?

Betrachten Sie nun den folgenden Reiter und fragen Sie sich, ob er (auf Sie zu)kommt oder von Ihnen wegreitet.

Was Sie auch sehen, Sie haben recht – in jedem Fall! Es ein vollkommenes Vexierbild und stimmt für beide Betrachtungsarten bis ins Detail: Optimisten, die auch ständig erfahren, wie das Leben ihnen zufliegt, sehen ihn nach ihrer Resonanz auf sich zukommen. Pessimisten andererseits, die leicht das Gefühl haben, ihnen schwimmen alle Felle weg, sehen ihn entsprechend davonreiten.

145

Wahrnehmung und Politik

Wir können am Beispiel dieses einfachen Vexierbildes das politische Spiel durchschauen, das so viele so ernst nehmen. Würden wir über den Reiter abstimmen lassen, wie ich es in Seminaren getan habe, ergibt sich – in meinen Kursen – eine Mehrheit von zwei Dritteln für den kommenden Reiter, die verbleibende Minderheit sieht ihn davonreiten, ganz wenige sehen beides. Würden wir nun Menschen finden, die uns dafür bezahlten, könnten wir ein Parlament gründen (nach dem französischen *parler* oder dem italienischen *parlare* [»reden«]) und ständig darüber debattieren, wo der Reiter nun wirklich hinreitet. Die Mehrheit kann die Minderheit beliebig überstimmen, aber das sagt offensichtlich gar nichts über den Wahrheitsgehalt der jeweiligen Position. Weder die Majorität noch die Minorität kann die Wahrheit für sich in Anspruch nehmen. Hier geht es lediglich um Resonanz.

> *Wir können Dinge, von denen wir wissen, dass sie zugleich da sind, trotzdem nicht gleichzeitig wahrnehmen, wir brauchen immer die Illusion der Zeit dazwischen.*

Das alles ändert nichts daran, dass die Demokratie unter den gegebenen Bedingungen die beste Möglichkeit bietet, einen Staat zu verwalten. Ihre Mechanismen und damit auch Grenzen zu kennen ist trotzdem hilfreich auf der Suche nach Problemlösungen. Wohltuend wäre es natürlich, wenn die Erkenntnis der Schicksalsgesetze sich auch in der Politik durchsetzte. Dort gehen wir davon aus, dass Mehrheiten immer recht haben, und gestehen ihnen auch das Recht zu, unser Recht festzulegen. Große Mehrheiten von zwei Dritteln der Abgeordneten können in Deutschland die Gesetze bis zum Grundgesetz ziemlich beliebig ändern.

Alle Dinge und Wesen haben mindestens zwei Gesichter – und wir haben die Wahl zwischen beiden.

Schon das Diskutieren verschiedener Standpunkte beziehungsweise Resonanzen ist an sich Unfug, solange jede Fraktion ihre spezielle Rasterbrille aufbehält, durch die sie die Welt nach ihrer jeweiligen Resonanz sieht und die andere ausblendet. Hilfreich wäre, sich an dieser Stelle einzugestehen, dass wir alle solche Rasterbrillen tragen. Wir sollten nur erkennen, welche es sind und auf welches Programm sie uns festlegen.

In der Politik wären bewusste Versuche, die Resonanzen zu durchschauen und zu erweitern, deutlich sinnvoller als das Streiten über Positionen, die durch entsprechende Resonanzen festgelegt sind. Parlamente spiegeln lediglich Resonanzen – von der Wahrheit können alle Fraktionen weit entfernt sein. Ein »Spaziergang in den Garten der Zigeuner« wird das später noch sinnlich enthüllen.

Jede Fraktion hat für sich recht, ideal wäre, wenn ihre Mitglieder mit der Zeit ihren Bewusstseinsraum ausdehnten und so auch in die Lage kämen, die Position beziehungsweise Resonanz der anderen Seite zu sehen und zu verstehen. Stattdessen will die Politik das sogar noch verhindern und setzt auf Fraktionszwang und ähnliche Bewusstseinsbeschränkungen. Kaum kann einer die »gegnerische« Resonanz ebenfalls nachempfinden, spricht man von Verrat.

Unter diesem Aspekt mögen uns einige sogenannte Primitive, die auf anderen Wegen Entscheidungen suchen, deutlich weniger primitiv erscheinen. Die amerikanische Anthropologin Jean Houston berichtet von einem afrikanischen Stamm, bei dem die Fragestellung so lange gesungen wird, bis sich eine einstimmige Meinung ergibt. Das mag uns auf den ersten Blick seltsam erscheinen, aber auf den zweiten können wir inzwischen verstehen, wie sie sich singend miteinander in Resonanz begeben und die Frage auf sich einwirken lassen. Offenbar kommen sie mit dieser Methode ganz gut zu-recht, beziehungsweise die erzielten Ergebnisse stimmen für sie.

Der amerikanische Psychobiologe Vernon B. Mountcastle sagte von wissenschaftlicher Seite, jeder von uns glaube, eine exakte Sinnesempfindung der Objekte und Ereignisse zu haben. Er behaupte, dass dies Wahrnehmungsillusionen seien. Jeder von uns lebe in dem Universum, **dem Gefängnis seines eigenen Gehirns. Die Sinnesempfindung sei eine Abstraktion, nicht eine Reproduktion der Welt.** Das mag uns reif machen für eine weitere Erfahrung, die Reise in den »Garten der Zigeuner«, die es ein wenig vorzubereiten gilt:

> Halten Sie einmal einen Arm mit hochgerecktem Daumen nach vorn und bringen Sie Ihren Daumen zwischen Ihre Augen und einen entfernten Gegenstand. Wenn Sie nun auf den Daumen scharf stellen, werden Sie den Gegenstand doppelt sehen; wenn Sie auf die Ferne und den Gegenstand scharf stellen, sehen Sie Ihren Daumen doppelt. Diese letzte Erfahrung ist schon die Eintrittskarte in den »Zigeunergarten«.
>
> Dieser setzt sich aus den drei Tafeln von Chartres zusammen in den abgebildeten Farben. Stellen Sie nun das Buch mit diesem Bild mit den beiden farbigen Säulen so auf, dass Sie sie gut erkennen können. Bringen Sie dann den Daumen Ihrer ausgestreckten Hand zwischen Augen und Säulen.

WAHRNEHMUNG UND POLITIK

Wenn Sie nun auf Ihren Daumen scharf stellen, werden Sie statt der zwei plötzlich vier Säulen sehen. Manipulieren Sie jetzt Augen und Daumen, bis die mittleren beiden Säulen übereinanderkommen, Sie also nur noch drei sehen. Bei diesen bleiben Sie und werden allmählich erleben, dass die Farbe der mittleren Säule von Rot über Violett, Lila bis Blau reichen kann, während die Farben der äußeren Säulen unverändert bleiben. Es mag auch sein, dass Sie schon jetzt oder gleich, wenn Sie noch ein wenig weiterüben, feststellen, dass die »Tafeln« der mittleren Säule plastisch werden und Sie sie nicht mehr in einer Ebene sehen, sondern zueinander versetzt. Mit einem Wort, Sie werden mit der Zeit erkennen, dass die mittlere Säule die lebendigste und brillanteste ist, während die beiden äußeren eher verblassen und manchmal sogar ganz verschwinden mögen. Dann können Sie dieses optische Spiel auch schon wieder beenden.

Erstaunlich daran ist, wie unreal die mittlere und zugleich lebendigste und beeindruckendste der Säulen eigentlich ist. In dem, was wir Wirklichkeit nennen, existiert sie gar nicht, die beiden äußeren hingegen sehr wohl, nur beeindrucken diese uns nicht. Wir sehen also etwas, was gar nicht in der äußeren Wirklichkeit existiert, und es wurde in so kurzer Zeit eindrucksvoller als die »realen Dinge« dieser Welt.

Für das Erleben der Seele ist die mittlere Säule die entscheidende. Tatsächlich nahmen die Zigeuner diesen Garten zum Ausgangspunkt ihrer Reisen in innere Sphären der Seelen-Bilder-Welten. Ähnlich mögen wohl Muslime ihre fliegenden Teppiche genutzt haben, die uns in den Geschichten von »Aladin und seiner Wunderlampe« so märchenhaft begegnen. An den Gebetsteppichen kann man jeweils außen die beiden Säulen sehen, die sich meist wie in der beim stilisierten Garten der Zigeuner beschriebenen Weise ergänzen.[15] Sicher sind viele Muslime, wenn sie auf diesen Teppichen in Versunkenheit saßen, ursprünglich ebenfalls auf innere Reisen in ihre Seelenwelt gegangen beziehungsweise haben sich auf den Flügeln der Seele davongemacht.

Illusionswelten

Wer noch immer sehr an der Illusion objektiver Wahrnehmung hängt, ist gut beraten, ein wenig tiefer in folgende Illusionswelten einzudringen. Das kommende Bild zeigt auf den ersten Blick eine Spirale, aber indem man einer der Spiralwindungen mit einem Stift folgt, lässt sich auf den zweiten und dritten leicht herausfinden, dass es sich stattdessen um konzentrische Kreise handelt.

Das nächste Bild zeigt bei Aufsicht von vorn ein ziemliches Chaos von Linien und Mustern, die in wechselnden Abständen zueinander verlaufen. Ein Blick von der Seite enthüllt aber eher Ordnung und Parallelität der Linien.

Der Vergleich spielt uns im folgenden Bild einen Streich. Unsere Erwartungen lassen uns verschiedene Helligkeiten falsch einschätzen: Das Strahlen und Aufleuchten an den Kreuzungspunkten der schwarzen Balken entspringt eindeutig einer Illusion.

Wir erwarten in der Mitte, an den Kreuzungspunkten, etwas Besonderes und sehen es folglich auch. Hinzu kommt der Kontrast, der Weiß gegenüber Schwarz relativ weißer erscheinen lässt als inmitten von Weiß. Wobei uns eine einfache Überlegung sagen könnte, dass das Papier dieses Buches weißer als weiß gar nicht sein kann.

Solche Spiele lassen sich fast beliebig fortsetzen. So kann uns etwa dieses vorläufig letzte Bild eine Bewegung vortäuschen, die gar nicht vorhanden ist:

Die Wirklichkeit hinter unserer Wirklichkeit

Aus diesen Wahrnehmungsillusionen ergeben sich über die Möglichkeit hinaus, in Filmen Leben vorzutäuschen, verblüffende Konsequenzen, die uns Einblick in Ebenen der Wirklichkeit eröffnen, die in mancher Hinsicht wirklicher sind als die Welt aus Raum und Zeit.

Wie schon erwähnt wurde, beschreiben die ältesten Schriften der Hindus und wahrscheinlich der Menschheit, die *Veden*, Raum und Zeit als die beiden großen Täuscher, die uns den Blick auf die Realität verstellen. Die alten Ägypter sprachen vom »Schleier der Isis«, der den Blick auf die eigentliche Wirklichkeit so lange verstelle, bis die Menschen lernten, die Illusion der vordergründigen Welt zu durchschauen. Solche und weitere (Sprach-)Bilder, wie sie etwa Carlos Castaneda aus der Welt der Schamanen Lateinamerikas bemüht, mögen den Intellekt beeindrucken, aber eigene Erfahrungen vermitteln mehr. Diesbezüglich kann die Augenmandala-Übung (siehe nächste Seite) einen Schritt weiterhelfen.

Eine Welt voller Illusionen – die Welt eine Illusion?

Diese Art von Meditation auf das lebendige Mandala des Auges kann, wenn sehr wach und bewusst für eine Viertelstunde durchgehalten, die Illusion der Zeit und des Raums überwinden. Es mag sein, dass das Auge des Gegenübers eigenartig verschwimmt und seine Lebendigkeit zu zeigen beginnt. Wer den Blick einfach ruhen lässt, kann erleben, wie sich im Umfeld des Auges allmählich auch das Gesicht des Gegenübers verändert. Es kann verblüffend altern, sodass man unter Umständen weit voraus in die Zukunft dieses Menschen sieht und ihn als Greis(in) erlebt. Oder aber es verjüngt sich

> **Augenmandala-Übung**
>
> Sie wird zu zweit gemacht. **Es ist dringend davor zu warnen, sie allein vor dem Spiegel auszuführen.** Auch psychisch labile Menschen sollten die Übung unterlassen.
>
> Man sitzt sich dabei aufrecht und auf Stühlen so nah gegenüber, dass die Beine des einen an die Sitzfläche des Stuhls des anderen stoßen. Jeder hat dabei ein Knie des anderen zwischen seinen Knien. Nun sieht man fünfzehn Minuten ins offene linke Auge des Übungspartners und legt den Blick in diesem lebendigen Mandala ab, möglichst ohne zu blinzeln. Die Hände legt man in den Schoß und lässt sie einfach ruhen. Dabei können nach kurzer Zeit Tränen fließen und/oder mindestens die Augen feucht werden.

und lässt seine Vergangenheit erkennen bis hin zu seinem Babygesicht. Diese Erfahrung ist schon beeindruckend genug und kann Abwehrmaßnahmen hervorrufen. Die häufigsten sind Schließen der Augen, was natürlich die Übung sofort für beide beendet. Noch durchschaubarer als die Angstreaktion ist ein Ausweichen in Lachen, das an sich immer gesund ist, in diesem Fall am Wesentlichen vorbeiführt und ein Zeichen von Angstabwehr ist.

Die Erfahrung kann aber noch einen Schritt tiefer gehen und die Qualität der Wahrnehmung völlig verändern. So einfach diese Übung erscheinen mag, kann sie tatsächlich den Blick freigeben auf ganz andere Gesichter, die normalerweise hinter der Fassade verborgen sind, die wir der Welt präsentierten. Dann eröffnen sich andere (Lebens-)Räume, und es wird möglich, etwa engelhafte Züge am Gegenüber wahrzunehmen. Im Rahmen der Polarität kann sich natürlich genauso gut das Gegenteil ereignen und der Schatten in seinen dämonischen Aspekten auftauchen.

Diese Erfahrungen können sehr eindrucksvoll und berührend sein, aber natürlich auch Angst auslösen. Macht man sie mit einem Partner, lassen sich Schattenmanifestationen auf diesen projizieren, so wie man Engelerscheinungen gern auf sich nimmt. Natürlich gibt es diese beiden Seiten in jedem Menschen, und es ist wichtig, sich klarzumachen, dass die Übung überhaupt nichts an der Wirklichkeit verändert. Sie zeigt nur, was ist, und das kann in manchen Fällen erschreckend genug sein.

> *Jugend und Alter, Engelsgesicht und Teufelsfratze liegen nahe beieinander – nur durch Zeit getrennt.*

Da man für sich allein beim Blick in einen Spiegel keine Chance zur Projektion mehr hat, kann das bereits die eigenen seelischen Integrationsmöglichkeiten überschreiten und sehr ängstigen. Wichtig wäre auch noch, die Übung nicht über die vorgeschlagene Viertelstunde hinaus auszudehnen, die sich über Musik oder einfach mittels Wecker vorgeben lässt.

Wer eines Menschen Ausdehnung in der Zeit erfährt und erlebt, wie er ihn auf der Zeitachse in verschiedenen Stadien seines Lebens erleben kann, wird natürlich eine Bewusstseinserweiterung erfahren und sein eigenes Gefühl zur Zeit relativieren. Wer die beiden Seiten des Wesens seines Gegenübers erlebt, erhält einen weiteren Zugang zur Polarität und ihrer Omnipräsenz in dieser Welt, wobei es von der eigenen momentanen Resonanz abhängt, ob man mit dem Engels- oder Teufelsgesicht in Kontakt kommt.

Eine kurze Geschichte der Ursachensuche

Wir sehen also nicht die Wirklichkeit, sondern interpretieren mithilfe unserer Augen und unseres Gehirns unsere Vorstellung davon in die Welt hinein. Ähnliches passiert uns beim Denken, dessen »Geschichte« wir uns nun ansehen.

Unser westlicher Weg der Analyse und Ursachensuche erscheint uns inzwischen selbstverständlich und einzig erfolgversprechend. Dabei ist er viel neuer und weniger verbreitet, als wir gemeinhin annehmen. Und es gibt – wie generell in der polaren Welt – mindestens eine Alternative. Noch heute leben große Teile der Menschheit in einem religiösen, auf Analogiedenken gestützten Weltbild, das bis vor wenigen Jahrhunderten auch unsere Welt beherrschte und bis heute das Leben religiös eingebundener Menschen bestimmt.

Noch Goethe sprach davon, dass alles Geschaffene ein Gleichnis sei. Gleichnisse aber beherrschen bis heute weltweit das Weltverständnis religiöser Menschen.

Unser modernes analytisches Denken beginnt in der Antike mit Aristoteles. Noch dessen Lehrer Plato hatte das analoge Weltbild seines Lehrers Sokrates aufgezeichnet und keine Zweifel daran geäußert. Aristoteles begann nun bei dem Versuch, das Denken Platos und damit auch des Sokrates verständlicher zu machen, dieses aufzuschlüsseln. Er machte damit etwas Ähnliches wie in moderner Zeit der amerikanische Psychologe Richard Bandler und der Anglist und Linguist John Grinder, die aus dem Denken des Hypnotherapeuten Milton Erickson eine lehrbare Methode destillierten, die sie »Neurolinguistic Programming« oder kurz »NLP« nannten und die sich rasch –

weil leicht lernbar – über die therapeutische Welt verbreitete. Die Genialität eines Milton Erickson war zwar bekannt, aber nicht leicht durchschau- und damit auch nicht vermittelbar. Über ihren Weg des NLP aber machten Bandler und Grinder deren Essenz lehr- und lernbar.

Aristoteles zerlegte auf ähnliche Weise Platos Denken in verschiedene Abteilungen und brachte so die Kausalität ins Spiel. Er fand vier sogenannte Causae: eine **Causa finalis**, die damals am meisten Eindruck machte. Diese Sinnursache klärte, worauf etwas hinzielte. Zusätzlich fand er die **Causa efficiens**, die sich damit beschäftigte, wo etwas herkam, und so die Vergangenheit ins Spiel brachte. Diese allein ist für moderne naturwissenschaftlich denkende Menschen zum bestimmenden Faktor geworden. Ansonsten erkannte Aristoteles noch die **Causa formalis**, die Musterursache, die uns heute der englische Biologe Rupert Sheldrake wieder näherzubringen sucht. Und schließlich gab es noch die **Causa materialis**, die zu allen Zeiten unbestrittene Materialursache. An einfachen Beispielen mag deutlich werden, was es mit dieser Kategorisierung der Wirklichkeit auf sich hat.

Lebendige Wirklichkeit zu beschreiben ist für die Naturwissenschaft nicht leicht, und sie muss sich dabei sehr beschränken. Ein Sportereignis wie etwa ein längeres Spiel ist so gar nicht in den Griff zu bekommen, selbst ein nur gut zehn Sekunden dauernder Hundertmeterlauf ist zu kompliziert. Greifen wir also nur den Moment des Starts heraus und fragen wir uns, warum die acht Männer plötzlich losrennen.

Moderne Naturwissenschaft braucht jeweils reproduzierbare Ursachen, die aus der Vergangenheit auf die Gegenwart wirken, also eine immer wieder gleich auftretende Causa efficiens. Diese ist in unserem Fall rasch zu finden und liegt eindeutig im Startschuss. Es gibt keinen Hundertmeterlauf ohne Startschuss, und er wirkt natürlich aus der Vergangenheit auf die Gegenwart. Allerdings fragt sich der Sportfan natürlich mit Recht, ob diese acht Athleten wirklich das ganze letzte Jahrzehnt nur wegen des Startschusses trainiert haben. Natürlich wollen alle acht die Goldmedaille gewinnen, und dafür haben sie auch so lange trainiert; das heißt, hier wirkt eine Causa finalis, die auf die Zukunft zielt. Diese deutlich befriedigendere Ursache ist allerdings für die Naturwissenschaft bis heute inakzeptabel. Auf diese Causa finalis haben sich in moderner Zeit die Geisteswissenschaften spezialisiert, die sich dafür keinen Deut mehr um die Causa efficiens scheren.

Beim Finale des Hundertmeterlaufs ist auch die Causa formalis oder Formursache noch wichtig, denn sie legt das Regelwerk und damit den Ablauf fest und verhindert zum Beispiel, dass einer der Athleten ein Fahrrad verwendet. Die Causa materialis ist für das Material zuständig: die Rennbahn, aber auch Startblöcke und Muskulatur der Athleten. Sie ist fast immer unbestritten.

Offensichtlich sind alle vier Ursachen wichtig, und nur alle vier können das Ganze – einander ergänzend – befriedigend beschreiben. So war es wohl auch von Aristoteles gemeint, allein heute leiden wir auch auf dieser Ebene unter einer Spezialisierung, die dem Ganzen nicht mehr annähernd gerecht wird.

In der Medizin wird das besonders tragisch deutlich. Sie sitzt mittlerweile wirklich zwischen allen Stühlen. Die ältere Medizin, die am ehesten noch von den Anthroposophen mit ihrer Geisteswissenschaft vertreten wird, interessierte sich vor allem für die Causa finalis und den Sinnzusammenhang. Die aufkommende moderne Medizin grenzte sich davon scharf ab und bestand darauf, Naturwissenschaft zu werden und sich folglich nur noch für die Causa efficiens, die Ursachensuche in der Vergangenheit, zu interessieren. Damit war das Kind mit dem Bade ausgeschüttet, denn beide Ursachen würden sich – im aristotelischen Sinn – ideal ergänzen. Auch die Causa formalis gehört unbedingt noch dazu wie auch die Causa materialis, die allerdings problemlos etwa in der Anatomie bis heute bearbeitet wird. So wie man die Causa efficiens mit der Causa materialis problemlos verbindet, könnte man natürlich auch die Causa finalis und formalis wieder integrieren und somit ein Bild des Ganzen (Menschen) erhalten.

> *Vier Ursachen verraten mehr als eine!*

Das genau ist in der archetypischen Medizin mit Erfolg geschehen und liegt den Büchern der Krankheitsbilderdeutung von *Krankheit als Weg* bis *Krankheit als Symbol* zugrunde. Natürlich bleibt dabei der naturwissenschaftliche Ansatz wichtig und liefert zusammen mit der Causa materialis in Gestalt der Anatomie und Physiologie die Grundlage, aus deren Deutung sich der Sinnzusammenhang der Causa finalis ergibt. Es bleibt weiter interessant, welche Erreger seit wann das Geschick des Patienten beeinflussen, auf welcher (Organ-)Ebene sie sich eingenistet haben. Aber es ist – wie beim Hundertmeterlauf und jedem anderen Aspekt des Lebens – noch wichtiger zu fragen, worauf das Ganze hinausläuft und welche Rolle es im Leben dieses einzigartigen Menschen spielt, was auf die Causa formalis zielt. Diese ist am besten zu verstehen als der Plan des Ganzen mit seinen Möglichkeiten und Unmöglichkeiten.

Insofern wären wir generell, was die Regeln des Denkens angeht, gut beraten, wenn wir im Sinne von Aristoteles unseren Geist wieder so erweiterten, dass alle Aspekte der Kausalität Platz hätten und in ein Weltbild integriert würden.

Wege der Erkenntnis – Analyse und Einsicht

Wenn Akademiker die Wirklichkeit und die Gesetze des Lebens erforschen, gehen sie den wissenschaftlichen Weg der Analyse, wobei sie – wie das Wort schon verrät – dazu neigen, das Objekt ihrer Untersuchung in immer kleinere Teile zu zerlegen und zu untergliedern und damit letztlich zu zerstören. Ihre Ergebnisse sind solche des Verstandes, die sich gut dokumentieren lassen und den Wissensschatz vermehren.

Menschen aus traditionellen Kulturen des Ostens und auch aus archaischen und schamanistischen Traditionen setzen dagegen oft auf den Weg des inneren Erkennens, der zu persönlichen Erfahrungen führt und auf die eigene Seele zielt. Das Ergebnis ist Lebensweisheit.

Beide Wege zur Erkenntnis berühren sich traditionell kaum, denn Wissenschaftler suchen nur selten persönliche Erfahrung und versuchen im Gegenteil sogar, ihre eigene Person, so weit es irgend geht, aus ihren Forschungen auszuklammern. Es bereitet ihnen Kummer, dass das gar nicht ganz möglich ist, wie ihre eigene Wissenschaft vor einiger Zeit herausgefunden hat: Es besteht immer ein Zusammenhang zwischen Beobachter und beobachtetem Objekt.

Menschen, die sich praktisch mit Meditation und Lebensweisheit beschäftigen, haben andererseits nur geringe Tendenzen zur Analyse. Wenn sich beide Wege begegnen, wie etwa in der Gestalt des amerikanischen Anthropologen Carlos Castaneda, zeigt sich immer wieder, wie überlegen der Weg des Ostens oder der archaischen Menschen ist, dem ganzheitliches

Erfassen der Wirklichkeit über deren intellektuelles Durchschauen geht. Was wir analytisch durchblicken, ist oft weder das Letzte noch das Wahre, letzte Wahrheit lässt sich nur erleben.

Vor Jahren ist mir die Verschiedenheit der Zugänge persönlich nachdrücklich klar geworden. Ausgezogen, um mit einem Schamanen auf Reisen zu den heiligen Pflanzen des Amazonas zu gehen, hatte ich gelesen, was westlicher Verstand über diese und ihre wirksamen Alkaloide damals wusste. Bis in die abgelegensten Ecken des Amazonas schleppte ich zwei englische Wälzer in meinem Rucksack mit. Der Curandero war verglichen mit mir ernüchternd ungebildet, und über die Biochemie der verwendeten Pflanzen wusste er so gut wie gar nichts. Immerhin konnte er ein wenig Spanisch und hatte sogar mal in der peruanischen Dschungelgroßstadt Iquitos versucht, unsere Rituale zu studieren. Er fand die katholische Messe zwar beeindruckend, aber die verwendete »heilige Pflanze«, den Wein, bekam er gar nicht. Die Wirkung der stattdessen gereichten Oblate war ausgeblieben. Der örtliche christliche Schamane hatte die heilige Pflanze für sich allein getrunken. Aber auch als der Curandero sich den Wein privat besorgte und probierte, blieb das Ergebnis für ihn enttäuschend, und er kehrte zu den eigenen wegweisenden heiligen Pflanzen zurück.

Als ich ihn fragte, woher er denn wisse, dass er einen Monoaminooxidase-(MAO-)Hemmer wie die Liane Ayahuasca zu einer psychedelisch wirksamen Pflanze wie Chakruna geben müsse, damit sie im Magen unzerstört bliebe und überhaupt wirken könne, schaute er mich verständnislos an. Seine Antwort ließ mich dann aber genauso staunen. **Er habe die Pflanzen gefragt.** Später bei unseren Touren durch den Regenwald, auf denen ich mich von den für mich wichtigen Pflanzengeistern rufen und ansprechen lassen sollte, bekam ich dann immerhin einen Eindruck davon, was er wohl meinte. Jedenfalls vermittelte er mir beeindruckende Ausflüge in meine eigenen Seelen-Bilder-Welten und war mir ein be-gnade-ter und wun-der-voller Reiseleiter. Tatsächlich konnte er – auch wenn ich nie verstand, wie das möglich war – mit seinen Gesängen meine inneren Bilder beeinflussen und sogar lenken. In den Bereichen, in die ich eintauchte, war er offenbar zu Hause, wie man es von einem guten Reiseleiter erwarten kann.

Mein Wissen über die Biochemie beeindruckte dagegen nicht wirklich jemanden, nicht einmal mich selbst, denn es berührte mich nicht. Es war angelesen und ohne die Tiefe eigener Erfahrung nicht viel wert – eigentlich wertlos. Solche und ähnliche Erlebnisse ließen mich den Wert der intuitiven Erkenntnisgewinnung über innere Bilder zunehmend höher schätzen, ohne aber die wissenschaftliche Methode zu verwerfen.

> *Die intuitive Erkenntnisgewinnung ist von hohem Wert, doch sollte man die wissenschaftliche Methode nicht verwerfen.*

Letztlich ergeben sich hier zwei Erkenntniswege, die sich gut ergänzen könnten, statt sich auszuschließen: der archetypisch männliche der Analyse, die alles zerschneidet und zerlegt und damit zerstören muss, und der archetypisch weibliche, der die Ganzheit über innere Zugänge erfasst und sie natürlich als Ganzes erhält und schätzt.

Wie wichtig in unserem täglichen Leben der zweite Zugang ist, mag folgendes Beispiel verdeutlichen. Wenn wir einen Redner auf der Bühne sehen, der, leicht zurückgelehnt, seinen Blick über die Menge der Zuhörer schweifen lässt, ohne sie eines Blickes zu würdigen, den Kopf in den Nacken geschoben und die Arme verschränkt, denken wir an Arroganz und Hochnäsigkeit. Wie aber kommen wir darauf? Würden wir den wissenschaftlichen Weg wählen und analytisch ins Detail gehen, uns vielleicht wegen vermuteter Hochnäsigkeit gleich seine Nase vorknöpfen und von deren Spitze einige Hautzellen abschaben, die wir auf einen Objektträger brächten und dann unter dem Mikroskop betrachteten, könnten wir doch keine Spuren der Arroganz entdecken. Selbst wenn wir mittels Elektronenmikroskop bis in die Zellkerne und auf die Ebene des Erbguts vordringen könnten, wäre das Ergebnis beim derzeitigen Stand der Genetik negativ.

Aber kein Mensch, nicht einmal ein Wissenschaftler, kommt auf so eine »verrückte« Idee. In solch einem Fall wählen wir ganz automatisch den archetypisch weiblichen Weg ganzheitlicher Schau. Wir betrachten den Mann als ganzen, und Bild für Bild bauen wir aus unseren Ein(zelein)drücken das Gesamtbild oder Mosaik für Arroganz zusammen. Da gehören die verschränkten Arme ebenso dazu wie die leichte Rücklage und der über den Zuhörern schwebende Blick. Diesen Erkenntnisweg könnten wir auch den **»symbolischen«** nennen. Das Wort kommt vom griechischen Verb *symbállein*, das »zusammenfügen, zusammenwerfen« meint. Tatsächlich werfen wir alle Einzeleindrücke zusammen, und als Ergebnis kommt »Hochnäsigkeit« heraus.

> *Die eine Welt lässt sich symbolisch und diabolisch betrachten. Der diabolische Weg verwickelt immer tiefer in die Welt, der symbolische entwickelt sich über sie hinaus.*

Der archetypisch männliche Weg entspräche auf dem Gegenpol demnach allerdings einem **»diabolischen«** Vorgehen. *Diabállein* heißt »entzweien, zerlegen«. Der Weg der Naturwissenschaft wird dadurch aber nur in dem Sinne teuflisch, als er dessen Vorgehensweise des Zerteilens und Auseinanderbrechens nachahmt. Da der Teufel – laut Christus – der Herr dieser Welt ist, können wir schließen, dass die Methode der Wissenschaft gut in diese Welt passt. Sie zielt auf die Details, in denen wie gesagt der Teufel steckt. Hingegen hat der archetypisch weibliche, der Ganzheit verpflichtete Erkenntnisweg die Gesamtschau im Auge und führt über diese Welt hinaus.

Wege über innere Bilder

Wenn wir den Weg über die inneren Bilder als östlich oder archaischen Kulturen eigen betrachten, tun wir unserer Kultur unrecht, denn sie ist ebenfalls weitgehend von diesem Erkenntnisweg geprägt, zumal die Naturwissenschaft noch relativ jung ist.

Es wurde auch bei uns noch nie ein Haus gebaut, das nicht vorher schon als Bild im Bewusstsein der Baufrau oder des entsprechenden -herrn beziehungsweise Architekten existiert hatte. Selbst wirklich große Durchbrüche der Wissenschaft gehen nicht selten auf Visionen und innere Traumbilder zurück. Albert Einstein sagte ganz offen, dass wir die allgemeine Relativitätstheorie nicht seinem staubtrockenen Intellekt, sondern seiner visionären Schau verdanken. August Friedrich Kekulé erfuhr die Lösung für ein Hauptproblem der organischen Chemie seiner Zeit, als er darüber nachsann und, während er am Feuer saß, in eine Art Halbschlaf fiel. Das Uroboros-Symbol, die sich in den eigenen Schwanz beißende Schlange, erschien ihm im Traum, und spöttisch wirbelte diese Gestalt vor seinem Auge herum. Als er erwachte, brachte er die von so vielen gesuchte Lösung mit. Das Geheimnis des Benzols lag in seiner Ringstruktur. Auf dieser Traumerscheinung des Benzolrings baute sich die organische Chemie auf, und auf dieser basiert letztlich die moderne Pharmakologie. Über James Watson und Francis Crick, die den Nobelpreis für die Entdeckung der DNS-Struktur erhielten, könnte man heute zweierlei wissen. Zum einen sollen sie entscheidende Ergebnisse von einer Wissenschaftlerin übernommen haben, deren Namen sie verschwiegen, und zum zweiten wird im Buch *Die Doppelhelix*[16] berichtet, wie sie letztlich eher spielerisch zur Lösung kamen. Beides entspräche jedenfalls nicht dem »seriösen analytischen« Weg. Was also auf den ersten Blick wie das Ergebnis männlichen Forscherdrangs aussieht, scheint auf den zweiten dann vielleicht doch von einer Frau gefunden worden zu sein und wurde von zwei Männern auf spielerische und damit archetypisch weibliche Art vervollständigt.

Aber nicht nur die Wissenschaft ist voll von solchen Anekdoten und Legenden, auch die Geschichte. Der englische Seeheld Sir Francis Drake legte sich aufs Ohr und schlief, bis die Mastspitzen der spanischen Armada auftauchten, dann spielte er noch jenes berühmte Boule-Spiel, das seine Admirale fast in den Wahnsinn trieb, um anschließend an Bord seines Flaggschiffs zu gehen und die Armada auf bis heute unerklärliche Weise zu vernichten. Der französische Politkardinal Richelieu legte sich vor jeder wichtigen Entscheidung eine Stunde aufs Ohr, verschloss es damit seinen äußeren Beratern und horchte offenbar auf die inneren: Den Seinen gibt's der Herr im Schlaf...

Die Medizin der Antike suchte Lösungen über die sogenannte Inkubation, den Tempelschlaf, gleich von vornherein im Innern, das heißt im Bewusstsein des Patienten. Dieser wurde nach langer Vorbereitung auf inneren Reisen aufgefordert, zu einer besonderen Zeit(qualität) an einem besonderen Ort des Tempels zu schlafen, um so im Traum die Lösung seines Problems aus dem Munde Asklepios' selbst zu erfahren. Letztlich war diese eher an Mysterienkulte angelehnte Medizin ein auf dem weiblichen Pol gründender Weg der inneren Bilder, die von sogenannten Hierophanten oder Priesterärzten in den Heilungssuchenden wachgerufen wurden, ganz ähnlich wohl, wie es heute mittels geführter Meditationen geschieht.[17]

Für die Tibeter besteht gar kein wesentlicher Unterschied zwischen inneren und äußeren Bildern, da für sie letztlich alle Bilder immer innen sind. Diese Auffassung lässt sich sogar nach westlicher Methode absichern, denn tatsächlich ist unser Auge wie eine Kamera konstruiert und kann demnach nur auf dem Kopf stehende Bilder der äußeren Wirklichkeit aufnehmen. Es braucht also immer das Gehirn, um sie umzurechnen und umzudrehen, und das Gehirn liegt nun mal zweifelsfrei in unserem Inneren. Tatsächlich nimmt unser Auge nur Lichtreize und keine Bilder wahr. Erstere wandelt es auf der Netzhaut des Augenhintergrundes in elektrische Signale, die über den Nervus opticus in die sogenannte Sehrinde im hinteren Bereich des Gehirns geleitet werden. Insofern gibt es wirklich nur innere Bilder, und die Tibeter, in deren Kult (des Vajrayana-Buddhismus) die Arbeit mit Visualisierungen sehr wichtig ist, haben recht.

Inzwischen ist die »Arbeit mit inneren Bildern« auch in der westlichen Medizin anerkannt. Der deutsche Psychiater und Psychoanalytiker Hanscarl Leuner hatte den Mut, sie als seine Entdeckung auszugeben, und sicherte ihr als »katathymes« Bilderleben einen Platz in der Schulmedizin. Das erscheint ein bisschen lächerlich, denn alle schamanistischen Traditionen haben seit Jahrtausenden mit inneren Bildern gearbeitet, und auch außerhalb der Universitätsmedizin wurden sie längst – etwa bei uns im Heil-Kunde-Zentrum – angewendet. Aber immerhin haben sie mit diesem Akt der Anmaßung Anerkennung in der Schulmedizin gewonnen.

Wie entscheidend inneres Bilderleben sein kann, hat der amerikanische Psychoonkologe Carl Simonton in einer Doppelblindstudie belegt.

Alle Bilder sind innen – in der Ruhe liegt die (kreative) Kraft.

Er konnte zeigen, dass mittels geführter Meditationen die Überlebenszeit bei Krebspatienten mehr als verdoppelt wurde. Trotzdem hat das Verfahren noch kaum Eingang in die Schulmedizin gefunden, die sich leider weitgehend in die Hände der Pharmaindustrie begeben hat. Methoden wie die geführten Meditationen werden heute noch oft zum Schaden der Patienten als unliebsame Konkurrenz eher abgelehnt, wie ich es selbst hinlänglich erlebt habe.

Ein anderer Bereich der Schulmedizin, die sogenannte Psychoneuroimmunologie, macht fast nichts anderes, als die Verbindungen zwischen Seele und Immunsystem zu erforschen. Das Ergebnis ist ebenso beeindruckend wie auch wieder skurril: Man hat nun tatsächlich wissenschaftlich bewiesen, dass die alte Medizin der Schamanen wirkt. Dazu hätte man den Schamanen auch nur zusehen müssen. Trotzdem können wir uns freuen über die Ergebnisse der Psychoneuroimmunologie. Sie belegt etwa, dass zu einem Organ gelenktes Lächeln dort wirklich die Durchblutung steigert und damit die Heilung fördert. Das wussten wir schon all die Jahrzehnte, in denen wir unsere Patienten dazu anleiteten. Viele meiner CDs mit geführten Meditationen verwenden den Einstieg über das innere

Lächeln, so auch die zu diesem Buch entwickelten. Es ist meine Lieblingseinleitung. Mantak Chia, der taoistische Meister, benutzt es schon länger, als es die Psychoneuroimmunologie überhaupt gibt. Aber sie hat trotzdem die positive Funktion, wissenschaftsgläubigen Menschen Vertrauen in diese alten Methoden der Wahrnehmung innerer Bilder zu vermitteln.

Und tatsächlich ist die Wissenschaft heute für viele moderne Menschen die einzig verbliebene Religion. Wissenschaftlich denken und nachvollziehen oder gar nacharbeiten können sie deren Ergebnisse mangels Ausbildung in den meisten Fällen natürlich nicht, und so glauben sie daran. Wie gefährlich das sein kann, zeigte beispielsweise ein Bericht im öffentlich-rechtlichen Zweiten Deutschen Fernsehen über die unglaublichen Machenschaften vieler Pharmakonzerne.[18] Was sich da wissenschaftlich gibt, erschien dann doch eher als eine Mischung aus Nötigung, Bestechung und Inkaufnahme erheblicher Nebenwirkungen wider besseres Wissen.

Letztlich geht es beim inneren Lächeln nicht einmal um das Lächeln selbst. Es ist eigentlich nur das Transportmittel, um die Aufmerksamkeit in eine Region zu lenken. So kommt etwa auch das Wärmegefühl beim autogenen Training zustande, jene schon länger bei uns etablierte Methode, die ebenfalls in ihrer Oberstufe mit inneren Bildern arbeitet. Johannes Heinrich Schultz hat sie buddhistischen Meditationen abgeschaut, wobei er die Größe hatte, seine Quellen anzugeben.

Die moderne Schlafforschung kann weitere wissenschaftliche Unterstützung für den Weg der inneren Bilder liefern. Sie belegt, dass unsere Kreativität im normalen Wachzustand umso geringer wird, je höher die Frequenz der Gehirnwellen ansteigt. Wenn wir erregt und außer uns sind, ist die Frequenz hoch und kann bis zu 70 Hertz und der Obergrenze des

Gamma-Bereichs gehen, die Kreativität tendiert dann gegen null. Ein tobender Mensch findet offensichtlich keine guten Lösungen. Selbst noch im oberen Beta-Bereich zwischen 21 und 38 Hertz herrschen Hektik, Stress und Angst vor. Beruhigt er sich und kommt er in einen aufmerksamen Zustand wachen Zuhörens, sinkt die Frequenz unter 20. Taucht man in Tiefenentspannung ein, wie es bei Meditationen mit inneren Bildern geschieht, sinkt das Frequenzmuster unter 14 Hertz, und man erreicht den sogenannten Alpha-Zustand mit deutlich ansteigender Kreativität. Nimmt die Ruhe weiter zu und sinkt die Frequenz unter 7 Hertz, spricht man vom Theta-Bereich, der sich durch ein noch höheres Kreativitätspotenzial auszeichnet – jene Ebene, von der aus gute Geistheiler agieren. Weiter darunter, unter 3 Hertz, folgt der Delta-Bereich des Tiefschlafs, in dem lediglich fortgeschrittene Yogis und Lamas Bewusstseinsaktivität aufrechterhalten. Jede Nacht durchlaufen wir alle in den Schlafphasen diese Stationen, bevor wir in der REM-Phase (von *rapid eye movement* [»schnelle Augenbewegungen«]) wieder ein Beta-Niveau erreichen, das Träume mit ihren inneren Bildern ermöglicht.

Heute wissen wir von der Schlaflaborforschung, wie ausschlaggebend die Traumphasen und ihre Bilder für unsere seelische Gesundheit sind. Offensichtlich verarbeiten wir über sie seelisch das Tagesgeschehen. Werden sie durch Wecken an ihrem Beginn unterbunden, fühlt man sich am Morgen trotz normaler Schlafdauer wie gerädert. Wiederholt man diese Aktionen in den folgenden Nächten, fangen nach drei Tagen die ersten Versuchspersonen an zu halluzinieren, das heißt, sie sehen mit offenen Augen Traumbilder. Nach sieben

> *Träume sind notwendig für unsere seelische Gesundheit.*

Tagen fallen alle in diesen Zustand, den Psychiater bereits als »psychotisch« bezeichnen. Lediglich darauf trainierte Elitesoldaten und Mütter in Angst um ihre Kinder können Traumentzug bis zu zehn Tagen aushalten.

Im Hinblick auf die Gesetze, die unser Leben bestimmen, lassen sich aus der Arbeit mit inneren Bildern noch weitere wesentliche Aspekte ableiten. Zum einen die Form der Bewusstseinsfokussierung, die ihre deutlichste Ausdrucksform in der Hypnose findet, zum anderen die Chance, die im ersten aufsteigenden Gedanken liegt beziehungsweise in dem Gesetz, dass bereits alles im jeweiligen Anfang enthalten ist.

Hypnose – Konzentration des Bewusstseins

Wir sind in der Regel von besonderen Bewusstseinszuständen fasziniert. Archaische Menschen, die sich bei vollem Bewusstsein Speere durch die Wangen stoßen, auf glühenden Kohlen tanzen, oder die absonderlichen Darbietungen indischer Fakire begeistern uns. All das ist in Trancezuständen möglich, wo das Bewusstsein so stark fokussiert ist, dass etwa Schmerz gar nicht mehr wahrgenommen wird.

Aber auch bei uns selbst kennen wir Trancezustände, an die wir uns allerdings gewöhnt haben. Wir denken kaum noch über sie nach und lassen uns schon gar nicht von ihnen begeistern. Manchmal fallen wir auf leeren Autobahnen in Trance, und bevor wir uns versehen, waren wir eine Stunde unterwegs, ohne uns an diese Zeit zu erinnern. Den Zustand, den Geistheiler ausnutzen, kennen wir von der »Erkältungstrance«. Völlig verstockt, die Nase gestrichen voll und das Denken blockiert, brauchen wir uns nur einen spannenden Film anzusehen, der unser Bewusstsein gefangennimmt, und der ganze Spuk ist vorbei und die Nase frei. Sobald unsere Konzentration vom Filmgeschehen eingenommen ist, verändern wir unseren Bewusstseinszustand von »Nase voll, verschnupft« auf »begeistert, offen und gespannt«, und die Erkältungszeichen verschwinden, die Luftwege öffnen sich wieder, Atem und Gedanken fließen frei für die Dauer des Films, Konzerts, Theaterstücks, Gesprächs oder was immer uns gefesselt und unsere Gedanken fokussiert hat. Diese Art von Heiltrance ist weit verbreitet und kann neben dem Zugang zu Phänomenen wie Hypnose auch den Schlüssel zur Krankheitsbilderdeutung liefern, denn wir erleben dabei ganz deutlich, wie sehr Körpersymptome vom Bewusstseinszustand abhängen.

Körpersymptome hängen stark vom Bewusstseinszustand ab.

Im Westen kennen wir Hypnose als Therapieform oder Show-Einlage. Persönlich halte ich die Ausschaltung des Bewusstseins eines Patienten für therapeutische Zwecke im Sinn der alten Hypnose für ungeeignet, es bräuchte im Gegenteil mehr Bewusstheit. Um die Funktion des Bewusstseins und seiner verschiedenen Ebenen zu verstehen, ist die Hypnose aber bestens geeignet.

Die eindrücklichste Vorstellung von Bühnenhypnose erlebte ich einmal in einer uralten Show namens »Hypno-Land«. Der Hypnotiseur forderte die Zuschauer auf, ihre Hände (evangelisch) zu falten, und suggerierte ihnen, sie würden nun verkleben und könnten unmöglich wieder auseinandergenommen werden. Der Aufforderung, es zu versuchen, kamen anschließend fast alle Zuschauer problemlos nach. Nur ein ganz kleiner Teil versuchte vergeblich, die Hände auseinanderzubekommen. Diese bat der Hypnotiseur zu sich auf die Bühne. Er suggerierte ihnen die verrücktesten Dinge, allesamt weitab von ihrem Alltagsleben, und koppelte die Aufforderung dazu an eine bestimmte Tonfolge. Anschließend schickte er sie zurück ins Publikum und brauchte nur noch das ganze Musikstück abzuspielen. Sobald seine »Versuchskaninchen« ihre Töne erkannten, erklommen sie die Bühne für ihre entsprechende Darbietung.

Eine Dame schmetterte – ohne jede Fähigkeit und Begabung, aber voller Inbrunst – eine Arie, die so abrupt endete, wie sie begonnen hatte, als ihre Tonfolge vorbei war und die nächste einen sonderlichen Herrn animierte, seiner eigentlichen Berufung, der einer begnadeten Stripteasetänzerin, auf der Bühne nachzukommen. Bevor es zu peinlich wurde, waren seine Töne vorbei, und das brachte einen Herrn auf die Bühne, der eine leidenschaftliche Ansprache in »Mondisch« an sein Mondvolk richtete. Kaum war er fertig, antwortete die entsprechend instruierte Dame aus dem Publikum in akzentfreiem »Mondisch«. So ging der Wahnsinn weiter und ließ die Zuschauer mit offenem Mund staunend zurück.

Die Reaktionen auf die Show waren so negativ, dass weitere geplante Folgen abgesetzt werden mussten. Alle – von Kirchen bis zu Gewerkschaften – waren sich ausnahmsweise einmal einig, diese Art von Darbietung zu unterbinden. Unter Verwendung wildester Projektionen wurden die Folgen als mit der Menschenwürde unvereinbar abgekanzelt. Dabei hatten die Vertreter der gesellschaftsrelevanten Gruppen wahrscheinlich einfach Angst, die Zuschauer könnten ihre eigenen Methoden der Beeinflussung an dieser Situation durchschauen.

Tatsächlich zeigte die Schau, wie leicht Menschen manipulierbar, wie rasch ihnen Programme einzuimpfen sind, die sie wie ferngesteuert agieren lassen. Dabei hatten sie keine Ahnung, was mit ihnen vorging, denn der Hypnotiseur hatte ihr Wissen um die suggerierten Aufgaben wieder gelöscht und ihren Einsatz an sogenannte posthypnotische Befehle geknüpft.

Das ernüchternde Fazit ist: Wir sind wahrscheinlich alle mit Programmen vollgestopft, die wir kaum kennen, und wissen es meist nicht einmal. Allerdings sind auf die beschriebene Art nur jene wenigen zu hypnotisieren, die den anfänglichen »Eignungstest« bestanden haben. Beeinflussbar aber sind wir alle – auf die eine oder andere Art.

Die meisten Entwicklungspsychologen gehen heute davon aus, die Ausbildung der lebensbestimmenden Programme sei im Wesentlichen mit Ende des vierten Lebensjahrs abgeschlossen. Das zeigt, wie ungeheuer wichtig der Beginn (des Lebens) ist und welch entscheidende Rolle Eltern noch vor den sogenannten Peergroups zukommt. Der wirklich magische Zauber jeden Anfangs wird uns später noch beschäftigen.

> *Wir sind mit Programmen vollgestopft, die wir kaum kennen, und wissen es meist nicht einmal.*

In einer Hypnoseausbildung erlebte ich die typischen und doch in ihren Konsequenzen beeindruckenden Hypnosespiele. Einer Versuchsperson wurde suggeriert, sie bekäme eine glühende Kohle in die Hand. Obwohl sie die kalte Kartoffel, die ihr gegeben wurde, mit einem Aufschrei sofort wieder fallen ließ, entstand auf der Handfläche eine Brandblase. Der Arzt in mir hatte ziemlich zu knacken an diesem Experiment, das so eindeutig das Primat des Bewusstseins über den Körper demonstrierte.

Doch es kam noch schlimmer. Einer Versuchsperson wurde suggeriert, sich auf einer Wüstenwanderung verirrt zu haben und schon den dritten Tag ohne Wasser zu sein. Zur Toilette gebeten, presste sie ein paar Tropfen eines dunkelgelben, dickflüssigen Urins mit hohem spezifischem Gewicht ab. Direkt danach wurde ihr die Erlösung suggeriert, das Erreichen einer Oase, wo sie sogleich mehrere Liter köstlichen frischen Wassers trinken konnte. Der anschließend problemlos gelassene Urin kam mengenweise, war wasserklar und von niedrigem spezifischem Gewicht. Wie es den Nieren physio-logisch möglich gewesen sein konnte, in so kurzer Zeit umzustellen, ist mir bis heute völlig rätselhaft. Aber offensichtlich gab es eine höhere Logik im Körper, die mit dem Bewusstsein zu tun hatte und die Physio-logik weit überstieg.

In einem weiteren Experiment wurde einer akademisch gebildeten Versuchsperson der Auftrag erteilt, sich auf das Deckblatt einer Tageszeitung zu stellen und nicht mehr von der Stelle zu weichen, egal, was geschehe. Anschließend wurde das Wissen um diese abwegige Suggestion wieder gelöscht. Alle folgenden Versuche der Gruppe, die Testperson von ihrem Papier zu locken, scheiterten in beeindruckender Weise. Zu Beginn fand sie noch halbwegs logisch klingende Argumente, um ihr Bleiben zu begründen, mit der Zeit wurden diese aber immer verrückter und gipfelten in für ihren Bildungsgrad inakzeptablen Aussagen wie, es sei wärmer auf dem Blatt, weil es gut isoliere, oder, wir lebten schließlich in einer Demokratie, wo jeder stehen könne, wo er wolle.

Rationalisierungen bestimmen wahrscheinlich unser aller Leben viel mehr, als sich die meisten träumen lassen. Da wir den allergrößten Teil der in den ersten vier Jahren eingepflanzten Programme nicht kennen, ihnen aber folgen, neigen wir zum Rationalisieren und Projizieren. Psychotherapien, die diesen Namen verdienen, machen solche und andere schon ins Leben mitgebrachte Programme bewusst und ermöglichen ihren »Patienten« so eine neue, für viele bis dahin unvorstellbare Freiheit.

Der griechisch-armenische Esoteriker, Autor, Choreograph und Komponist Georges I. Gurdjieff fasste die Situation in folgendem Bild zusammen. Die Menschheit sei wie ein großer Schlafsaal, in dem fast alle fest schliefen und lebhaft träumten. In ihren Träumen hielten sie sich natürlich für wach. Lediglich in einer Ecke war jemand wirklich erwacht und erkannte, dass um ihn herum alle schliefen und träumten,

> *Zhuang Zhou träumte, er sei ein Schmetterling, der fröhlich umherflatterte und nichts wusste von Zhuang Zhou. Nach dem Erwachen fragte er sich: »Bin ich nun Zhuang Zhou, der träumte, er sei ein Schmetterling – oder bin ich ein Schmetterling, der träumt, er sei Zhuang Zhou?«*

während mittendrin gerade einer erwachte und sich staunend die Augen rieb und kaum fassen konnte, dass er die ganze Zeit geschlafen und nur geträumt hatte, wach zu sein.

Die Auswirkungen unserer Programmierungen, die Hypnose-Experimente entlarven, können lebensentscheidend werden. Eine Münchner Zeitung berichtete von einem Arbeitsunfall, dessen Hergang sich unschwer rekonstruieren ließ. Der Fahrer eines Kühlwagens fuhr am Freitagnachmittag in den Fabrikhof, stellte seinen Wagen ab und kletterte bei noch laufendem Kühlaggregat auf die Ladefläche des Lkw. Ein anderer, kurz darauf ankommender Fahrer sah die noch offene Tür, dachte an ein Versehen und stieß sie zu. Den Eingesperrten traf das kalte Entsetzen, wusste er doch, dass er bis Montagvormittag nicht entdeckt werden würde und bis dahin sicher erfroren wäre. Genau so geschah es. Man fand ihn zwei Tage später – wie von ihm selbst vorausgesehen – tot mit allen Anzeichen

> *Der Glaube, der Berge versetzen kann, kann natürlich noch einiges mehr.*

des Erfrorenseins. Allerdings – und nur deshalb stand es in der Zeitung – er hatte gar keinen Grund gehabt zu erfrieren, außer seiner eigenen Erwartung, denn der andere Fahrer hatte auch noch das Kühlaggregat abgestellt. Der Fahrer war also seinem Programm und der daraus abgeleiteten Erwartung erlegen ...

Placebos *oder* Die Herrschaft des Bewusstseins über den Körper

Der bereits erwähnte Carl Simonton berichtete folgenden Fall. Ein Krebspatient im Endstadium wurde in einem amerikanischen Hospital auf eine letzte Chance hingewiesen. Es gab ein neues, allerdings noch nicht an Menschen erprobtes Medikament, das aber im Tierexperiment alle Erwartungen übertroffen hätte. Im Gegensatz zu deutschen Unikliniken, wo neue Medikamente ohne Einverständnis der Patienten an denselben ausprobiert werden dürfen, muss in den USA immer deren Erlaubnis eingeholt werden. Der Todkranke griff nach diesem letzten Strohhalm und setzte all seine Hoffnungen auf das neue Mittel. Tatsächlich schlug es auf wunder-volle Weise an. Innerhalb kurzer Zeit verschwanden alle Metastasen und etwas später auch die Muttergeschwulst. Er wurde – unter Vorbehalt – als geheilt entlassen, aber zu den üblichen engmaschigen Kontrollen einbestellt, obwohl die Wissenschaft mittels der sogenannten Evidence Based Medicine heute selbst belegen kann, dass sie den Patienten vor allem schaden. Auch wenn er sie nur mit der üblichen Angst überstand, zeigten sie kein neuerliches Krebswachstum. Das ging so lange gut, bis er in der Wartezeit vor einer weiteren Kontrolle auf dem Titel einer Ärztezeitschrift den Namen seines Medikaments las. Zu seinem Entsetzen besagte der Artikel, das Medikament habe auf der ganzen Linie versagt und die hohen, im Tierversuch sich andeutenden Erwartungen in keiner Weise erfüllt. Außer einigen kurzfristigen Besserungen und einer anekdotischen Heilung habe es nichts gebracht und werde von der Firma zurückgezogen. Völlig verunsichert meldete er sein Entsetzen dem behandelnden Arzt, der ihn natürlich zu beruhigen und ihm klarzumachen versuchte, dass er eben der Eine sei und großes Glück gehabt hätte. Der Patient aber entwickelte in Rekordzeit neuerlich das Vollstadium seines ursprünglichen Krebsbilds. Obwohl der Arzt versuchte, das Spiel nun mit einem bewusst eingesetzten Scheinmedikament, einem Placebo,[19] zu wiederholen, stieg er darauf nicht mehr ein, sondern starb innerhalb kurzer Zeit.

Glücklicherweise entwickelt sich allmählich eine relevante Placeboforschung, die solche Erfahrungen zu klären sucht. Der Auslöser war die Studie eines amerikanischen Orthopäden, der zwei Operationsmethoden des Kniegelenks miteinander vergleichen wollte und dazu eine Kontrollgruppe brauchte, die nur zum Schein operiert wurde. Er setzte diese Forderung – unter großen Schwierigkeiten – bei der Ethikkommission durch. Zu seiner Überraschung ließen sich beide Methoden hinterher nicht unterscheiden, zu seinem Entsetzen gab es aber auch keinen Unterschied zur Placebogruppe. Mit anderen Worten: Die Scheinoperationen waren genauso erfolgreich wie die wirklichen.

Herzchirurgen wiederholten Ähnliches daraufhin mit Patienten, die eine Bypassoperation vor sich hatten. Wieder ließen sich die mit Bypässen Versorgten nicht von den Scheinoperierten unterscheiden. Es wirkte also offenbar viel mehr Suggestion und Magie in der modernen Medizin, als man sich bis dato vorgestellt hatte. Unter der Hand wissen – auch sich naturwissenschaftlich gebende – Forscher schon längst um diesen Faktor und sprechen von der »Droge Arzt«.

Diese und die Autosuggestionskräfte des Patienten wollen sie ja gerade mit ihren Doppelblindstudien ausschließen. Eigentlich sind diese Studien mit ihren strengen Vorgaben der beste Beleg für die überragende Wirkung der Psyche in allen Bereichen der Medizin bis zu so mechanisch arbeitenden Fächern wie der Chirurgie, wo man sie noch am wenigsten vermutet hätte. Heute zeigt sich immer deutlicher, dass die »Droge Arzt« und die Autosuggestion der Patienten beziehungsweise die Anregung von deren Selbstheilungskräften die entscheidenden Faktoren bei Heilungen sind. Der Versuch, die beiden auszuschließen, führt zu relativ schlechten Ergebnissen, wie Doppelblindstudien demonstrieren. Mit dem Beharren auf dieser strengen Art von Studien erkennen gerade Schulmediziner die überragenden Wirkungen des Bewusstseins voll an, ohne das dann wieder zuzugeben.

Bei Scheinmedikamenten wirkt die »Droge Arzt« als entscheidender Faktor zur Anregung der Selbstheilungskräfte.

Die Beeinflussung durch innere Bilder geht sogar noch einen dramatischen Schritt weiter. Der amerikanische Internist Larry Dossey teilte an Herzproblemen im Spätstadium leidende Patienten in zwei gut vergleichbare, weitestgehend übereinstimmende Gruppen. Die Mitglieder der einen Gruppe ließ er ihre Namen und Geburtsdaten auf Zettel schreiben und verteilte sie – ohne Wissen der Patienten – an die Teilnehmer eines Gebetskreises, die daraufhin täglich für diese, ihnen völlig unbekannten Menschen beteten. Nach einiger Zeit zeigten sich gewaltige Unterschiede zwischen beiden Gruppen. Unter denjenigen, für die täglich gebetet wurde, gab es – statistisch völlig unerwartet und unerklärbar – deutlich weniger Komplikationen und Todesfälle.

Das heißt, auch die Heilserwartungen und Segenswünsche völlig Fremder haben energetisch entscheidenden Einfluss auf Krankheitsprozesse. Oder anders ausgedrückt: Beten funktioniert und hilft. Das wussten gläubige Menschen natürlich schon immer, nun ist es aber auch noch wissenschaftlich belegt. Leider hat diese – inzwischen alte – Studie kaum zu Konsequenzen innerhalb der modernen Pharmamedizin geführt.

Das liegt wohl vor allem daran, dass die Pharmaindustrie die Mediziner viel weitgehender im Griff hat, als sich die meisten Patienten vorstellen können. Die Mediziner lassen sich diese Art von Einflussnahme wiederum honorieren. So entsteht ein sich selbst stabilisierendes System aus Abhängigkeiten, Angst und schlechtem Gewissen, das dem Wohl der Patienten in keiner Weise dient und eigentlich nicht einmal wirklich den Medizinern. Wenn es einmal auffliegt und anschließend zusammenbricht, wird das Ergebnis nicht schöner sein als beim vergleichbaren Geschehen im Banken(un)wesen. Auch dann wird es gewiss wieder heißen: Warum ist das nicht besser kontrolliert worden?

Gebete halten und machen – wissenschaftlich betrachtet – gesund, Sie helfen dem Betenden und demjenigen, dem sie gelten – religiös betrachtet.

Bewusstseinseinflüsse auf Maschinen

US-Forscher führten ein noch weiter gehendes, in seinen Konsequenzen verblüffendes, ja, unser bisheriges Weltbild sprengendes Experiment durch. Sie zeigten – im Stil von Konrad Lorenz – frisch geschlüpften Gänseküken statt ihrer Mutter als Erstes einen kleinen Roboter in der Art jener, die heute schon für uns quasi in Eigenregie den Rasen mähen. Stellte man den Roboter ganz genau ausgerichtet in die Mitte eines rechteckigen Areals, fuhr er dieses – nach zu erwartender statistischer Wahrscheinlichkeit – gleichmäßig ab. Je länger man ihn fahren ließ, desto sicherer kam er überall vorbei. Postierte man nun aber ein kleines Gehege für die Gänseküken an einer Längsseite des Rechtecks, veränderte sich das Fahrmuster des Roboters entgegen allen Erwartungen. Tatsächlich näherte er sich überproportional häufig den jungen Gänsen und blieb viel zu lange in ihrer Nähe. Wiederholungen des Experiments ergaben immer wieder dasselbe Ergebnis. Irgendwie mussten die Gänsejungen einen Weg haben, den Roboter, den sie für ihre Mutter hielten, zu sich zu locken. Letztlich bleiben neben dem Bewusstsein als ausschlaggebendem Faktor keine Erklärungen übrig.

Auf dieses Experiment folgten nach dem unerwarteten Ergebnis weitere. Bei ähnlicher Versuchsanordnung ließ man einen lärmenden Roboter ein Rechteck bearbeiten. Wenn nun ein Mensch an der Längsseite des Rechtecks eine Nacht schlief, veränderte der Roboter sein Fahrmuster und hielt sich statistisch gesehen ebenso unerwartet wie auffällig von dem Schläfer fern. Es musste also eine – dem Schläfer selbst – gänzlich unbekannte Methode geben, sich die Lärmquelle vom Hals zu halten. Auch hier ist es naheliegend, das Bewusstsein als entscheidenden Faktor anzuerkennen.[20]

BEWUSSTSEINSEINFLÜSSE AUF MASCHINEN

Der Roboter lässt sich offensichtlich von den Küken anziehen.

Dass Bewusstsein anderes Bewusstsein beeinflussen kann, daran zweifelt heute praktisch niemand mehr. Dass Bewusstsein auf Materie und damit auch den Körper und seine Organe zu wirken vermag, bezweifeln nur noch sehr Ungebildete und sicherlich kaum ein ganzheitlich denkender Arzt, aber doch eine nicht unerhebliche Gruppe unbelehrbarer Schulmediziner. Dass nun aber belegbar sogar **Maschinen vom Bewusstsein beeinflusst** werden können, ist neu und verblüffend und fordert einen weiteren Schritt von uns in geistiges Neuland. Tatsächlich gibt es schon genug Therapeuten, die mit der Umkehrung arbeiten und über Maschinen und Geräte Bewusstsein beeinflussen... Im Bereich der sogenannten Radionik ist diese Tendenz am fortgeschrittensten.

> *Das Bewusstsein reicht weiter, als wir ihm und uns selbst zutrauen.*

Wer mit sensiblen Therapiegeräten arbeitet wie wir in der Krankheitsbildertherapie mit empfindlichen Hautwiderstandsmessgeräten, gewinnt rasch den Eindruck, dass es da eigenartige, logisch schwer erklärbare Beziehungen zwischen Therapeut und Gerät, aber natürlich auch zwischen Gerät und Patienten gibt: Das Wissen, dass so alle Unwahrheiten und zum Schluss die Wahrheit sichtbar werden, verändert bereits die Haltung der Patienten, was psychologisch erklärbar ist. Ähnlich, wie wir aufhören, Verkehrsregeln zu übertreten, wenn wir sicher sind, erwischt zu werden, gibt das Unbewusste seinen Widerstand gegen die Wahrheit viel rascher auf.

Aber es geht viel weiter, ob ein Therapeut das Gerät mag oder ablehnt, hat verblüffende Auswirkungen auf dessen Lebensdauer. Solche Erfahrungen blieben bisher meist im anekdotischen Bereich. Als Niki Lauda als amtierender Weltmeister ständig wegen Motorschäden liegen blieb und die Nummer zwei des Rennstalls, Alain Prost, stattdessen mit dem gleichen Wagen gewann und schließlich sogar Weltmeister wurde, stellte ihm ein Reporter die entscheidende Frage: »Was war der Unterschied zwischen Laudas und Ihrem Motor?« Prost antwortete spontan: »Der Lauda schimpft das ganze Rennen auf seinen Motor, und ich rede freundlich mit ihm.«

Welcher Computeranwender hätte nicht schon manchmal den Eindruck gehabt, dass nicht alles zwischen ihm und seinem PC mit »rechten« Dingen zugeht? Eigentlich müssten wir in Zukunft zunehmend auch mit »linken« Dingen rechnen, wo ihnen sogar schon die Wissenschaft auf die Spur kommt.

Bewusstsein und Materie

In unserer modernen Welt dreht sich dennoch fast alles um Materie. Sie beherrscht das Leben in einem wahrscheinlich nie dagewesenen Ausmaß. Bewusstsein, Inhalt und Qualität treten dagegen immer mehr zurück. Der bereits zitierte Vers des *Tao Te King* macht den Unterschied deutlich. Wir sind fasziniert vom Rad, dabei dreht sich bei ihm alles um die Leere in seiner Mitte. An Häusern sind wir auf deren äußere Formen fixiert, obwohl sich das Leben in der Leere des Innenraums abspielt. Wir erkennen selten, wie sehr es bei der Vase um deren innere Leere geht.

> *Das Wort »Materie« kommt vom lateinischen Wort* mater *für »Mutter«. Es ist typisch, dass der archetypisch männliche Geist fast ausschließlich um die archetypisch weibliche Materie kreist.*

Medizinstudenten beginnen ihre Ausbildung an der Leiche, was schon im Hinblick auf das Gesetz des Anfangs, über das wir noch sprechen werden, mehr als bedenklich ist. Viele bekommen zeitlebens die Kurve nicht mehr zum Menschen und bleiben der Materie auf recht mechanische Weise verhaftet. Tatsächlich enthält der Leichnam noch alle Materie des Menschen, dessen Seele einmal in diesem Körperhaus lebte. Doch eigentlich könnten wir schon aus der Erfahrung des Sterbens schließen, wie rasch alle Formen ohne Bewusstsein beziehungsweise Inhalt erstarren und schließlich zerfallen. Mediziner scheinen jedoch – möglicherweise im Zusammenhang mit ihrem unglücklichen Start – häufig Schwierigkeiten zu haben, zwischen Körper und Seele beziehungsweise Form und Inhalt zu unterscheiden. Die bis heute anhaltende, gebetsmühlenartige Rezitation eines Ausspruchs von Rudolf Virchow macht das deutlich. Der renommierte Zellularpathologe sagte, er »habe beim häufigen Sezieren nie eine Seele gefunden«. So wird dieser große, aber offenbar einseitig begabte Geist zitiert. Dass er als Pathologe die Seele in Leichen finden wollte, wirft ein spezielles Licht auf ihn. Aber Chirurgen verifizierten noch ein Jahrhundert später ähnliche Dummheiten, denn auch ihnen war bei der operativen Öffnung tausender Körper natürlich keine Seele begegnet. Fernsehtechniker könnten auf ähnlichem Argumentationsniveau behaupten, beim Öffnen von Tausenden von Fernsehern noch nie ein Programm gefunden zu haben...

Der Psychoanalytiker Alexander Mitscherlich[21] ging davon aus, dass das Abziehen von Bewusstsein aus einem Organ zu dessen psychosomatischer Erkrankung führe. Diese Logik bestätigt sich überall in der belebten Welt. Wo Bewusstsein sich zurückzieht, geht es bergab. Auf Krankheit folgt schließlich der Tod, wenn das Bewusstsein ganz entschwindet. Bewusstsein scheint die übergeordnete Information zu sein, die das Leben ausmacht und die notwendig ist, um Formen vor ihrem Zerfall zu bewahren.

Ein Organismus bleibt demnach so lange gesund, wie alle Regionen und Organe vom Bewusstsein getragen und versorgt sind. Wo sich dieses zurückzieht, weil etwa das Thema eines Organs nicht mehr von ihm mitgetragen wird, beginnt Krankheit. Insofern ist es möglich, aus der Krankheitssymptomatik auf das zugrunde liegende Bewusstseinsthema und die zugehörige Lebensaufgabe zu schließen. Werden mit der (Lebens-)Zeit zunehmend Themen aus dem Leben ausgeschlossen, entstehen immer mehr kranke Regionen, und das Leben wird zunehmend beschwerlicher. Zieht sich das Bewusstsein aus einem Bereich ganz zurück, weil der Betroffene diese Thematik völlig aufgegeben hat, versagt das Organ und muss ersetzt werden – konkret oder jedenfalls in seiner Funktion. Wenn die Seele sich ganz aus dem Körperhaus zurückzieht, sprechen wir vom Tod. Dieser kündigt sich oft schon in Etappen an.

> Stellen Sie sich die Frage: **Lebe ich noch oder sterbe ich schon?** Wo lebe ich noch und wo habe ich mich beziehungsweise das Leben schon aufgegeben? Kränkelnde Organe liefern wertvolle Hinweise im Sinne von *Krankheit als Symbol*. Vernachlässigte Regionen spiegeln Aufgaben im Sinne des *Körpers als Spiegel der Seele*.

Information ist immateriell. Der Körper verliert beim Übergang in den Tod wohl eher kein Gewicht gegenüber dem eben noch lebendigen Organismus. Entsprechende Gerüchte ließen sich wissenschaftlich jedenfalls nicht bestätigen. Allerdings braucht die Information einen Körper, um sich auszudrücken und auszuwirken. Parallelen gibt es in der technischen Welt zuhauf. Eine CD oder ein Buch **enthalten** zwar Information, aber sie **sind keine**. Wer sie zerstört, kann damit noch längst nicht die gespeicherten Lieder oder Texte vernichten. Das ist der Irrtum von Diktatoren und Potentaten, wenn sie Bücher verbrennen oder verbieten lassen. Allerdings verhindern sie damit, dass die Ideen und Inhalte, denen sie die Form verweigern, sich im Bewusstsein der Menschen festsetzen und ein Feld und damit möglicherweise eine Wirklichkeit aufbauen.

Verewigen kann man die Inhalte nicht, indem man sie auf Papier druckt oder auf CDs presst, sondern nur dadurch, dass sie ins Bewusstsein von Menschen eindringen und sich dort festsetzen. Das ist auch das Anliegen von Künstlern und Schriftstellern. Veröffentlicht zu werden ist nur ihr erstes Ziel. Eigentlich geht es ihnen darum, sich einen Stammplatz im Bewusstsein möglichst vieler Menschen zu sichern. Nur dadurch lässt sich ein Feld aufbauen, das Generationen überdauern kann. Doch zu Feldern später.

> *Das Gehirn erzeugt weder Bewusstsein, noch ist es Bewusstsein, es verleiht ihm lediglich Ausdruck.*

In ähnlicher Weise ist das Erbgut, die DNS, nicht die Information, sondern nur ihr Träger. Selbst das Gehirn ist natürlich nur Träger von Information. Es ist zwar notwendig, um Information beziehungsweise Bewusstsein zum Ausdruck zu bringen, aber nur in dem Sinn, wie ein Radioapparat notwendige Voraussetzung ist, um ein Programm zu empfangen und hörbar zu machen. Insofern dürfte klar sein, dass ein Gehirn ebenso wenig Bewusstsein erzeugt wie ein Fernsehapparat Programme. Durch die Zerstörung des Gehirns kann so auch kein Bewusstsein vernichtet werden, ebenso wenig wie durch die Implosion eines Fernsehers die entsprechenden Programme. Wir müssen also lernen, zwischen Information und ihren Trägern beziehungsweise Vermittlern zu unterscheiden. Was manchen Menschen spontan klar ist, kann für wissenschaftlich (fehl)orientierte eine ziemliche Hürde darstellen.

Betrachten Sie einmal diese vier Bilder und besonders die Augen. Unschwer ist zu erkennen, dass es sich um ein und denselben Menschen in vier Quadranten seines Lebens handelt. Aber stimmt das so?

Wissenschaftlich fundiert, wissen wir, dass schon von dem ersten Jungen kein Molekül mehr in dem jungen Mann daneben vorhanden ist, denn alle sieben Jahre erneuern sich alle Zellen. Innerhalb von zehn Jahren werden auch alle Moleküle ersetzt und selbst die Atome ausgetauscht. Obwohl also von dem Jungen aller Wahrscheinlichkeit nach kein einziges Atom mehr in dem alten Herrn vorhanden ist, würde er doch zu allen Bildern sagen: »Das bin ich mit soundso viel Jahren.« Die Kontinuität wird also offensichtlich nicht durch die Materie, sondern durch die verbindende Information oder die Seele gesichert. Die Seele ist das Entscheidende, auch wenn sie weder sichtbar, materiell fassbar noch messbar ist.

Fast jeder Mensch kennt entsprechende Erfahrungen. Wer etwas als Kind gelernt hat und dann nie mehr brauchte, kann es als Erwachsener – unter Umständen sogar, ohne es zu wissen – immer noch. Wie aber ist das möglich, wenn inzwischen alle Zellen, Moleküle und Atome ersetzt sind? Es liegt an der Seele und ihrem Bewusstsein – beide sind offenbar unabhängig von der Materie des Körpers.

Mein eigenes Beispiel mag das illustrieren. Als guter Skifahrer mit Rennerfahrung hatte ich diesen Sport, der meine Sozialisierung in Bayern so erleichtert hatte, mit siebzehn wieder aufgegeben. Bei einer Zahnarztfortbildung in traumhafter Skiumgebung ließen es die Kollegen sich nicht nehmen, mich, den vermeintlichen Laien, der glaubhaft versichern konnte, fast zwanzig Jahre nicht mehr gefahren zu sein, auf Skier zu stellen. In der Gondel sagte ich mir noch, dass keine von den damaligen Zellen mehr in meinen Muskeln existierte, nicht einmal im Gehirn, und bekam spürbaren Respekt vor dem hochalpinen Gelände. Bei der anschließenden Abfahrt aber ging »es« – zu meinem eigenen Erstaunen – deutlich besser als bei den sich verulkt fühlenden Zahnärzten. Wahrscheinlich könnte ich es noch heute, weitere zwanzig Jahre später, beziehungsweise etwas in mir könnte es, weil es ein Programm gespeichert hat.

> *Der Körper kann mehr, als sein Bewohner weiß, wenn das Bewusstsein sich frei entfalten kann.*

Alles hat Bewusstsein

So ergibt sich, wie alle Schöpfungsgeschichten berichten: Das Bewusstsein war zuerst und ist notwendig, damit Materie Gestalt annehmen kann. Im Johannesevangelium heißt es: »Am

Anfang war das Wort, und das Wort war bei Gott.« Dann dauert es eine Zeit, bis es schließlich mit dem Satz »… und das Wort ward Fleisch« zur Schöpfung im materiellen Sinn kommt. Für die alten Ägypter schrieb Gott die Schöpfung zuerst auf einen Papyrus. Bei den Aborigines, den Menschen vom Ursprung, sang er sie, ähnlich wie auch für die Hindus, wo – laut Veden – die Ursilbe Agni beziehungsweise das Mantra OM die Schöpfung in Gang brachte. Wie auch immer: Zu Beginn ist die Idee, was sich auch weiter in der biblischen Schöpfungsgeschichte ausdrückt. In der Genesis gibt es tatsächlich zwei Schöpfungen, zuerst die entscheidende der Ideen, die wir meist ignorieren und übersehen, und dann erst die materielle, die es uns so angetan hat.

Es braucht also zuerst Bewusstsein, um Ideen und Informationen zu strukturieren, damit diese später Gestalt annehmen. Daraus ergeben sich mindestens zwei Konsequenzen. Zum einen muss alles, was Form und Gestalt hat und lebt, auch Bewusstsein haben. Zum anderen ergibt sich daraus eine Hierarchie, die das Bewusstsein über die Materie stellt. Mit beiden Gesetzmäßigkeiten tun sich moderne Menschen schwer, für unsere Vorfahren war es dagegen selbstverständlich.

> *Alles, was Form und Gestalt hat und lebt, muss auch Bewusstsein haben. Daraus ergibt sich eine Hierarchie, die das Bewusstsein über die Materie stellt.*

Dass jeder Mensch ein Bewusstsein hat, ist klar. Das war aber nicht immer so. Die längste Zeit haben die klügsten Köpfe der katholischen Hierarchie – natürlich ausschließlich Männer – darüber debattiert, ob Frauen wohl eine eigene Seele, eine Anima, hätten. Wie wir wissen, haben sie sich nach langem Ringen dafür entschieden, auch wenn das keinerlei Konsequenzen für die Organisation ihrer Kirche hatte. Weiterhin unklar blieb aber, ob den farbigen Menschen außerhalb Europas ebenfalls eine Seele zuzuerkennen war. Anfangs konnte man sich zu so viel Großzügigkeit bekanntlich nicht durchringen, was die Sklaverei ermöglichte. Es war der spanische Mönch Las Casas, der aus Mitgefühl die »roten Tiere«, die für die katholischen Herrscher Südamerikas vor allem in Goldminen schufteten und dabei wie die Fliegen starben, durch die ungleich robusteren »schwarzen Tiere« aus Afrika ersetzte. Die schwarzen wurden physisch der kirchlichen Goldgier viel besser gerecht. Damals wurden »erbeutete« Indianer noch vereinzelt mit nach Europa gebracht und in Käfigen gezeigt. Aber mit der Zeit entschloss man sich katholischerseits, auch andersfarbigen Menschen eine Seele zuzugestehen, was anfangs wiederum wenig Auswirkungen auf die Organisation der Welt hatte.

Später erkannten Tierschützer auch großen Tieren Bewusstsein zu, aber auch das waren lange Prozesse. Professor Bernhard Grzimek kämpfte einen ausdauernden Kampf für das Überleben der Tiere der Serengeti, die damals noch nach Belieben abgeknallt wurden. Heute geht man weiter, und nicht wenige sind bereit, auch kleineren Tieren und sogar Pflanzen Bewusstsein zuzugestehen, was aufgrund unserer obigen Betrachtungen nur selbstverständlich wäre. Aber wenn wir dabei konsequent sein wollen, müssen wir auch Mücken und sogar Unkraut Bewusstsein zugestehen. Es kann ja nicht angehen, Bewusstsein von der Größe und dem Nutzen für uns Menschen abhängig zu machen.

> *Was Form, Gestalt und Stabilität hat, muss auch Bewusstsein haben, sonst würde es zerfallen. Bewusstsein hängt weder von der Größe noch vom Nutzen ab.*

Bewusstsein und Hierarchie

Viele moderne Menschen tun sich schwer mit den Konsequenzen der Hierarchie. Das Wort hat schwer gelitten während der letzten hundert Jahre. Früher völlig unbestritten hoch geehrt, war alles hierarchisch organisiert. Heute gilt es dagegen in manchen Kreisen fast als Schimpfwort und hat sich nur noch auf den Schattenseiten unserer Wirklichkeit gehalten. Offen zur Hierarchie stehen lediglich katholischer Klerus, Militärs, Diktatoren und einige verwegene Unternehmer. Der Rest geht zwar davon aus, dass sie existiert und nutzt sie, schämt sich aber irgendwie dafür. Wie viele wirklich demokratische Länder gibt es schon und wie viele nennen sich nur so? Bei genauerem Hinsehen haben wir viel mehr »Demokraturen« als Demokratien.

Dabei ist Hierarchie unersetzlich, ohne sie geht es keinesfalls. Demokratie im Sinne gleichberechtigter Mitbestimmung im Herzen wäre Herzflimmern und mit dem Leben unvereinbar. Überall im Mikrokosmos unseres Körpers und bei genauerem Hinsehen auch im Makrokosmos der Welt findet sie sich und ist oft überlebenswichtig. Den heute so schlechten Leumund verdankt sie vor allem ihrem

> *Hierarchien sind in vielen Fällen lebensnotwendig.*

schlimmen Missbrauch im Menschenreich. Für unser Unterfangen ist es also sinnvoll, das Wort aus der Schmuddelecke zu befreien, in die es unverschuldet geraten ist.

Das griechische Wort *hierarchía* meint wörtlich »die Herrschaft des Heiligen« und bezeichnet laut Duden das »Amt des obersten Priesters«, wogegen ja wenig zu sagen ist. Das Herz verdeutlicht das Prinzip am einfachsten. Jede Herzmuskelzelle ist nicht nur ein kleiner Motor, sondern auch ein elektrischer Impulsgeber und kann mit einer geringen Frequenz von zirka zehn Schlägen pro Minute einen eigenen Rhythmus schlagen. Diese Frequenz würde zum Leben nicht ausreichen. Ähnliches gilt für die anderen Strukturen des Herzens. Das sogenannte Hiss'sche Bündel und die Purkinje-Fasern haben einen höheren Eigenrhythmus, der aber auch nicht reichen würde. Der AV-Knoten schließlich kann schon mit einer Eigenfrequenz von vierzig Schlägen aufwarten, was zum Überleben, allerdings nur einem recht bescheidenen reichen würde. Insofern ist es gut, wenn der sogenannte Sinusknoten, der weit oben im Herzen residiert, im Vorhofbereich, mit jedem seiner Schläge all die anderen Impulsgeber entmachtet und elektrisch entlädt. Bis sie dann Potenzial für einen neuen Schlag aufbauen können, werden sie vom Sinusknoten bereits wieder entpolarisiert, der gleichsam wie ein »Primus inter Pares«, ein Erster unter Gleichen, herrscht. Dieses – aus menschlicher Sicht – harte Muster ermöglicht unser Leben. Wir brauchen es nicht auf alle anderen Strukturen zu übertragen, müssen aber anerkennen, dass es in manchen Bereichen, wie eben dem Herzen, unersetzbar ist.

Dabei haben wir auch eine Hierarchie der Lebewesen auf diesem Planeten etabliert, auf die wir nicht verzichten wollen. Wer den Menschen als Krone der Schöpfung sehen und an die erste Stelle der Hierarchie stellen will, sollte darunter eine Ordnung anerkennen und allen Wesen Bewusstsein zugestehen. Allerdings könnte dieser Schritt klarmachen, dass wahrscheinlich auch der Mensch in solch einer Hierarchie steht, deren oberen Teil nur die wenigsten erkennen.

Nochmals vom Herzen ausgehend, steht die einfache Herzmuskelzelle ganz unten in der Hierarchie und der Sinusknoten ganz oben. Aber auch er muss sich dem Gesamtwohl des Organismus unterordnen und zum Beispiel das Gehirn noch über sich akzeptieren und Befehle von dort entgegennehmen und umsetzen, etwa eine Frequenzerhöhung, sobald Gefahr droht. Auch der einzelne Mensch muss sich natürlich in eine Hierarchie fügen. Das verlangen schon Firmen und noch vehementer Religionen. Wir können uns dem verweigern, aber irgendeinem Staat und seinen Gesetzen müssen wir uns unterstellen. Die einzelnen Nationen sind praktisch alle hierarchisch organisiert und haben eine Regierung an ihrer Spitze. Diese unterstellt sich in der Regel wieder einem größeren Staatenverbund, wie etwa in Europa der EU oder in Amerika den Vereinigten Staaten. Das Ideal wäre sicherlich, wenn diese sich in für die Welt entscheidenden Fragen den UN unterordneten.

Wir könnten so weitermachen und fänden, dass die Erde offensichtlich nicht »machen kann, was sie will«, sondern mit den anderen Planeten unseres Sonnensystems über die Gravitation in die Ordnung der sogenannten Ekliptik gezwungen ist. Das Sonnensystem ist seinerseits wiederum der Galaxie, unserer Milchstraße, untergeordnet und diese dem Universum, über das wir noch nicht hinausblicken können.

So finden wir überall Hierarchie und wären gut beraten, diese auch zu achten, dort jedenfalls, wo sie alternativlos und von der Natur vorgegeben ist. Sowohl im Mikrokosmos unseres Körpers wie im Makrokosmos der Welt führt ein Verlassen der vorgegebenen Hierarchie zu erheblichen Problemen. Wenn etwa eine Zelle eines Organs oder Gewebes die Anerkennung der Hierarchie aufkündigt und eigene egoistische Wege einschlägt, sprechen wir von »Krebs«. Wenn einzelne Menschen eines Staates wie etwa Terroristen diesem die Anerkennung und Unterordnung unter seine Hierarchie aufkündigen, reagiert er in der Regel mit Krieg wie auch der Körper im Krebsfall. Falls die Menschheit sich gegen die Hierarchie der Erde auflehnt, könnte das zu einer ähnlichen Reaktion führen. Anzeichen dafür gibt es bereits genügend. Der Spruch der Cree-Indianer bringt es auf den Punkt: »Wenn ihr den letzten Baum gefällt, den letzten Fisch gefangen habt, werdet ihr merken, dass man Geld nicht essen kann.« Intelligentere Menschen bemerken schon seit längerem, dass wir die Gleichgewichte der Natur nicht beliebig stören können, ohne uns selbst als Art zu gefährden. Bewusstsein ist überall, wo Leben ist, von uns aus gesehen nach oben und nach unten.

Demnach haben wir die Verantwortung, uns einzuordnen und den uns gegebenen Platz in der Schöpfung anzuerkennen. Das aber würde sowohl die Sorge für die Wesen einschließen, die in der Hierarchie unter uns stehen, wie die Tiere und Pflanzen, aber auch die (Be-)Achtung der Gesetze und für spirituelle und religiöse Menschen auch die der Wesen, die über uns stehen.

Das Gesetz der Resonanz steht für die Entsprechung zwischen oben und unten, zwischen Himmel und Erde. Seine deutlichste Ausformung findet es in dem berühmten, bereits erwähnten Analogiesatz des dreimal großen Hermes auf der sagenumwobenen Tabula smaragdina. In der Kurzform: **Wie oben, so unten.** Für Christen heißt der entsprechende Satz aus dem Vaterunser beziehungsweise der Bergpredigt: »Dein Wille geschehe, **wie** im Himmel, **so** auf Erden.« Im Dom von Siena in der Toskana ist Hermes Trismegistos mit der Samaragdtafel abgebildet. Sein Gesetz steht in der Hierarchie über dem des Moses mit der entsprechenden anderen Steintafel.

Aus dieser Anerkennung des Hierarchiegedankens der

> *Wie oben so unten,
> wie innen so außen.*

BEWUSSTSEIN UND HIERARCHIE

Hermes Trismegistos im Dom von Siena

Schöpfung könnte sich entsprechendes Verständnis für die Hierarchie der Gesetze ergeben. Die Einheit entspricht Gott auf oberster Ebene. Darunter beginnt die polare Menschenwelt. Das Resonanzgesetz spiegelt den Himmel auf die Erde und in unsere Welt – oder wie es die Bibel sagt: »Er schuf den Menschen nach seinem Bilde.« In der Antike las man am Tempeleingang von Delphi: »Erkenne dich selbst.« Im Tempel soll gestanden haben: »... damit du Gott erkennst.« Paracelsus hat das Gesetz der Entsprechung ganz auf die Erde geholt und in die schon erwähnte Gleichung Mikrokosmos (Körper) gleich

Makrokosmos (Welt) gegossen. Das Gesetz des Anfangs, der bereits alles enthält, gilt auf all diesen Ebenen.

Auch wenn wir noch nicht alle Niveaus und Aspekte dieser Hierarchie durchschauen, können wir über Analogien doch schon deutlich weiter sehen, als es unsere Wissenschaft erlaubt, sobald wir das Ganze in der Zusammenschau betrachten und eine weitere Gesetzmäßigkeit entdecken. Die moderne Astrophysik konnte zum Beispiel messen, dass sich in diesem Universum jeder Himmelskörper von jedem anderen entfernt, was in der Konsequenz die Ausdehnung des Universums bedeutet. Wir können uns die Situation vorstellen wie bei einem Luftballon, auf dessen Haut die Himmelskörper aufgemalt sind. Wenn wir ihn aufblasen, entfernen sich alle voneinander.

> *Von der Einheit zur Vielheit – und wieder zurück.*

Lange Zeit propagierte die Wissenschaft dies als die ganze Wahrheit und ging davon aus, dass es immer so weitergehen würde. Dann aber sagte das zurzeit hellste Licht unter den Astrophysikern, Stephen Hawking, dass es nur einen Ausschnitt der Wirklichkeit beschrieb. Er fand Hinweise darauf, dass sich diese Bewegung in weiter Zukunft umkehren würde, und postuliert seitdem ein Weltbild, das den Gesetzmäßigkeiten im Schöpfungsmythos der Hindus sehr nahe kommt. Dieser geht davon aus, dass ein Weltzeitalter aus einem Atemzyklus des Schöpfergottes Brahma besteht. Die Schöpfung ist demnach der Atem der Einheit. Wer dächte da nicht an den bereits erwähnten Beginn des Johannesevangeliums: »Am Anfang war das Wort, und das Wort war bei Gott«? Und später: »... und das Wort ward Fleisch.« Und das Fleisch wird sich wieder auflösen, wenn die Seele zu Gott zurückkehrt.

Eine weitere Parallele im Menschenleben wird deutlich, wo

wir mit der Empfängnis aus der Mitte des Mandalas kommend uns zu seiner Peripherie entwickeln, nur um dort in der Lebensmitte wieder umkehren zu müssen. Da sich praktisch alle Schöpfungsmythen über die Ent-

> *Von hier nach hier, aus der Mitte in die Mitte, der ewige Weg.*

stehung der Welt aus der Einheit einig sind, könnten wir diese Analogien akzeptieren, auch wenn unsere Wissenschaft noch nicht in allen Einzelheiten so weit ist.

Das Gesetz des Anfangs

Doch kommen wir nun zum Gesetz des Anfangs, das mehrmals angeklungen ist, auf allen Hierarchieebenen gilt und auf den Wegen der Erkenntnisgewinnung von ausschlaggebender Bedeutung sein kann. Geführte Meditationen können beispielsweise über das bereits Gesagte hinaus verblüffende Kraft und Wirksamkeit entwickeln, wenn die Meditierenden lernen, den ersten aufsteigenden Gedanken wahr- und wichtig zu nehmen. Das ist leicht zu lernen, wenn man sich von Anfang an darauf einstellt und es gleichsam bewusst trainiert, zum Beispiel in der folgenden Übung.

> Schließen Sie nach dem Lesen des gleich auftauchenden, entscheidenden *kursiv* gedruckten Wortes Ihre Augen und schauen Sie, was als erster Gedanke vor Ihrem inneren Auge auftaucht. Denken Sie jetzt also an das erste sich in Ihrem Inneren zeigende   ***Tier*!**

Erhaschen Sie auf diesem einfachen Weg gleich die erste Kreatur, die Ihnen einfällt, ist es der eigene Tierverbündete, das sogenannte Kraft- oder Totemtier, von dem viele schamanistische Kulturen wissen. Können Sie nach derselben Methode gleich den ersten Baum fassen, der vor dem eigenen inneren Auge jetzt mit dem ersten Gedankenimpuls auftaucht, ist er ebenfalls von Bedeutung. Diese lässt sich zum Beispiel nach dem keltischen Baumorakel näher bestimmen.

Über den einfachen Trick mit dem ersten Gedanken wird die Arbeit mit inneren Bildern zu einem wundervollen Diagnosemittel und sogar Therapeutikum. Denn wie Simonton am Beispiel Krebs zeigen konnte, haben Therapien auf dieser Ebene viel größere Heilkraft, als westliche Mediziner sich bisher vorstellen können.

Dass im Anfang alles liegt, ist eines der Gesetze, die unser Leben bestimmen. Es ist den Gesetzen der Polarität und Resonanz nachgeordnet, aber immer noch von großer Bedeutung und in allen Gesetzen von Relevanz. Intuitiv ahnen wir es beispielsweise, wenn wir von der »Liebe auf den ersten Blick« sprechen und davon fasziniert sind. Inzwischen kann die Wissenschaft auch dieses Gesetz ganz erstaunlich detailliert belegen. Die Biologie weiß über die Erbgutforschung seit langem, dass im Samenkorn der ganze Baum schon gleich von Beginn angelegt ist und im Ei das ganze Wesen, auch das menschliche. Die Erfahrung zeigt wachen Menschen, dass im Beginn von Ereignissen deren Verlauf sich schon abzeichnet, weshalb sie jeden Anfang wichtig nehmen und mit Aufmerksamkeit betrachten.

Hier liegt auch der Grund dafür, warum wir den Jahresbeginn feiern und an Neujahr Orakel benutzen, mit deren Hilfe wir das Kommende voraussehen wollen. Viele feiern Jahrestage und damit den jeweiligen Neuanfang, etwa den Tag Ihres Kennenlernens, den Beginn der wirklichen Beziehung oder deren Legalisierung und rituelle Besiegelung in Gestalt des Hochzeitstages. Jubiläen haben nicht nur den Sinn, Vergangenes zu feiern, sondern den Beginn eines neuen Zyklus achtsam zu erleben und herauszufinden, was im Neuanfang liegt, was also zu erwarten ist. Auch die Wirtschaft kennt diese Chance und schwört beispielsweise auf sogenannte Relaunchs. Solche Neustarts sollen neue Möglichkeiten eröffnen und die Zukunft positiver gestalten.

Auch Geburtstage werden unter anderem wichtig genommen, weil sie einen Neuanfang setzen und ein weiteres Jahr vorzeichnen. Aus diesem Grund errechnen astrologisch Versierte sogar den genauen Zeitpunkt des Sonnenstandes der Wiederkehr der Geburt, der um einige Stunden vom gewohnten Beginn um 24.00 Uhr abweichen kann. Sie errechnen ein sogenanntes Solar, ein genaues Horoskop des neuen Lebensjahres. Natürlich geht die Astrologie von dem Gedanken aus, dass im Anfang alles liegt, diese Vorstellung ist überhaupt die Basis ihrer Existenz. Das Horoskop ist ja nichts anderes als eine Momentaufnahme vom Beginn eines beliebigen Ereignisses.

Nun werden viele diese alte Disziplin der hermetischen Philosophie als einen von der modernen Naturwissenschaft überwundenen Aberglauben abtun. Allerdings sollten sie vielleicht zur Kenntnis nehmen, dass der Psychotherapeut Fritz Riemann, den das Buch *Grundformen der Angst* unsterblich machte, auch das Buch *Lebenshilfe Astrologie*[22] geschrieben hat, das in Übereinstimmung mit seiner weithin anerkannten Arbeit stand. Der Unternehmer, Fotograf und frühere »Playboy« Gunter Sachs trieb es noch viel weiter und belegte die Astrologie wissenschaftlich, auch wenn die Schulwissenschaft das ignorierte. Für sein Buch *Die Akte Astrologie*[23] besorgte er sich nicht nur das vollständige Geburtenregister der Schweiz, sondern engagierte auch die führenden Statistiker der Münchner Universität, um zu belegen, dass die Astrologie Aussagen auf hohem Signifikanzniveau über die einzelnen Sternzeichen machen kann. Wer ein wenig Kenntnis von der »Materie« hat und bedenkt, dass Sachs nur die Sonnenzeichen heranzog und schon dabei so eindeutige Belege für die Relevanz der Aussagen fand, bekommt eine Ahnung, welche Möglichkeiten bei tieferer Beschäftigung hinter dieser altehrwürdigen Disziplin stecken, die ja früher auch als Königin unter den Wissenschaften galt.

Heute bekommt das Gesetz, dass im Anfang alles liegt, sehr breite Unterstützung aus verschiedenen Wissenschaftsrichtungen. Der Journalist und Unternehmensberater Malcolm Gladwell hat seinen Bestseller *Blink!*[24] darüber geschrieben. Er zitiert eine Fülle von modernen Forschungsergebnissen, die belegen, was Hermann Hesse meinte, als er formulierte, jedem Anfang wohne ein Zauber inne. Gladwell beschreibt auf wissenschaftlicher Basis, wie weit wir im Leben kommen können, wenn wir lernen, dem ersten Gedanken und der ersten Intuition zu vertrauen.

Über ihre analytische Methode, alles in kleine Scheibchen zu zerschneiden, fanden Sozialwissenschaftler heraus, wie weitgehend die erste »Scheibe« schon alles Wesentliche enthält. Zur Einschätzung der Perspektive einer Beziehung können sie bereits aus den ersten Beobachtungen die entscheidenden Hinweise gewinnen. So konnten sie mit deutlich über achtzigprozentiger Treffsicherheit aus solch ersten Beobachtungsmomenten voraussagen, welche Beziehungen in Scheidungen enden und welche halten würden. Noch erstaunlicher aber ist, dass auch psychologisch untrainierte Versuchspersonen das ähnlich gut vermochten. Aus der Betrachtung der gleichen kurzen Beziehungssequenzen sagten auch sie noch mit achtzigprozentiger Treffsicherheit voraus, welche Bindungen halten würden und welche nicht.

Gladwell kann sogar eine Fülle von wissenschaftlich untersuchten Hinweisen anführen, die belegen, dass wir über so etwas wie eine Intuition des ersten Augenblicks verfügen und eben oft auf den ersten Blick wissen, wie eine Situation einzuschätzen ist. Das gilt für Kunstsachverständige hinsichtlich der Erstellung von Expertisen, für Ärzte beim Diagnostizieren und wohl sogar für Richter bei der Rechtsfindung. Die viele Zeit, die für Expertisen, Urteilsbegründungen und Gutachten aufgewendet wird, ist zumeist lediglich den anschließenden Rationalisierungen der ersten Intuition geschuldet.

> *Und jedem Anfang wohnt ein Zauber inne. Der uns beschützt und der uns hilft zu leben.*
> HERMANN HESSE

Der einzige, dafür jedoch wesentliche und oft schwer zu überwindende Nachteil sind Vorurteile, die den ersten Eindruck negativ beeinflussen können. Wer es schafft, dieses nicht zu unterschätzende Handicap zu meistern, indem er sich ernsthaft selbst mitsamt seinen Vorurteilen und Programmen besser kennenlernt, hat mit dem ersten Eindruck, dem ersten Blick, den ersten Tönen und Gefühlen ein geniales Werkzeug, sein Leben erfolgreicher zu gestalten.

Viele Personalchefs oder Vermieter kennen diese Erfahrung von Vorstellungsgesprächen. Eigentlich entscheidet sich schon alles beim ersten Blick und den ersten Worten des Bewerbers. Wer sich dagegen von Zeugnissen täuschen lässt und sich über seinen eigenen Eindruck hinwegsetzt, wird es meist bereuen. Wer ihm aber vertraut, erlebt nur selten Enttäuschungen. Natürlich kann das bei einer Liebe auf den ersten Blick trotzdem geschehen, vor allem wenn sich die beiden des Polaritätsgesetzes nicht bewusst sind. Denn das steht noch deutlich über dem des Anfangs und ersten Eindrucks. Natürlich reicht also die Anwendung eines nachgeordneten Gesetzes noch nicht für ein erfolgreiches Leben, aber sie kann doch vieles erleichtern und fast alles deutlich verkürzen.

Im Alltag und selbst bei scheinbar nichtigen Angelegenheiten folgen aus der Macht des Anfangs oft entscheidende Konsequenzen. Ein scheinbar banales persönliches Beispiel mag das illustrieren. Ich wollte mit der kleinen Tochter von Freunden ihren Eltern nachreisen, war frühmorgens bei völlig leerer Straße aber noch kaum ein paar Meter aus der Einfahrt gefahren, als mich ein BMW-Fahrer mit einem Hupkonzert nötigte, wieder zurückzusetzen, obwohl er mir ohne viel Aufhebens leicht hätte ausweichen können. In dieser Situation gab es für mich zwei Möglichkeiten: erstens über diesen oder – schlimmerenfalls – gleich auf alle Fahrer dieses Fabrikats zu schimpfen und zu projizieren. Aber was hätte das gebracht, außer Vorurteile zu verstärken? Zweitens nach der Bedeutung dieses »ungünstigen Anfangs« zu suchen. Also begann ich, meine kleine Beifahrerin zu fragen, ob sie auch nichts vergessen hätte. Sie war sicher, alles dabeizuhaben, aber die Episode im Hinterkopf, ließ ich nicht locker, bis wir an der Stadtgrenze schließlich herausfanden, dass der von der Mutter besonders auffällig platzierte Pass doch in der Wohnung geblie-

> *Wer dem ersten Eindruck vertrauen lernt, erspart sich viele Umwege und noch mehr Zeit.*

ben war. An der Stadtgrenze nach zwanzig Minuten umzudrehen erwies sich als vergleichsweise problemlos, an der Schweizer Grenze wäre es dagegen aufwendiger geworden...

> Gehen Sie einmal entscheidende Situationen Ihres Lebens durch und schauen Sie sich rückwirkend an, was Sie im Anfang schon alles hätten erkennen können und wie sich auf diese Art schon sehr früh offenbarte, wie das Ganze enden musste.
>
> Fangen Sie mit emotional weniger geladenen Ereignissen wie dem ersten Schultag oder dem Schwimmenlernen an. Gehen Sie dann weiter zu Berufsanfängen und Arbeitsstellen, um sich schließlich auch Beziehungen der verschiedensten Art unter dem Gesichtspunkt ihres Anfangs vorzunehmen.
>
> Es hat sich bewährt, mit weniger Wichtigem zu beginnen. Was etwa war der erste Eindruck von einem Lehrer, Arzt, Chef? Und erst anschließend die eigenen Kinder und Lebenspartner unter diesem Aspekt zu betrachten.

Drei schwere Fälle und ein Auto – Anwendungen des Gesetzes vom Anfang

Wenn alles schon im Beginn liegt, wie das Gesetz des Anfangs besagt, müssten wir aus den Ursprüngen einer Religion, eines Landes, einer Organisation oder auch jeden Projekts erkennen, was ihr tieferes Anliegen ist und was sich daraus entwickeln wird. Genau das tun wir jetzt und beginnen mit der jüdisch-christlich-islamischen und damit verbreitetsten und mächtigsten Religionsgemeinschaft. Anschließend widmen wir uns mit den USA dem mächtigsten Land der Erde und dann der mit Abstand (erfolg)reichsten, ältesten und mächtigsten Organisation dieser Welt, der katholischen Kirche, und schließlich noch dem Prestigeprojekt eines Autokonzerns.

Als sie ihrem Gatten **Abraham** im fortgeschrittenen Alter noch immer keinen Sohn geboren hatte, der Stammvater eines großen Geschlechts werden konnte und sollte, gestattete Sarah ihm, bei der Magd Hagar zu liegen, um so noch zu einem Erstgeborenen zu kommen. Hagar gebar ihm Ismael, und Sarah nahm ihn an Sohnes statt zu sich. Da aber ließ Gott Sarah wider Erwarten doch noch einen eigenen Sohn namens Isaak gebären, für den es aber nun natürlich nur noch zum Zweitgeborenen reichte. Da Isaak ihr eigen Fleisch und Blut war, bevorzugte Sarah ihn und brachte mit weiblichen Waffen schließlich Abraham dazu, seinen Erstgeborenen Ismael samt Mutter Hagar zu verstoßen, damit Isaak, salopp formuliert, in die »Pole-Position« aufrücken konnte. Dieser nutzte das konsequent und wurde – entgegen geltendem Recht – »Chef« der Israeliten. Dem verstoßenen Ismael wurde schon damals vorausgesagt, dass er eine riesige Nachkommenschaft haben würde, die allerdings schwer zu kämpfen hätte. Er wurde Stammvater der Ismaeliten beziehungsweise Araber. Bei seinen wiederholten Annäherungsversuchen an seinen Vater Abraham blitzte er immer wieder ab.

Und so ähnlich geht es mit den Nachfahren nun schon sehr lange im gleichen Stil weiter. Die Palästinenser sind immer noch im Recht, das sie nicht bekommen, und weiter ständig beleidigt, weil dieses Recht – heute auf ihre eigene Nation in Palästina – für sie nicht durchsetzbar ist. So bleiben sie nach wie vor in einer Bittstellersituation, die sie rasend vor Wut macht. Die Israeliten haben damals wie heute die besseren Waffen und die Macht auf ihrer Seite. Sie können es sich sogar leisten, das (Völker-)Recht und die UN zu ignorieren wie damals ihr Stammvater Abraham das Erbrecht. Wer diese ursprünglichen Befindlichkeiten nicht einbezieht, wird das sich durch Generationen ziehende Dilemma zwischen Israeliten und Ismaeliten wohl nicht lösen. Aller Anfang ist hier schon schwer belastet.

Die **USA**, dieser anfänglich lockere Staatenzusammenschluss, entstand – »menschlich« gesehen – aus fünf wesentlichen Quellen. Zuerst lebten die sogenannten Indianer auf diesem Kontinent, die so niedergemacht wurden, dass sie kaum Einfluss auf die weitere Entwicklung bekamen. Sie bleiben aber wichtig, denn auf von ihnen gestohlenem Land entwickelte sich die ganze weitere Geschichte. Auf sie stießen die Pilgrim Fathers, fromme protestantische Christen beziehungsweise Eiferer, die zu Hause in England für ihre Religion nicht den gewünschten Freiraum bekamen, wobei sie selbst meist viel strenger und eifriger waren als die zurückgelassene Kirche. Sie kamen noch gut mit den indianischen Ureinwohnern zurecht, denn sie versuchten »nur«, ihnen »regelmäßige Arbeit« beizubringen.

> *Wenn man Frieden will, muss man immer der sein, der zuerst die Hand reicht.*
> YITZHAK RABIN

Als dritte Gruppe kamen scharenweise Klein- bis Mittelkriminelle, die europäische Herrscher einerseits loswerden wollten und denen sie andererseits Straffreiheit zusicherten, wenn sie in der Neuen Welt durch ihre bloße Anwesenheit Einfluss sichern halfen. Ins damals aus ihrer Sicht »leere« und völlig unkultivierte Amerika wollten weder die Adligen noch die Bürger. Das englische Königshaus mochte das Land jedoch nicht dem französischen überlassen – und umgekehrt. Für begnadigte Kriminelle stellte es aber immerhin eine Chance und Herausforderung dar. Letztere realisierten wohl ziemlich bald die fehlenden Frauen, ohne die es auf Dauer keinesfalls ging. So wurden in England scharenweise Frauen angeworben, auch solche, die ihren Lebensunterhalt mehr oder eher weniger freiwillig durch Prostitution zu sichern versuchten und denen man ein neues bürgerliches Leben in der Neuen Welt versprach. Schiffsladungsweise angelandet, wurden sie ersteigert oder für den Preis der Überfahrt sozusagen übernommen. Die ge- oder verkaufte Braut ist ein altes archetypisches Thema. Mit diesem Einfluss wurde die ganze »Aktion« jedenfalls fruchtbarer, und es entstand eine bunte genetische Mischung. Der letzte und fünfte »Menschenschub« kam aus Afrika durch die brutale Sklavenwirtschaft, die erneut viel Leid, dennoch wieder »frisches Blut« und sehr langfristig gesehen »Vitalität« ins Land brachte.

Wer die USA und ihre Handlungsweisen besser verstehen will, kann das auf dieser Basis tun. Die Mischung aus heute vergleichsweise nur noch wenigen indianischen Naturmenschen, religiösen Eiferern, Nachfahren von Kriminellen und Vagabunden, Prostituierten und schwarzen Sklaven führte zu einer vitalen Kombination mit enorm vielen Möglichkeiten. Da gibt es die größte Pornoindustrie der Welt, aber auch die sexualfeindlichsten puritanischen Gesetze, die noch den ehelichen Verkehr einengen und beschränken. Da gibt es – Stichwort Chicago – die effektivsten Kriminellensyndikate, aber auch in Texas den gesetzlich geregelten Normstock zum Züchtigen der Ehefrau. Da gibt es religiöse Eiferer als Präsidenten wie Jimmy

Carter und George W. Bush und die unglaubliche körperliche Vitalität der Schwarzen, die alle vier Jahre die olympischen Medaillen einsammeln. Es gibt fast nichts, was aus diesem Schmelztiegel nicht herauskommen könnte. Die ursprünglichen Hauptströmungen spielen doch noch immer eine entscheidende Rolle und lassen sich bis heute gut erkennen. Wo sonst in der sogenannten zivilisierten westlichen Welt könnten religiöse Fanatiker beispielsweise einen der erfolgreichsten Präsidenten wie Bill Clinton ins Wanken bringen wegen einer sexuellen Eskapade, die außerhalb von *God's own Country* nirgendwo *über Monate* für Schlagzeilen sorgen würde?

Wer die Ursprungselemente weiterverfolgt, findet noch viele bis heute bestehende Tendenzen, etwa den schnellen Griff zur Kanone, politisch wie privat, aber ebenso die vielen Nobelpreisträger, die unter anderem der *Pursuit of Happiness* ermöglicht, das in der Verfassung festgeschriebene Recht auf persönliche Glückssuche. Letzteres generierte auch Millionäre und Milliardäre, darunter Glücksritter, die sogar die Weltwirtschaft ins Wanken brachten.

Ähnliche Deutungsmöglichkeiten bestehen natürlich auch für andere Länder. Die Schweizer bleiben offenbar weiter eine verschworene Gemeinschaft, auch wenn der Rütlischwur lange zurückliegt und der Bund längst nicht mehr ist, was er war. Das Erbe des Anfangs bleibt stark. Und die Deutschen setzen die Kleinstaaterei und die unendlichen Händel zwischen den Provinzfürsten im Bundesrat fort, den sie sich vorsätzlich und freiwillig und bestimmt nicht zu dem Zweck geschaffen hatten, ständig alles Mögliche und Wichtige zu blockieren.

Die Entstehungsgeschichte der **katholischen Kirche** ist aus dem Neuen Testament bekannt. Christus hat zwölf Jünger, die weitgehend den zwölf Urprinzipien entsprechen. Da ist Thomas, der Zwilling und Zweifler, der sogar – ganz wissenschaftlich – die Kreuzigungswunden des Herrn untersuchen darf. Sonst könnte er es gar nicht glauben. Er muss es sehen und erforschen und prüfen. Mit Judas, dem Verräter, der Christus für ein paar Goldtaler seinen Peinigern ausliefert, ist auch eine dramatische Schattenfigur mit im Spiel. Und da gibt es Johannes, der die Lehre seines Meisters mehr erspürt als diskutiert und dem Archetyp des Neptun entspricht. Er muss sich vor allem vor Petrus hüten, der ihm ständig ans Zeug flickt. Dabei steht der Meister auffällig an Johannes' Seite. Auf ihn kann er sich verlassen. Als er die beiden Frauen seines Lebens, Maria und Maria Magdalena, vor seinem Tod nach jüdischem Recht einem Mann anvertrauen muss, wählt er Johannes, der auch als Lieblingsjünger bezeichnet wird. Er selbst nennt ihn denjenigen, der seinem Herzen nahe ist.

> *Ich setze das Gute in jedem Menschen voraus.*
> PAPST JOHANNES XXIII.

Da ist aber auch Petrus, was übersetzt »der Felsen« heißt und dem Archetyp des Saturninen entspricht. Petrus versteht das Wesen der Lehre des Meisters nicht, oder es gibt jedenfalls keine Hinweise darauf. Dafür ist er immer bewaffnet und hat offenbar anderes im Sinn als Christus. Als dieser die Jünger im Garten Gethsemane auf den Schlussakt vorbereitet und erklärt, wie er abgeholt werde und sie keinen Widerstand leisten mögen, verstehen das wieder einmal alle bis auf Petrus. Dieser hackt einem Römer schnell noch ein Ohr ab. Auf diesen Felsen also baut Christus »seine Kirche«. Und er weiß, was er tut, denn er sagt Petrus voraus, dass er ihn bereits in der ersten Nacht und bevor der Hahn dreimal kräht, dreimal verleugnen würde. Petrus bestreitet das in typischer Eigenblindheit. Beim dritten Hahnenschrei wacht er allerdings noch einmal kurz auf, erkennt, wie recht der Meister und wie gut er ihn durchschaut hatte, schämt sich einen Moment – und fängt dann mit dem Bau der Kirche an. Wir brauchen uns also nicht aufzuregen, wo Christus doch selbst dieses Muster vorgegeben hat. Er wusste, dass Petrus ihn und sein Anliegen nicht verstand und beides ständig – aus Angst und Egozentrik – verraten würde. Und er baute die äußere Kirche trotzdem auf ihn.

Sicher gibt es auch ein Johannes-Christentum, das sich mehr in den Seelen und Herzen abspielt als in Kathedralen, Domen, Basiliken und Kirchen. Aber wollten wir auf Letztere verzichten? So – können wir vermuten – sind auch von Christus sehr bewusst zwei Kreise aufgebaut worden. Ein riesengroßer, der sich mit Welt und Macht beschäftigt, und ein sehr kleiner, der sich dem Sinn und Wesen widmet. Auch dass der größere den kleineren nicht akzeptieren und verstehen will und kann, ist geblieben. Aber vielleicht ist jetzt die Zeit, das Wissen aus dem inneren Kreis wieder hinausfließen zu lassen. Natürlich hätte auch das Christentum an seiner Quelle das »Zeug« dazu.

Und solche Momente des Erwachens, wie schon am Anfang, könnten immer mal wieder bei Petrus und eben auch seinen Nachfolgern geschehen – vermutlich bei Johannes XXIII. dürfte es so weit gewesen sein. Jedenfalls wird er bis heute verehrt und sein Bild an den Devotionalienshops von der Bevölkerung gekauft.

Im Anfang liegt alles. Die Anfangsgeschichte kann es verraten wie bei Abraham, Ismael und Isaak, die Anfangsmischung zumindest einiges erklären wie bei den USA, der Startgedanke sich durch Jahrtausende ziehen wie bei Petrus. Gründungsväter, -gedanken, -regeln und -symbole sind also wichtiger, als wir denken.

Selbst Namen prägen so von Anfang an und oft ein ganzes Leben lang. Wer mit Namen und Symbolen spielt, sollte wissen, was er tut. Wenn zum Beispiel **der größte europäische Autokonzern** sein Flaggschiff »Phaeton« nennt und eine Unsumme in dessen Entwicklung und Bewerbung steckt, kann mit diesem Namen nur eine Katastrophe herauskommen. Diese liegt gleichsam im mythischen hellenischen Muster: Phaethon will zu früh von Vater Helios die »Schlüssel« für den Sonnenwagen. Irgendwann gibt der genervte Sonnengott nach, aber der Sohn kann es wirklich noch nicht, fährt zu nah an die Erde und löst Dürren aus, führt als Reaktion auf das erste Unheil zu weit weg und verursacht Eiszeiten. Ein klein wenig Mythologie- und Musterkenntnis hätte da VW wohl sehr viel ersparen können ... Nun ein von Anfang an verfahrenes Projekt, das so begonnen hat, noch zum Erfolg zu führen wird kaum gelingen.

Im Anfang liegt alles: Sag mir deinen Namen, und ich kenne dein Omen, sag mir Geburtszeit und -ort, und ich kenne dich.

Interessieren Sie sich einmal für den Beginn der Firma, für die Sie arbeiten, den »Startschuss« zu Ihrer Familie, für Figuren, die dort Gründungsvater-Charakter oder die Rolle der großen Mutter innehatten? Wie ist Ihr Land gegründet worden? Was sagt Ihnen die Gründung und frühe Geschichte über Ihre Stadt?

Synchronizität

Der Weg aus dem analogen Weltbild von Sokrates und Platon in das der vier Causae des Aristoteles hat uns zwar die Kausalität, an die wir so gewöhnt sind, noch einmal gerettet und sogar erweitert, allein sie wird der Wirklichkeit nicht gerecht. Die moderne Physik sagt uns heute, dass Kausalität zwar ein sehr plausibler, aber eben doch nur ein Denkfehler sei. Vielmehr zeigt sich eine Synchronizität, von der C. G. Jung schon für die Welt der Psyche ausging. Allerdings können wir sie uns nur schwer vorstellen, weil uns die Zeit mit ihrem Nacheinander aus der klassischen Physik so vertraut ist.

Hier kann uns ein Versuch aus der Physik helfen, der schon zu Einsteins Zeiten von ihm und seinen Kollegen, dem amerikanisch-israelischen Physiker Nathan Rosen und dem Russen Boris Podolsky, ersonnen wurde, aber erst später von David Bohm ausgeführt werden konnte. Inzwischen belegen Versuche in den großen Teilchenbeschleunigern (wie dem CERN) das spektakuläre Ergebnis.

Schon lange wissen Physiker, dass alle subatomaren Teilchen mit Ausnahme des Lichtphotons als Doppelwesen auftreten, das heißt immer ein Zwillingsteilchen haben, das ihnen in allem entspricht, dabei aber in allen Eigenschaften entgegengesetzt ist. Im Rahmen der Polarität verwundert das nicht, sondern es ist im Gegenteil eine weitere schöne Analogie: Alles ist polar in dieser Welt – und die subatomaren Teilchen sind deren materielle Basis –, außer dem Licht, das als Symbol der Einheit in unsere Welt scheint. Im makrokosmischen Bereich der Welt wirft es zwar auch seine Schatten, in der feinsten uns fassbaren mikrokosmischen Welt des subatomaren Raums aber enthüllt es sein wahres Wesen und ist ohne Gegenpol.

Werden nun aus einer Teilchenquelle zwei dieser Zwillingsteilchen ausgestoßen und in einem Teilchenbeschleuniger in entgegengesetzter Richtung beschleunigt, kann eines der Teilchen beeinflusst und in seinen Eigenschaften verändert werden. Tatsächlich ändert das andere im selben Moment ebenfalls die entsprechende Eigenschaft im Gegensinn, ohne dass irgendetwas mit ihm gemacht wurde. So bleiben beide immer und in jedem Fall entgegengesetzt und hängen auf Gedeih und Verderb zusammen. Durch die Größe moderner Teilchenbeschleuniger kann belegt werden, dass diese Veränderungen tatsächlich gleichzeitig geschehen, da es heute möglich ist, zwischen die beiden Teilchen Entfernungen von mehreren Kilometern zu legen. Sie bleiben in jedem Fall und über jede Entfernung und im selben Moment verbunden.

Dieses Ergebnis entspricht der Voraussage von Einstein, Rosen und Podolsky über die Synchronizität. Es sprengt aber das alte Weltbild der Physik und somit auch der Welt, das auf Kausalität und dem mit ihr verbundenen Nacheinander der Ereignisse gegründet war.

Doch es wird noch dramatischer, denn diese Ereignisse könnte man sich vielleicht noch auf den winzigen Raum im Innern der Atome beschränkt vorstellen und so versuchen, unsere Welt davor zu bewahren. Der englische Physiker John Bell aber ging den nächsten konsequenten Schritt und bewies, dass dieses synchrone Verhalten für alle sogenannten phasenverriegelten, das heißt aus einer Quelle und einem Ereignis hervorgegangenen, Teilchen Geltung hat. Außerdem konnte er belegen, dass es grundsätzlich, also für alle Welt(en), gilt und keineswegs auf den subatomaren Raum beschränkt ist. Der amerikanische Physiker Henry Stapp sagte von diesem sogenannten Bell'schen Theorem, es sei die schwerwiegendste Entdeckung der Wissenschaftsgeschichte. Sie muss auch das Nobelkomitee so erschüttert haben, dass es John Bell bis heute den entsprechenden Preis verweigert.

Wenn wir nun der Physik in einer anderen, weithin unbestrittenen Aussage folgen, dass nämlich alles mit dem sogenannten Urknall begann, dem Big Bang, kommen wir zu einem neuen Weltbild, das zugleich dem alten Weltbild von Buddhismus und Hinduismus entspricht. Denn aus dem Urknall stammt alle Materie und Energie, und alle daraus hervorgegangenen Teilchen sind demnach phasenverriegelt und hängen auf Gedeih und Verderb und für alle Zeiten zusammen. Das aber waren seit alters Grundaussagen der östlichen Religion, des Buddhismus und seines »alten Testamentes«, der Veden des Hinduismus. Wer einen Stein wirft, verändert demnach das Universum, da alles mit allem zusammenhängt und -schwingt.

Von hier aus eröffnet sich eine verblüffende und bezaubernde Nähe zwischen moderner Physik und östlicher Religionstradition. Spirituellen Menschen zergehen daraus resultierende

Alles hängt und schwingt mit allem zusammen.

Aussagen der Physiker auf der Zunge. In deren Blasenkammern werden Teilchen in der Vergangenheit geboren, wie wir es gewohnt sind, aber auch in der Zukunft – und wirken von dort auf die Gegenwart zurück. Unsere sogenannte Zeit(achse) gerät unversehens zu einem Kreis, und auch der ist nur ein Vorstellungsmodell unseres begrenzten Verstandes. Nun wissen wir natürlich seit Einsteins allgemeiner Relativitätstheorie, dass die Zeit relativ ist und es eine gerade Linie in diesem Universum gar nicht geben kann. Wir hören staunend, dass der Raum gekrümmt sei und sich in den Schwarzen Löchern ein Ereignishorizont ergäbe, der mit der Materie auch gleich die Zeit verschlinge.

Physiker sprechen von einem Teilchenmeer, in dem jeder Tropfen wiederum das ganze Meer enthält. Die Yogini Ananda May sagt es nur poetischer: »Der Tropfen mag bisweilen schon wissen, dass er im Meer ist, aber wohl selten weiß er, dass das Meer auch in ihm ist.« Physiker sagen uns, dass die Schöpfung in jedem Moment neu entsteht und das Vakuum lebendig sei. Wer dächte da nicht an Aussagen der östlichen Traditionen, dass das Nichts und das All identisch seien und alles enthielten? Wir denken vielleicht an die Mitte des Mandalas, die, der Nabe des Rades entsprechend, nichts und doch alles in der Potenz enthält und aus der sich alles entwickelt, die Welt im Urknall und unser Leben mit der Empfängnis. Oder an die Vorstellung, dass sich jeden Augenblick alles neu ergibt und wir ständig wiedergeboren werden – in jeden Moment hinein mit der Chance, Altes zurück- und Neues zuzulassen.

Das Teilchenmeer der Physiker lässt an den indischen Mythos vom Himmelsgott Indra und sein Perlennetz denken, das vieldimensional die ganze Schöpfung umfasst und in dem jede Perle alle anderen enthält, auch wenn wir uns das, solange wir an die Polarität gebunden sind, einfach nicht vorstellen können. Im Avatamsaka-Sutra wird berichtet, wie ein Pilger diese Erfahrung macht und sie in ihm zu leben beginnt:

> ... innerhalb dieses Turmes, geräumig und erlesen geschmückt, gibt es wieder Hunderttausende von Türmen, von denen jeder so zierlich ausgeschmückt ist wie der Hauptturm selbst und so geräu-

mig wie der Himmel. Und all diese Türme von unnennbarer Zahl stehen einander in keiner Weise im Wege; jeder bewahrt seine individuelle Existenz in vollkommener Harmonie mit allen anderen; nichts hindert einen Turm, in alle anderen einzugehen, individuell oder kollektiv, es ist ein Zustand eines vollkommenen Vermischens und dennoch einer vollkommenen Ordnung. Sudhana, der junge Pilger, sieht sich selbst in all diesen Türmen, wie auch in jedem einzelnen Turm, wo alles im Einzelnen enthalten ist und jedes Einzelne alles enthält.[25]

Ein technisches Hilfsmittel zum Verständnis dieser Erfahrungen liefert die Holografie, die Fotografie mittels Laserlicht. In Hologrammen enthält ebenfalls jeder Teil das Ganze, und alles ist zugleich immer sichtbar. Nur wir sind – durch die Polarität – wiederum an das Nacheinander gebunden und müssen den Blickwinkel ein wenig verändern, um weitere Darstellungen zu erkennen.

Wahrscheinlich ist unser Gehirn ganz ähnlich strukturiert und organisiert, denn schon lange ist klar, dass – etwa nach Verletzungen – einzelne seiner Teile die Funktionen anderer übernehmen und teilweise ersetzen können.

Die moderne Chaosforschung kommt ebenfalls zu ähnlichen Ergebnissen, die vor dem Hintergrund des oben Gesagten nicht mehr ganz so okkult wirken. Dass jeder Teil das Ganze enthält, wird an Bildern der sogenannten Mandelbrotmenge[26] deutlich. Bei genauerer Betrachtung lässt sich erkennen, wie an den Rändern einer großen Struktur überall schon wieder dieselbe Struktur im Kleinen entsteht und so alles aus sich entsprechenden Bausteinen aufgebaut ist. Diese Tendenz lässt sich sowohl in die kleine Welt des Mikro- als auch die große des Makrokosmos verfolgen.

SYNCHRONIZITÄT

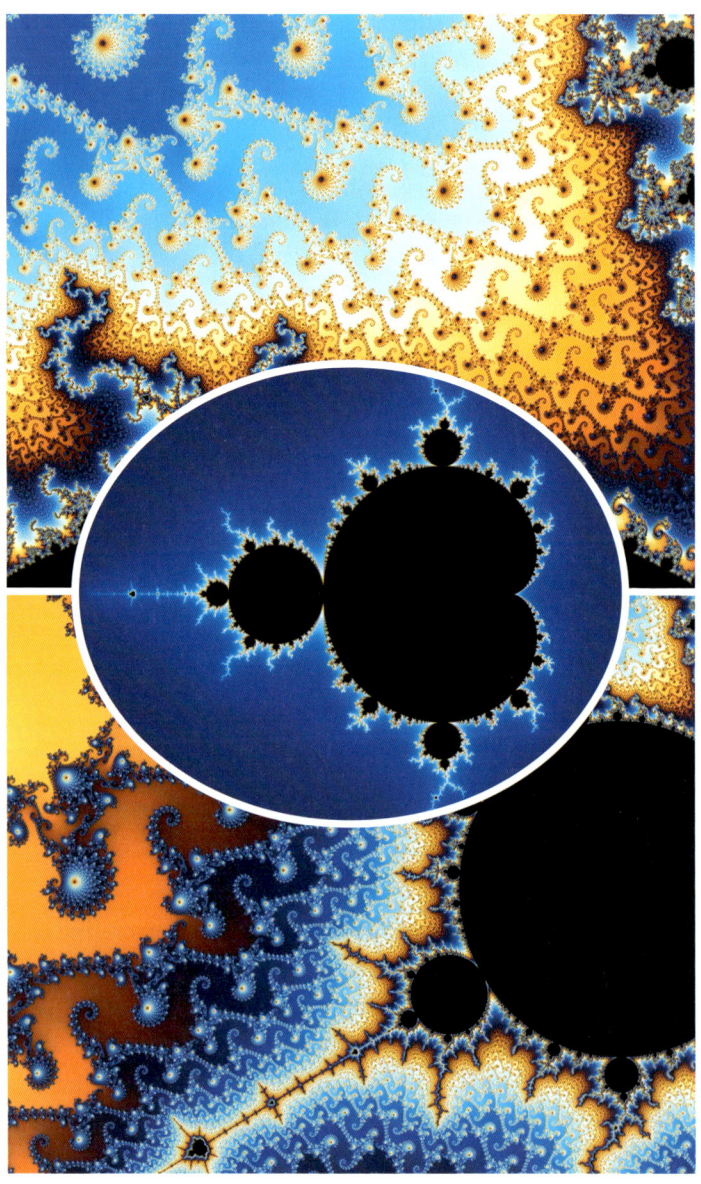

Das Pars-pro-Toto-Prinzip in der Chaosforschung

Staunend hören wir, dass theoretisch der Flügelschlag eines Schmetterlings in einem anderen Teil der Welt einen Wirbelsturm auslösen kann. So mag deutlich werden, dass sich hier nicht nur Erklärungen für Monsterwellen ergeben, sondern sich ein neuer Zugang zu einer uralten Erkenntnis der hermetischen Philosophie eröffnet, die als Pars-pro-Toto-Prinzip bekannt ist.

Alles hängt mit allem zusammen – jederzeit und überall.

Das Pars-pro-Toto-Prinzip *oder* Der Teil und das Ganze

Das Pars-pro-Toto-Gesetz[27] besagt, dass in jedem Teil das Ganze lebt und auch erkannt werden kann. Das einfachste und heute komplett unspektakuläre, weil vom naturwissenschaftlichen Fortschritt eingeholte Beispiel ist die Molekulargenetik. Wer vor hundert Jahren behauptet hätte, in jeder kleinen abgeschilferten Hautzelle sei die Information für den ganzen Menschen enthalten, wäre wohl für verrückt erklärt worden. Heute ist es selbstverständlich, und sprichwörtlich jedes Kind weiß darum. Dass wir in der Ohrmuschel nochmals den ganzen Menschen finden, wissen zumindest die Ohrakupunkteure. Die Fußreflexologen erkennen ihn auf seinen Fußsohlen, Iridologen in der Iris, die Anhänger der tibetischen Medizin spüren ihn im Puls oder sehen ihn auf der Zunge. Andere benutzen Handlinien, Grafologen die Schrift, und wieder andere erkennen doch zumindest an den Händen, wie jemand sein Leben in den Griff bekommt, und an den Füßen, wie er in selbigen steht. Klassische Homöopathen können an einem einzigen speziellen Symptom ein Arzneimittelbild erkennen, in dem sich wiederum der ganze Mensch spiegelt. Einem Numerologen genügt das Geburtsdatum, einem Astrologen Geburtszeit und -ort, Sensitiven reicht oft ein beliebiger Gegenstand, einem Hund ein Schuh. Den meisten aber würde ein Blick ins Wohnzimmer oder in den Bücherschrank genügen, um zu wissen, wer hier wohnt. In einem Menschen spiegelt sich (s)eine ganze Welt wider, in einem Atomkern das ganze Universum. Poetischer sagte es William Blake:

DAS PARS-PRO-TOTO-PRINZIP

> To see a world in a grain of sand
> And a heaven in a wild flower,
> Hold infinity in the palm of your hand
> And eternity in an hour.[28]

Bei genauer Betrachtung wird die enge Verwandtschaft zwischen dem Gesetz des Anfangs und dem Pars-pro-Toto-Prinzip deutlich. Der wichtigste unter den Teilen ist der erste oder Beginn, in dem schon alles liegt. Bei den Scheibchen, in die Wissenschaftler alles zerlegen, enthält das erste schon fast alles. Ein erster Händedruck, ein erster Blick

Den Anfang kennen bedeutet den Verlauf erkennen, den Teil sehen das Ganze verstehen.

sagen so vieles, wenn nicht alles. Der erste aufsteigende Gedanke ist in der Meditation entscheidend und nicht selten auch bei Geschäften.

Aus der Alltagserfahrung wissen wir – inzwischen sogar wissenschaftlich abgesichert –, dass der ganze Apfel schlecht ist, auch wenn er äußerlich nur an einer Ecke faul ist. Ähnliches gilt für schimmeliges Brot.

> Eine praktische Anwendung des Pars-pro-Toto-Prinzips ist die Ohrmassage. Dabei kneten wir nur die Ohren durch, erreichen aber den ganzen Körper und mit der entsprechenden Einstellung sogar die Seele. Das Ohrläppchen entspricht dem Kopf, der äußere Ohrrand der Wirbelsäule, wie es die Abbildung auf der nächsten Seite zeigt.

DAS PARS-PRO-TOTO-PRINZIP

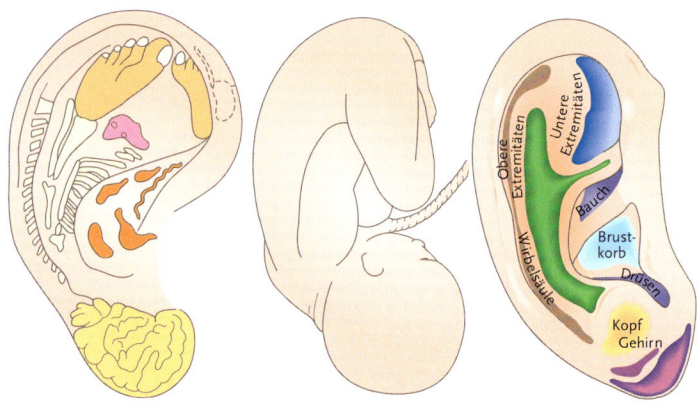

Anwendungen dieses Gesetzes ergeben sich damit in Fülle. Wir können etwa in der Therapie jeden Teil des Organismus auf elegante Art leicht erreichen und beeinflussen, ohne gleich zu operieren. An einem Teil lässt sich der Zustand des Ganzen ablesen wie bei der angefaulten Frucht. Natürlich folgt daraus auch, wie sinnvoll es ist, jeden Teil wahr- und wichtig zu nehmen. Der Volksmund weiß in diesem Zusammenhang: »Eine Kette ist nur so stark wie ihr schwächstes Glied.« Und Christus sagte: »Was du dem geringsten deiner Brüder tust, hast du mir getan.«

In folgendem Text über das Teilchenmeer und die Mitte des Atoms aus meinem Buch *Der Mensch und die Welt sind eins*, der sich aus Erkenntnissen der modernen Physik ergibt, ist das Wort **»Teilchen«** durch das Wort **»Mensch«** ersetzbar. Das zeigt einerseits die große Nähe zwischen der Physik und der Wissenschaft vom Menschen und andererseits eine weitere Pars-pro-Toto- oder vielmehr Mikrokosmos-gleich-Makrokosmos-Beziehung, die selbst Paracelsus, dem »Vater« dieser Gleichung, noch unbekannt war.

DAS PARS-PRO-TOTO-PRINZIP

Jedes **Teilchen** ist in dem vieldimensionalen Muster seine eigene Mitte, und **keines** ist wichtiger als das **andere**. **Alle** hängen zusammen, und **jedes** ist eine Funktion aller **anderen**. **Jedes** existiert durch, mit und in den **anderen**. **Jedes** mag seinen vorübergehenden Platz im großen Muster haben, aber es könnte auch überall sein, an jeden anderen Platz wechseln, ja, in ein anderes **Teilchen** übergehen. Mit jeder solchen Umwandlung geht **es** zugrunde, um als gänzlich **neues** wiederzuentstehen. **Jedes** hat auch seinen Gegenpol, der ihm genau entspricht, nur in allem entgegengesetzt ist. Mit seinem Schatten zusammen ist **es** ein Ganzes und hebt sich in allen Außenwirkungen auf. Immer tritt **es** mit diesem Schatten zusammen auf und kann ihn nie loswerden. Mit ihm hängt **es** noch näher zusammen, als es das mit allen **anderen** ohnehin schon tut. Unter dem Strich betrachtet, ist **es** eigentlich gar kein eigenständiges Wesen, sondern nur denkbar im Zusammenhang mit den **anderen**, die **es** enthält und die **es** enthalten.

Dass jeder Mensch seine eigene Mitte ist, entspricht unserer Erfahrung. Dass keiner wichtiger ist als der andere, machen fortschrittliche Verfassungen zu ihrer Grundlage. Dass wir zusammenhängen und Funktionen voneinander sind, wussten schon die Griechen der Antike, die den Menschen als **Zoon politikon** einstuften, als soziales, sich in der Gemeinschaft handelnd entfaltendes Wesen. Wie sehr wir voneinander abhängen, zeigt die Tatsache, dass Kleinkinder ohne jede Zuwendung sterben. Dass wir ohne sexuellen Kontakt in einer Generation aussterben würden, ist eine Binsenweisheit. Mit und in den anderen zu existieren entspricht jedenfalls der Auffassung archaischer Menschen, die selbstverständlich davon ausgehen, dass unsere Ahnen in uns (weiter)leben, wir sie also ständig dabeihaben. Aber auch moderne Menschen müssen nur vierzig Generationen zurückgehen, und schon sind sie mit allen verwandt. Jeder hat zwei Eltern und vier Großeltern, aber schon acht Urgroßeltern. Gehen wir weiter zurück, sind wir vier Generationen später schon mit sechzehn verwandt und bei fünf mit 32. So geht es dann weiter:

128 – 256 – 512 – 1024 – 2048 – 4096 – 8192 – 16 384 – 32 768 – 65 536 – 131 072 – 262 144 – 524 288 – 1 048 576 – 2 097 152 – 4 194 304 – 8 388 608 – 16 777 216 – 33 554 432 – 67 108 864 – 134 217 728 – 268 435 456 – 536 870 912 – 1 073 741 824 – 2 147 483 648 – 4 294 967 296 – 8 589 934 592

Das heißt, 33 Generationen zurückgerechnet, sind wir alle schon mit 8,5 Milliarden Menschen verwandt, offensichtlich mehr, als es heute auf der Welt gibt. Gehen wir noch zehn weitere Schritte zurück, wären wir theoretisch schon bei über 8700 Milliarden Menschen.

Wir können also sehen, dass wir »ziemlich rasch« mit allen lebenden und schon verstorbenen Menschen verwandt sind. Die Abbildung rechts mag das sinnlich noch deutlicher machen.

Wenn sich jeder Mensch als solch eine Spitze versteht, dann wird die gemeinsame Basis rasch klar. Diese Abbildung können wir auch zum Verständnis unserer Bewusstseinssituation verwenden. Jeder Mensch an seiner Spitze hat natürlich sein eigenes Bewusstsein, aber darunter findet sich schon ein Familienbewusstsein, das von dieser kleinen Gruppe geteilt wird. Wiederum darunter gibt es ein Großfamilien- und darunter eine Art Sippenbewusstsein. Wir brauchen nur einige Ebenen tiefer zu gehen, um bei jener Ebene zu landen, die C. G. Jung »kollektives Unbewusstes« nannte, jenes Bewusstseinsfeld,

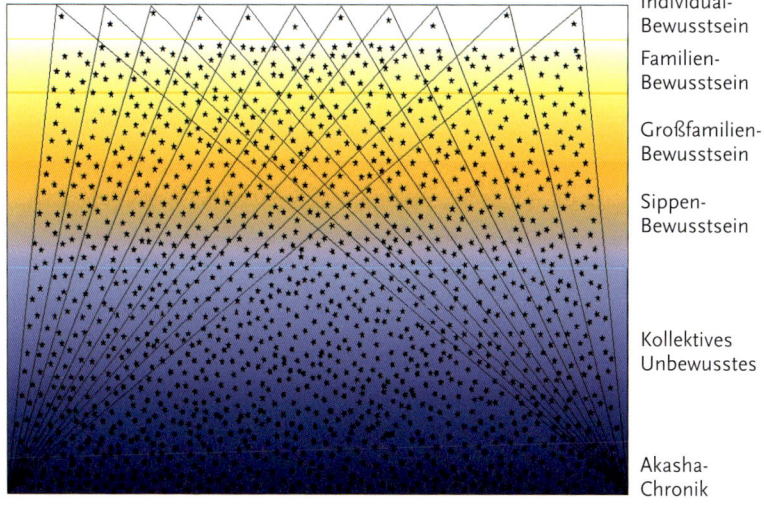

das den Menschen eines Kulturkreises gemeinsam ist. Die Inder gehen einen Schritt weiter beziehungsweise tiefer und sprechen von der sogenannten »Akasha-Chronik«, einem Feld, das alles je Gewusste und noch zu entdeckende Wissen der Schöpfung enthält. Sie haben damit ein unglaublich fortschrittliches Weltbild, jedenfalls vor dem Hintergrund der modernen Physik. Danach sind wir auch auf der Bewusstseinsebene rasch mit allen anderen Menschen verbunden.

Dieser Zusammenhang geht sogar noch weiter und tiefer, denn wir sind offensichtlich mit allem Leben verbunden. Mediziner und Biologen wissen, dass sich die sogenannte Onto- und Phylogenese sehr weitgehend entsprechen. Das heißt, jeder von uns trägt in sich die verschiedensten Entwicklungsstufen unserer Art und wiederholt sie teilweise auch selbst noch einmal. Wir beginnen als Eizelle und damit als Einzeller im Fruchtwasser, das in seiner Zusammensetzung bis heute jenem des Urmeeres zur Zeit des Kambriums entspricht, also als das

DAS PARS-PRO-TOTO-PRINZIP

Leben an Land ging. Wie sehr wir mit den anderen Lebewesen verbunden sind, zeigt ein Blick auf embryonale Frühstadien, die sich noch sehr weitgehend entsprechen.

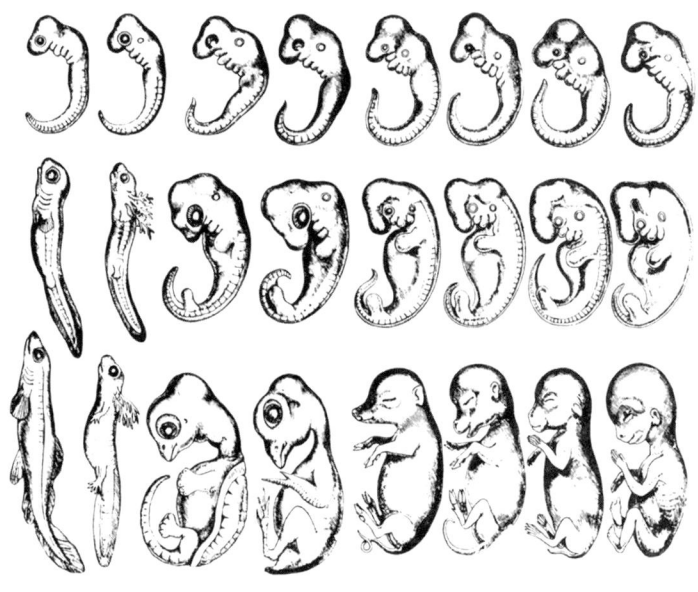

Fisch Salamander Schildkröte Huhn Schwein Kalb Kaninchen Mensch

Bei diesem ersten Landgang vor zirka fünfhundert Millionen Jahren nahm das Leben sich seinen bisherigen Lebensraum, das Wasser, mit – schön sauber in einzelne Zellen verpackt. Das Wasserwesen sieht man uns auch später noch an, denn unsere Behaarung mit ihrer Wirbelbildung ist genau die eines schwimmenden Wassertieres. Kaum geboren beziehungsweise am Festland gelandet, liegen wir auf dem Bauch wie die Reptilien und müssen erst einmal Kraft schöpfen, um uns später in den Vierfüßler- oder Bärengang der Säugetiere hochzuarbeiten und krabbelnd die noch sehr überschaubare Umwelt zu erobern. Schließlich bleibt uns auch die Aufrichtung auf die Hinterbeine nicht erspart. Jeder kleine Erdenbürger muss diesen für die Menschwerdung so entscheidenden Schritt noch einmal selbst (nach)vollziehen. Ohne die Aufrichtung gibt es keine Aufrichtigkeit, die wir von unseren Artgenossen verlangen, was andeuten mag, wie eng Körper und Seele miteinander verbunden sind. Die Tatsache, dass wir den aufrechten Gang lernen müssen, signalisiert, dass wir die Aufrichtigkeit nicht von der Natur geschenkt bekommen, sondern uns erkämpfen müssen – auf körperlicher wie auf geistig-seelischer Ebene.

Dass wir auch jederzeit unseren Platz verlassen und an einen anderen wechseln können, zeigt sich bis heute an mutigen Menschen – solchen, die im Rampenlicht stehen, aber auch solchen, die sich im ganz normalen Alltag mehr oder weniger unbemerkt immer wieder an völlig neue Situationen anpassen müssen. Und die sprichwörtlichen Karrieren vom Tellerwäscher zum Millionär oder dem heute so gefragten Chief Executive Officer (CEO) zeigen dieses generelle Potenzial.

Die Option, gänzlich neu wiedergeboren zu werden, kennen nur wenige Menschen, aber immerhin geben viele an, sie fühlten sich nach bestimmten Ereignissen wie neugeboren. Diejenigen, die spirituelle Befreiung, und sei es nur für gewisse Zeit, gefunden haben, kennen im Übrigen die Erfahrung, sich in jedem Moment ganz neu zu fühlen.

Das Erlebnis des Schattens schließlich ist eines der Kernstücke der Jung'schen Psychologie und der Krankheitsbildertherapie, die sich aus der Reinkarnationstherapie entwickelt hat. Über Jahrzehnte bewährt, bietet diese den einzigen mir bekannten psychotherapeutischen Weg, mit dem eigenen Unbewussten oder eben Schatten wirklich fertig zu werden im Sinne des Durchlichtens, Bewusstmachens und Loslassens. Tatsächlich ist man erst ganz und vollständig, wenn der eigene Schatten ins Bewusstsein integriert ist. Dass die Außenwirkung daraufhin nachlässt, ist schon deshalb logisch, weil durch Schattenintegration die Projektionsleidenschaft aufhört. Mit jeder Projektion aber, die wir zurücknehmen, wobei wir unseren Eigenanteil daran erkennen, fühlen wir uns reicher, verständnis- und liebevoller – eine Erfahrung, die uns hilft, die folgenden Schattenintegrationen jedes Mal ein Stück leichter anzugehen und dem Prozess der Wandlung zu vertrauen.

Wie wenig eigenständig wir sind, zeigt die schon erwähnte Tatsache, dass fast all unsere Programme im Alter von vier bereits feststehen und ausnahmslos von anderen Menschen übernommen sind. Aber auch ganz konkrete Robinsonaden verraten, wie schrecklich es ist, ganz auf sich allein gestellt zu sein. In der modernen Welt der Überfülle mögen viele von der einsamen Insel träumen, aushalten würde sie auf Dauer kaum jemand. Lediglich einige spirituelle Sucher wie christliche Kartäuser, tibetische Mönche in den sogenannten Tigernestern in den Bergen Bhutans und Nepals oder griechisch-orthodoxe Mönche in entsprechenden Einsiedeleien wie den Metéora-Klöstern Griechenlands haben diesen Schritt in die völlige Isolation getan und überstanden. Aber es gelingt ihnen nur, wenn sie in das Bewusstsein der Einheit eintauchen und damit aus der Welt der Polarität aussteigen.

Mikrokosmos gleich Makrokosmos

Die Anwendung des Resonanzgesetzes lässt sich auf verschiedenen Ebenen durchspielen. Es ist letztlich die Anwendung des hermetischen Prinzips »Wie oben, so unten« in verschiedenen Bereichen unserer Welt.

> *Der Mensch in seinem Kern und die Welt aus ihren Kernen entsprechen einander ganz.*

Wir hatten eingangs schon gesehen, dass zwischen Atom und Spiralnebel Resonanz besteht. Aber genauso ließe sie sich zwischen dem Atom und der Zelle oder zwischen der Zelle und der Erde oder zwischen dem Atom und dem Sonnensystem finden, wie auch zwischen Letzterem und der Zelle.

Die Prinzipien, auf die wir bei diesen Vergleichen stoßen, sind immer die gleichen. All die angeführten Strukturen bilden den Tanz um die Mitte ab, der uns in der Grundstruktur des Mandalas begegnet ist. Es handelt sich dabei im Wesentlichen um leeren Raum, in dem sich viel Energie und wenig Materie um eine Mitte kreisend bewegen, wobei sich die Materie vor allem im Zentrum sammelt. Ob wir durch den leeren Raum des Weltalls reisen oder durch den des Atoms, wir werden nur selten auf Materie stoßen, überall aber auf die Kräfte, die den Raum zum Tanz um die Mitte strukturieren.

Paracelsus hat diese Analogie in der bekanntesten Form beschrieben, nämlich zwischen Mikrokosmos Körper und Makrokosmos Erde. Heute haben wir dank der Naturwissenschaft noch ungleich bessere Möglichkeiten, diese Analogie bis in

Einzelheiten zu beschreiben. Der Wissenschaftsfilm »Zehn Hoch«[29] verbindet die Reise ins Weltall mit der in den Atomkern zu einer wundervollen Erfahrung von Mikro- und Makrokosmos. Paracelsus ließ sich noch ganz vom Analogiedenken leiten. Er ging davon aus, dass ein Arzt aus der Umgebung des Patienten dessen Krankheitsbild erschließen könne, wie sich auch umgekehrt aus dem Krankheitsbild die Umgebung ergäbe.

Bewusstsein, Gleichgewichte und Lebendigkeit

Wenn wir Mensch und Erde vor diesem Hintergrund vergleichen, stellt sich sogleich die Frage nach Bewusstsein und Lebendigkeit. Dass der Planet Erde Bewusstsein haben muss, ergibt sich eigentlich schon aus der Tatsache seiner Stabilität. Wo das Bewusstsein und mit ihm der Inhalt verloren geht, zerfällt auch die Form, wie beim Thema »Bewusstsein und Materie«

gezeigt wurde. Tatsächlich können Himmelskörper zerfallen, wie Reste etwa im Asteroidengürtel belegen.

Die Erkenntnis, dass die Erde ein Lebewesen ist, verdanken wir im Westen den ersten Bildern, die Astro- und Kosmonauten von ihr machten, und James Lovelock, der als erster Wissenschaftler die Gaia-Hypothese formulierte, die der Erde ein »eigenes« Leben zuerkennt (nach dem griechische *guia, ge* für »Erde«). Biologen gehen davon aus, dass Gleichgewichte das Leben ausmachen, die unter Energieverbrauch aufrechterhalten werden. In unserem Körper kennen wir eine Fülle solcher Gleichgewichte von jenem der Temperatur über das der Blutzusammensetzung bis zum Säure-Basen-Gleichgewicht. Noch jede Zelle muss unter Energieverbrauch für ein Ionengleichgewicht sorgen, damit sie wie ein kleiner Akku ihre Spannung erhalten und ihre vielfältigen Aufgaben erfüllen kann.

> *Ob Welt- oder Atom-All – überall Leere und Energie.*

Die heutige Erde erhält mindestens so viele Gleichgewichte aufrecht. Ursprünglich gab es auf ihr keinen Sauerstoff. Bakterien begannen als Erste mit dessen Produktion, und allmählich eroberte er im Gefolge der grünen Pflanzen die Erde. Schließlich war es wohl so viel, dass er in den Weltraum aufstieg und dort in der Auseinandersetzung mit der kosmischen Strahlung die Ozonschicht bildete. Warum aber begann dieser Prozess der Abwanderung nach oben genau bei zwanzig Prozent Sauerstoffgehalt der Atmosphäre, genau in jenem Bereich, in dem große Säugetiere wie auch Menschen gut atmen können? Hätten wir nur halb so viel, also zehn Prozent Sauerstoffanteil, wäre unser Leben mehr als beschwerlich, und größere Insekten könnten nicht mehr fliegen. Hätten wir andererseits doppelt so viel, also vierzig Prozent, würde ein Blitz ausreichen, die Welt abzufackeln, selbst grüne Pflanzen würden Feuer fangen. Wir können also von Glück sagen, dass sich bei zwanzig Prozent Sauerstoff, 79 Prozent Stickstoff und einem Prozent Edelgase jenes Gleichgewicht eingependelt hat, das unser Leben auf diesem Planeten möglich macht.

Auch das Temperaturgleichgewicht zwischen plus zehn und plus vierzig Grad, das unser Leben erträglich macht und das den überwiegenden Teil der Erdoberfläche bestimmt, ist nicht selbstverständlich. Der Mond mit seinen täglichen Extremen von fast dreihundert Grad zwischen Licht- und Schattenseite wäre kein so gemütlicher Ort für uns.

Das Leben kommt aus dem Wasser, genauer aus dem Urmeer, wo es sich über Jahrmillionen entwickeln konnte. Dafür war ein Gleichgewicht der Salzkonzentration notwendig. Tatsächlich müsste sich aber die Salzkonzentration durch das Einschwemmen weiterer Salze aus den Flüssen alle zwölf Millionen Jahre verdoppeln. Da wäre bald die Konzentration des »Toten Meeres« erreicht, in dem man zwar sitzen und Zeitung lesen kann, das aber – nomen est omen – tot ist. Zu wenig und zu viel Salz verhindern Leben, wir brauchen genau das rechte Maß und haben es, auch wenn die Erklärungsmodelle sehr okkult anmuten. Die Meeresbiologen sagen lapidar, die Tiere und Pflanzen des Meeres verleiben sich gerade immer die richtige Menge ein, sodass das Gleichgewicht stabil bleibt. Da fragt man sich schon, woher der einzelne Hering x und die Alge y wissen soll, wie viel richtig ist, oder woher eine übergeordnete Instanz wissen soll, wie viele Heringe und Algen richtig sind.

Und auch der Abstand zwischen Erde und Mond schwankt mit jener geringen Bandbreite in einem Gleichgewicht, das uns die Gezeiten und die Rhythmik auf Erden beschert. Wäre die Schwankung größer, hätten wir riesige Flutwellen im Wechsel von Ebbe und Flut, wäre sie geringer, fehlte uns der Rhythmus.

Das für rational ausgerichtete Menschen wahrscheinlich verblüffendste Balancesystem ist das der Ausgeglichenheit der Geschlechter bei den menschlichen Nachkommen. Dass es auf etwa fünfzig Prozent Frauen und fünfzig Prozent Männer hinausläuft, erklärt sich aus den Mendel'schen Erbgesetzen und ist vielleicht nicht weiter verwunderlich. Aber dass sich nach den beiden Weltkriegen, die so viel mehr Männer das Leben gekostet hatten, deren Zahl bei den Nachkommen signifikant erhöhte, bringt auch Statistiker zum Staunen. Wie wüsste Gaia, unsere Erde, um das entstandene Ungleichgewicht, wenn sie kein Bewusstsein und kein Leben hätte?

> *Die Erde lebt – wir könnten sie entsprechend behandeln!*

Ein Biologe sagte unter dem Eindruck dieser Faktenlage, die Wahrscheinlichkeit, dass all diese für unser (Über-)Leben so wichtigen Gleichgewichte sich zufällig am exakt für uns richtigen Punkt eingestellt haben, ist so groß wie jene, dass ein Wirbelsturm, der durch einen Autofriedhof pfeift, dabei einen Jumbojet zusammenbläst.

Polarität in Mikro- und Makrokosmos

Das Thema Polarität zeigt sich natürlich in Mikrokosmos Körper und Makrokosmos Welt gleichermaßen. Unsere Taille entspricht dabei dem Äquator der Erde. Der obere Teil beziehungsweise die Nordhalbkugel ist der archetypisch männliche, der untere beziehungsweise die Südhalbkugel der weibliche. Wie beim Tai-Chi-Symbol gehört ein schwarzer Punkt ins weiße Yang-Feld, bei uns wären es die weiblichen Brüste im männlichen Oberkörper, und ein weißer Punkt im Yin-Feld, in diesem Fall der männliche Penis im archetypisch weiblichen Unterleib.

Die Polung von Mensch und Erde ist zu Beginn menschlichen Lebens völlig identisch, denn da hat die befruchtete Eizelle ebenfalls Kugelform und bietet mit ihren messbaren Feldlinien dasselbe Muster wie die Erde in ihrem elektromagnetischen Feld, wie es die Wissenschaft schon lange kennt.

Das Problem bei dieser Polung ist die menschliche Wertung, die inzwischen den archetypisch männlichen oberen Pol weit über den unteren weiblichen stellt. Die geschlechtsspezifischen Adjektive sind hier natürlich jeweils im archetypischen Sinn gemeint. Was unseren Körper angeht, wird das schon in

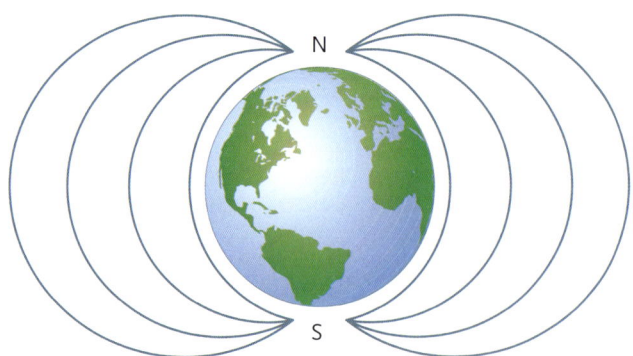

Porträt unserer großen Welt

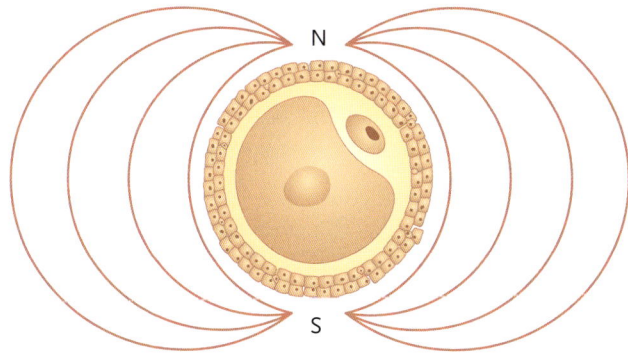

Porträt unserer kleinen Welt des Anfangs

der Sprache deut-lich. Wir ermuntern uns mit »Kopf hoch!« oder »Nur ja nicht unterkriegen lassen«. Stattdessen wollen wir hoch hinaus, und alles »unter der Gürtellinie« gilt uns als unfair. Wir schätzen einen brillanten Kopf mit sonnenhellem Verstand. Von einem »exzellenten Becken« mit »Super-Eierstöcken« hört man hingegen nichts. Mit dem hellen Kopf lässt sich viel Geld und Ehre erwerben, mit dem breiten Becken höchstens auf »anrüchige« Art und Weise. Die schleimig-schmierige Unterwelt des Körpers, übrigens auch der Gesellschaft, ist uns verdächtig, obwohl wir natürlich wissen, dass das Leben von dort kommt. Verschiedenen Indianervölkern ist der Schleim deshalb heilig.

Auf der Erde finden wir diese Wertung im Nord-Süd-Gefälle wieder. So wie der Kopf weit höher bewertet wird als das Becken und den ganzen Körper seinem Regime unterwirft, dominiert in der Welt der reiche Norden den ärmeren Süden.

Die »Lichtbilder«, die aus dem Weltraum aufgenommen wurden, zeigen den Elektrizitätsverbrauch der verschiedenen Erdregionen. Im reichen Norden kann man es sich leisten,

Licht-Dunkel-Polarität zwischen Nord- und Südamerika

mehr Licht zu machen als im armen Süden. Besonders deutlich wird es zwischen dem hellen Nord- und dem dunklen Südamerika. Selbst die Punkte des Tai-Chi-Symbols werden sichtbar in den hellen reichen Metropolen Brasiliens wie Rio de Janeiro und São Paulo, die dunklen in den Slums der nordamerikanischen Großstädte. Aber auch das helle reiche Europa steht über dem armen und dunklen Schwarzafrika und dominiert es entsprechend. Den hellen Punkt in Afrika bildet das reiche, lange Zeit weiß dominierte Südafrika mit Johannesburg und Kapstadt, der dunkle ist in den Armutsgegenden von London und Marseille zu finden.

POLARITÄT IN MIKRO- UND MAKROKOSMOS

Licht-Dunkel-Polarität zwischen Europa und Afrika

Auch die unfairen Wirtschaftsbeziehungen zwischen Erster und Dritter, reicher und armer Welt machen das Ungleichgewicht deut-lich. Wie im Körper, wo der Kopf alles produziert, was Geld und Anerkennung bringt, während der Unterleib unter anderem für die Produktion von Nachwuchs »verantwortlich« ist, schaffen die armen Länder des Südens den Nachschub an Nahrung, Bodenschätzen und vor allem an Kindern. Aus ihrer Abhängigkeit kommen sie aber nie heraus, denn sollten sie mehr produzieren, senkt der Norden einfach die Preise für ihre Güter. In einer ähnlichen Falle steckt unser Becken, dessen Ansprüche an Bewegung, Sinnenfreuden und Fruchtbarkeit von vielen westlichen Menschen so weit negiert werden, dass es quasi nur noch der Befestigung der Beine dienen darf.

Als würden sie es ahnen, haben Politiker auf beiden Ebenen eine Art Almosen oder Trostpflaster eingeführt: auf der individuellen Ebene das Kindergeld, auf der Nationenebene die Entwicklungshilfe. Beides ist von lächerlich geringem Ausmaß, insbesondere bei den Ländern, die es sich leisten könnten, großzügig zu sein, wie die USA oder Deutschland. Oft wird es noch für militärische (etwa von den USA) oder wirtschaftliche (von der BRD) Einflussnahme missbraucht und würde besser als Militär- und Wirtschaftshilfe firmieren, die beide im Effekt meist das genaue Gegenteil von Entwicklungshilfe bewirken. Letztlich würde sich das aktuelle Tai-Chi-Symbol der Welt ziemlich deformiert darstellen. Die Polung ist also zwischen Mikrokosmos Körper und Makrokosmos Welt gleich, ebenso aber auch das entstandene Ungleichgewicht.

> *Wir verbiegen uns und unsere Welt in dieselbe Richtung, was niemandem nützt und allen schadet.*

Die Elemente und Organsysteme in Mikro- und Makrokosmos

Auf der materiellen Ebene besteht alles auf diesem Planeten aus den achtzig stabilen Elementen des Periodensystems nach dem russischen Chemiker Dmitri I. Mendelejew, das sich heute in jedem Chemiegrundlehrbuch findet. In unserem Körper hat die Wissenschaft bisher die meisten davon ebenfalls entdeckt. Natürlich gibt es von den seltenen nur sehr wenig, und so wird es dauern, bis Spuren davon ebenfalls im Körper nachgewiesen werden. Im Prinzip aber sind die materiellen Bestandteile auf beiden Ebenen identisch.

Auch was die Verteilung der klassischen vier Elemente angeht, sind die Entsprechungen deutlich. Am Anfang unseres Lebens besteht unser Körper überwiegend aus Wasser, am Ende immer noch zu mehr als zwei Dritteln. Zu Beginn war die Erde weitgehend von Wasser bedeckt, bis sich die Kontinentalschollen herausbildeten. Heute machen Ozeane immer noch mehr als zwei Drittel ihrer Oberfläche aus. So wie wir Wasserwesen sind, ist sie ein Wasserplanet. Das Erdelement bildet die Kontinente, die aber nur aus einer dünnen Kruste bestehen, so wie unsere Knochen nur ein sehr feines Gerüst bilden.

> *Erde in den Knochen, Wind unter den (Lungen-)Flügeln, Feuer im Herzen, bestehen wir vor allem aus Wasser. Wie wir ein luftig-feurig-irdisches Wasserwesen, ist die Erde ein ebensolcher Wasserplanet.*

Das Feuerelement ist im Körper durch das rote und manchmal heiße Herz vertreten und das Blut, das es als Energieträger aussendet. Im Organismus der Erde entsprechen ihm der glühende Eisenkern im Erdinneren, von dem Wissenschaftler ausgehen, und alle Vulkanaktivitäten und Erdbeben erinnern uns an das Feuer im Innern. In Analogie finden sich »Ausbrüche« auch bei Menschen, wenn das heiße Herz sie mitreißt und das Feuer der Begeisterung sie packt. Das Luftelement schließlich ist für Körper und Erde völlig identisch, denn die Luft, die wir in unsere Lungenflügel holen, stammt aus der Atmosphäre, die unseren Heimatplaneten umgibt.

Die Lungenfunktion

Betrachten wir einzelne Organsysteme, fällt schon von der Signatur her die strukturelle Ähnlichkeit zwischen Lungen- oder Bronchialbaum und den grünen Bäumen der Erde auf.

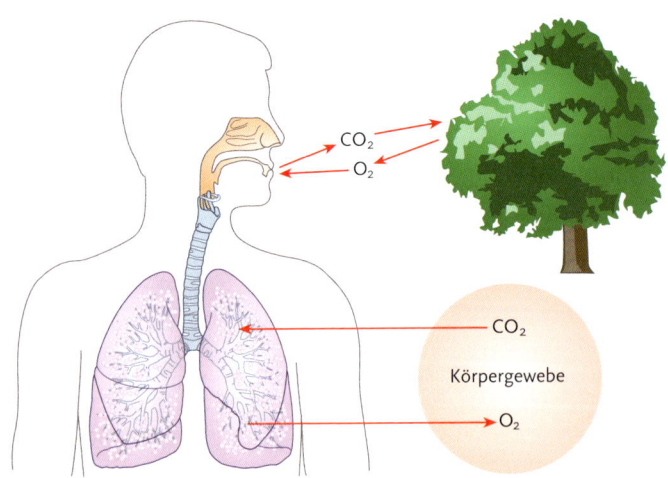

Wir haben in unserer Lunge eine Art »umgekehrten Baum«, dessen Wurzeln bis in Mund und Nase reichen, sein Stamm ist die Luftröhre, seine Bronchialäste teilen sich in die beiden Lungenflügel, die von den Bronchien wie von Ästen und Zweigen durchzogen werden. Die Lungenbläschen sind als die »Blätter« des Baums für den Gasaustausch zuständig und von der Natur nach demselben Prinzip der Oberflächenvergrößerung gestaltet. Auch die Funktionen stimmen überein. Die Blätter und die Alveolen der Lungenbläschen nehmen beide aus ihrer Umgebung Kohlendioxid auf und geben Sauerstoff an sie ab – die Blätter im Austausch mit der Luft, die Bläschen mit dem Blut.

So sind wir mit der grünen Vegetation in ständigem Austausch verbunden. Tagsüber nehmen die Pflanzen von uns, den Tieren und unseren Maschinen und Aktionen produziertes Kohlendioxid auf und machen daraus durch Fotosynthese jenen Sauerstoff, den wir wieder einatmen und für unsere Lebens- beziehungsweise Verbrennungsprozesse (Oxidation) (ver)brauchen. Nachts nutzen allerdings auch Pflanzen in Ermangelung von Sonnenlicht Sauerstoff, weswegen man sie beispielsweise aus Krankenzimmern entfernen sollte.

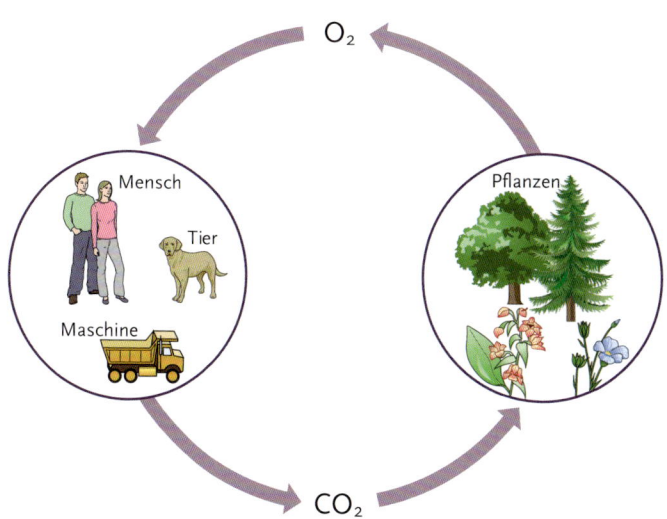

Was passieren wird, wenn wir ständig den Sauerstoff verbrauchenden und Kohlendioxid (CO_2) produzierenden Anteil auf der Erde erhöhen, ist hinlänglich bekannt: Daraus ergeben sich wohl nicht nur Treibhauseffekt und Klimakatastrophe, sondern sehr wahrscheinlich trägt diese Entwicklung auch zur Vergrößerung des Ozonlochs bei. Auf der Erde spiegelt sich das wachsende Ungleichgewicht in zunehmender Ver-wüstung und Entwaldung wider.

Der Stoffwechsel

Auf der Stoffwechselebene finden wir Anzeichen von Übersäuerung auf beiden Ebenen. Säure ist archetypisch »männlich«. Sie gibt Protonen ab, worin ihre Aggressivität liegt. Der Organismus ist inzwischen bei fast allen Menschen der modernen Welt im wahrsten Sinne des Wortes bis an die Schmerzgrenze und oft auch schon darüber hinaus übersäuert. Das Blut wird bis zum Schluss im Gleichgewicht gehalten, aber in den größeren Wasserkontingenten der Zellen und dem Zwischenzellraum lässt das moderne Leben mit seinem Stress den pH-Wert und mit ihm die Lebensfreude sinken. Erst das gequälte Endergebnis wird uns bewusst, wenn jeder Schritt wehtut und das Leben zur Qual verkommt.

Wie sauer die Menschen seelisch werden, wird besonders in den wachsenden Großstädten spürbar. Wer sich in der morgendlichen Rushhour, die sich immer mehr in den Tag hineinfrisst, ins Verkehrsgetümmel wagt, kann beim Versuch, die Spur zu wechseln, saure, missgünstige Mitmenschen erleben. Ähnlich kann es einem ergehen, wenn man sich in die schon volle U-Bahn zwängt. Messbar wird die zunehmende Bissigkeit der Menschen an ihren Hunden. Statistiken machen klar, wie sehr sie den Gemütszustand von Herr- und Frauchen spiegeln. Allerdings werden sie tatsächlich bissig, während ihre Besitzer das Thema offensichtlich eher auf die seelische Ebene verlegen.

> *Unsere Welt und unsere Hunde zeigen uns, wie sauer wir selbst schon sind.*

Die Übersäuerung unserer Umwelt ist schon seit Jahrzehnten ähnlich deutlich. Sogar Politiker sprechen längst von saurem Regen und Übersäuerung der Böden durch den enormen Output der Industrie allein an Schwefelsäure. Das Waldsterben wird darauf zurückgeführt, einer unserer tragischen Beiträge zur weltweiten Zurückdrängung des weiblichen Pols.

Die Verdauung

Statt der alten Devise zufolge »nach dem Essen zu ruhn oder tausend Schritte zu tun«, geht es heute für viele nach dem Fast Food oder Stehimbiss gleich zurück an den Schreibtisch zu weiterer (Kopf-)Arbeit. Wir essen immer schneller immer mehr immer Unverdaulicheres. Statt einer Mahl-Zeit im ursprünglichen Sinn, bei der wir mit unseren Mühlenzähnen oder Molaren überwiegend Getreide mahlten, halten die meisten heute Schling-Zeit, bei der sie für menschliche Verdauungssysteme auf die Dauer ungeeignete Fleischlappen vertilgen. Moderne Ernährung läuft auf unbekömmliche Eiweiß- und Fettmast hinaus. Aber selbst die Kohlenhydrate sind, weil meist hoch raffiniert, inzwischen ungeeignet und fördern ihrerseits eine nie dagewesene Fettsuchtorgie mit Diabetes-II-Anreicherung. Allein mit den für das Übergewicht der Deutschen verantwortlichen Nahrungsmitteln ließe sich – rein kalorisch – wohl der Hunger in der Dritten Welt für eine ganze Weile stillen.

Im Makrokosmos haben wir eine analoge Situation geschaffen. Statt der alten Dreifelderwirtschaft mit Fruchtwechsel pressen wir in Treibhäusern und mittels Kunstdünger mehrere Ernten pro Saison aus der, was Spurenelemente und Vitamine angeht, immer ausgelaugteren Erde. Da wir Letztere über die Kunstdüngerwirtschaft, die jeweils nur die Hauptbestandteile für die Nahrung ersetzen, nicht zurückgeben, verarmen die Böden und wir mit ihnen. Viele Menschen sind heute schon ähnlich ausgelaugt wie die Lebensmittel, die entsprechende Böden gerade noch hergeben.

Verstopft wie unsere Straßen, gleichen wir dem Verdauungssystem der Erde, das unter der Fülle unserer unverdaulichen Maßnahmen wie unter unserer Vielzahl leidet.

Andererseits nehmen wir immer mehr Schadstoffe wie Schwermetalle auf, die sich in unseren Geweben ablagern. Analog wird die Erde mit Stoffen belastet, mit denen sie nicht wirklich fertig werden kann. Allein an der Halbwertszeit radioaktiver Abfälle ließe sich ablesen, wie lange die Erde braucht, um auch nur die Hälfte der Ladung zu entschärfen. Insofern ist es nicht verwunderlich, wenn Menschen in zunehmendem Maße über Verstopfung klagen und die Erde ebenso darunter leidet: Was wir uns und ihr zumuten, ist weitgehend unverdaulich. Für beide Ebenen wären regelmäßige Fastenzeiten die ideale Kur. Ich staune immer wieder über die verblüffenden Regenerationsfähigkeiten des menschlichen Organismus beim Fasten im Hinblick auf viele der hier angesprochenen Probleme. Verstopfung und Übersäuerung sind da nur Beispiele. Auch von der Erde ist Entsprechendes bekannt. Sobald wir nur einmal aufhören, die natürlichen Systeme zu überfordern, erholen sie sich in verblüffend kurzer Zeit und in bewundernswerter Weise von ganz allein.

Der Kreislauf

Ähnlich lässt sich auch die Situation des Kreislaufs auf beiden Ebenen vergleichen. Mäanderten früher die Flüsse in weiten Schleifen gemächlich durchs Land und fanden genug Gelegenheit, ihre Wasser zu regenerieren, sind sie heute eingedämmt, zum Teil sogar in Betonwände gezwängt oder ganz verlegt worden. Ihre Fließgeschwindigkeit ist nun viel höher, wodurch sie sogar Strom produzieren können. Besser schiffbar geworden, brauchen sie nicht mehr annähernd so viel Platz, können unsere Abwässer aufnehmen, aber ihr Wasser kann nicht mehr regenerieren.

In einer ähnlichen Situation sind die Gefäße moderner Wohlstandsbürger, die inzwischen nachweislich schon nach der Pubertät zu verkalken beginnen, was sie mit der Zeit so einzwängt, dass die Fließgeschwindigkeit des Blutes und der Druck steigen. So können sie unter Hochdruck mehr leisten, eines der vorrangigen Ziele der Leistungsgesellschaft, aber der Organismus verbraucht sich viel rascher, was in Schlaganfälle und Herzinfarkte mündet. Lediglich die undeklarierte, aber große Widerstandsgruppe der Niederdruckpatient(inn)en macht dabei nicht mit. Ihre oft im Sinne von Krampfadern übertriebenen Venen werden zur Karikatur des alten Bildes gemütlich mäandernder Flüsse und ihres beschaulichen Fließens.

Im Fließen des Flusses erkannte der Fährmann Vasudeva das Fließende im eigenen Wesen. Er lehrte es Siddhartha, der es uns lehrt.

Moderne Menschen reagieren, wo die natürlichen Mechanismen der Regeneration unter der Überlastung zusammenbrechen, mit dem Bau von Kläranlagen. Diese werden, beim

Menschen angewandt, »künstliche Nieren« genannt, können aber ganz offensichtlich die fehlenden oder nicht funktionierenden natürlichen keineswegs ersetzen. Ähnliches gilt leider für den Makrokosmos.

Auf einer anderen Ebene wird das noch klarer und spürbarer. Nichts ist geschmacklich mit frischem Wasser aus natürlichen Quellen zu vergleichen, schon gar nicht jenes chemisch aufbereitete sogenannte »Trinkwasser« aus großen Seen und Flüssen, das moderne Wasserwerke oft liefern. Stellen wir uns nun noch vor, wir müssten – wie heute bei älteren Menschen schon üblich, deren Blut mit Markumar und ASS-Präparaten verflüssigt wird – Entsprechendes im Makrokosmos tun und Chemie in die Bäche und Flüsse schütten, um deren weiteres Fließen zu gewährleisten ...

Die Abwehr von Mensch und Erde

Von Allergien sind zunehmend mehr Menschen betroffen: Die Abwehrkraft wird schlechter, wobei ihr die Schulmedizin durch Impfungen und Antibiotika unter die Arme zu greifen glaubt, damit aber eher das Gegenteil erreicht. Doch wie gesagt erhöht sich die Wahrscheinlichkeit, später an einer Allergie zu erkranken, um über fünfzig Prozent, wenn einem Kind in den ersten zwei Lebensjahren eine einzige Antibiotikakur verpasst wird. Das Ignorieren dieser Erkenntnis führt zu einer immer schlechter werdenden Abwehrlage schon im Kindesalter bei andererseits zunehmender Aufrüstung des Immunsystems gegen körperlich völlig harmlose Symbole im Rahmen von Allergien. Würden wir die Auswirkungen schulmedizinischer Vielfachimpfungen genauer untersuchen, kämen wir garantiert zu ähnlich deprimierenden Ergebnissen.

Letztlich haben wir ein Abwehrdesaster angerichtet. Die Infektionskrankheiten sind keineswegs besiegt, es kommen immer mehr von der Schulmedizin unbeherrschbare Allergien hinzu, und auch die Zahl der Autoaggressionserkrankungen steigt, etwa die autoimmune Schilddrüsenentzündung, die der japanische Arzt Hakaru Hashimoto im Jahr 1912 als Erster beschrieb. Betrachten wir bei Aids und den Leukämien die Abwehrsituation im Schlussstadium, mag das Elend noch deutlicher werden.

Auch auf der makrokosmischen Ebene sind wir enorm hochgerüstet, wie ein Blick auf die Waffenarsenale der Nationen zeigt. Andererseits machen wir unsere Erde aber immer schutzloser, ruinieren ihre Abgrenzung zum Weltraum in Gestalt der Ozonschicht, bringen mit dem Klima ihre Selbstregulation durcheinander, laugen ihre Böden aus – und so weiter, und so fort.

Bei der Erde haben wir das ebenfalls lange geflissentlich übersehen. Jetzt allerdings beginnen sich auf verschiedenen Ebenen jene Horrorszenarien abzuzeichnen, vor denen Bücher wie *Woran krankt die Welt?* schon lange gewarnt haben. Das Geldsystem kracht, und die Wirtschaft bricht in die Knie, die Ökogleichgewichte wanken. Noch aber macht zum Beispiel das unsägliche Kartell aus Pharmaindustrie und Schulmedizin weiter, als sei nichts geschehen. Hier bahnt sich wie schon angedeutet eine weitere große Krise an, bei der es nicht mehr nur um viel Geld, sondern auch um viele Menschenleben geht.

> *Wer sich vom Leben erregen lässt, ist vor Erregern sicher. Wer – ob Mensch oder Nation – die wirklichen Herausforderungen angeht, braucht weder Stellvertreterkriege noch Allergien.*

Weitere Analogien ließen sich zwischen den Organsystemen und dem Ökosystem der Erde herstellen. Betrachten wir beispielsweise die Funktion der Entgiftung – beim Menschen eine Hauptaufgabe der Leber –, finden wir wiederum Gemeinsamkeiten. Menschliches Gewebe ist von nicht zu verarbeitenden Schwermetallen ebenso überfordert wie das der Erde von »unverrottbarem« Plastikmüll. Das rechte Maß, ein besonderes Anliegen der Leber, ist auf beiden Ebenen verloren gegangen.

Ausschlaggebend für das Zusammenleben von Mikrokosmos Mensch und Makrokosmos Erde wird nicht nur sein, dass eine entscheidende Mehrheit noch rechtzeitig verstanden hat: Wir sind zum Krebs der Welt geworden. **Sondern dass auch entsprechende Maßnahmen ergriffen werden.** Was »gutartig« mit den ersten Menschen begann, die sich noch mehr als Opfer der Natur und ihrer gefährlichen Raubtiere fühlen mussten, ist mittlerweile in Richtung Entartung eskaliert. Inzwischen haben wir uns längst zu den Herren des Planeten aufgeschwungen, gehen dabei aber zu weit und über seine und damit unsere Möglichkeiten hinaus.

Das Bild des gemächlich mäandernden Flusses könnte uns einer Lösung näherbringen im Hinblick auf die Richtung, die gesunde Entwicklungen brauchen. Weder scheint es Sinn zu machen, pfeilgerade dahinzuschießen, nur das Ziel im Auge wie die Gerade als Symbol der männlich dominierten Zeit, noch ist es auf die Dauer vertretbar, sich nur im Kreise zu drehen, wie es archaische Kulturen taten.

Und damit kommen wir zu einer weiteren Gesetzmäßigkeit: Die Spirale als Verbindung beider Symbole dürfte die Lösung sein. Sie hat Richtung wie die Gerade, integriert aber auch die Kreisform und das Kreisen um die eigene Mitte. Es gibt Fortschritt mit ihr, aber dieser bleibt bezogen auf die Mitte. Außer-

dem kommt sie an allen möglichen wichtigen Momenten in Mikrokosmos Körper und Makrokosmos Welt zum Tragen: von der Struktur der DNS des Erbguts bis zur Spiralnebelform der Galaxie, aber auch in den Blasenkammern der Physiker, jenen Teilchendetektoren, die die Spuren von geladenen Elementarteilchen sichtbar machen, und wenn die Seele sich bei der Empfängnis dem Körper nähert oder auch sich im Tod wieder von ihm löst. Wo immer wir eine Gerade sehen, ist in Wirklichkeit eher eine Kurve und manchmal eine Spirale im Spiel. Zum Beispiel kommt das Licht von der Sonne in einer Spiralbewegung zur Erde. Diese Form würde auch der östlichen Weisheit »Der Weg ist das Ziel« am besten gerecht.

> *Ziele bestimmen Wege, der gerade ist oft nicht der beste. Östliche Weisheit folgt dem Sonnenlicht: Wer es eilig hat, mache einen Umweg!*

Würden wir mehrheitlich die Erde als lebenden Organismus mit Bewusstsein begreifen, wozu alle Grundlagen vorhanden sind, hätten beide – Mensch und Planet – bessere Chancen, **denn was wir der Erde antun, tun wir uns an.** Da wir mit allem in Resonanz sind, können wir diese Erkenntnis ausdehnen auf die ganze Schöpfung und landen ein weiteres Mal bei dem wundervollen Christus-Satz »Was du dem geringsten deiner Brüder tust, hast du mir getan«.

Morphogenetische Felder

Der von dem englischen Biologen Rupert Sheldrake eingeführte Begriff »morphogenetische Felder« bezeichnet gestalt- beziehungsweise formgebende Phänomene, die keinerlei materielle und noch nicht einmal eine elektromagnetische beziehungsweise energetische Basis haben. Sie sind (bisher) nicht messbar, aber überall erkennbar, sofern man seine Augen und sein Bewusstsein für sie öffnet. Sheldrake kam zu seiner Felder-Hypothese, weil er die Biologie wissenschaftlich begriff und ihren Unstimmigkeiten nachging, statt diese unter den Tisch zu kehren. Insofern ähnelt sein Vorgehen dem der Physiker, die ihr schönes, altes, festgefügtes Weltbild selbst ruinierten – eben wegen **kleiner** Unstimmigkeiten.

In der echten Naturwissenschaft hebt die Ausnahme die Regel auf, statt sie zu bestätigen.

Eine Anekdote mag das illustrieren: Als der große irische Physiker William Thomson, der spätere Lord Kelvin, von einem Studenten gefragt wurde, ob es überhaupt noch lohne, Physik zu studieren, soll er geantwortet haben: Nein, die wesentlichen Fragen seien geklärt, und wegen der einen kleinen Unstimmigkeit lohne es sich nicht. An dieser kleinen Unstimmigkeit aber ging dann die ganze alte Physik in die Brüche, und die neue Welt der Quanten tat sich auf – ohne Kausalität und mit Synchronizität.

Solcher Mut lag Biologen und Medizinern in der Vergangenheit fern. Während in den echten Naturwissenschaften die Ausnahme die Regel erledigt, muss sie diese in der Medizin wie im Sprichwort bestätigen. Kleine, mittlere und sogar größere Unstimmigkeiten werden routiniert unter den Tisch gekehrt, wenn sie anfangen, die Lehrmeinung zu stören.

Wo Physikern eben der erste echte schwarze Schwan die Hypothese von den weißen Schwänen ruiniert, würde er in Biologie und Medizin ignoriert und sein Entdecker zum schwarzen Schaf erklärt.

Die Entstehung von Feldern

Eins der Beispiele, die Sheldrake wissenschaftlicher anging als seine Vorgänger, sei hier erwähnt: Es geht um die Arbeit des Harvard-Forschers William McDougall, der in den zwanziger Jahren die Fähigkeit von Ratten untersucht hatte, aus einem Labyrinth herauszufinden. Er hatte festgestellt, dass die Nachkommen von Ratten, die das Labyrinth kannten, schneller hindurchkamen. Es begann mit über 160 Fehlversuchen, nach einigen Generationen waren es nur noch zwanzig. Sheldrake sah darin den Beweis eines Feldes, einer Art »Lernmuster«, auf das die Nachkommen zurückgreifen konnten.

Die Kritiker dieser Auffassung wiederholten daraufhin das Experiment in einem anderen Land mit ganz anderen Ratten, aber im gleichen Labyrinth, und siehe da, ihre Ratten kamen von Anfang an schnell hindurch. Möglicherweise haben sie – nach Sheldrake – Anschluss an dasselbe Feld überall auf der Welt. Da dieses Feld aber nicht messbar war, kehrte die Schulwissenschaft die ganze Geschichte ob ihrer Unerklärlichkeit unter den Teppich.

Inzwischen hat Sheldrake eine große Fülle solcher seine

Theorie unterstützender »Fakten« gesammelt und Experimente gemacht, aber keine Anerkennung gefunden. Das kann erfahrungsgemäß dauern. Wir brauchen aber nicht darauf zu warten, denn man kennt genügend Beispiele, die sich nur mit der Felder-Hypothese erklären lassen. Die Marder etwa haben auf der ganzen Welt ungefähr zur gleichen Zeit begonnen, die Kabel der Autos anzunagen. Wenn das mit »rechten Dingen« zugegangen wäre, hätte es Jahrzehnte dauern müssen, bis sich diese Unsitte durch direkte Mitteilung von Marder zu Marder nur über die Alpen verbreitet hätte, geschweige denn über den Ärmelkanal. In Wirklichkeit ging es rasch und überall zugleich, wahrscheinlich weil die Marder über ein morphogenetisches Feld verbunden sind.

Ähnlich wohl wie eine Vogelart, die in England von einem Moment zum anderen anfing, die dort noch morgendlich ausgelieferten Milchflaschen zu öffnen. Obwohl es diese Flaschen mit Aluverschluss seit Jahrzehnten gab, war es vorher nie passiert. Ab diesem Moment aber fingen die Vögel überall zugleich an, den Verschluss aufzuhacken, um von der Milch zu naschen.

Auch der Wissenschaft liefert Sheldrakes Theorie viele überfällige Erklärungen. Beim sogenannten Siedeverzug erleben Chemiker, dass Wasser manchmal nicht zu wissen scheint, wie es zu kochen hat. Obwohl die Temperatur schon deutlich über hundert Grad liegt, kocht es einfach nicht. Kaum wirft man einen sogenannten Siedestein hinein oder rührt nur einmal um, beginnt es überall zugleich im Topf zu kochen. Es ist, als müsste das Wasser erst ein Bild von jenen kleinen Blasen bekommen, die es kochend zu produzieren hat.

Ähnliches geschieht in der Chemie mit gesättigten Lösungen, die manchmal nicht auskristallisieren. Gibt man aber ein paar fertige Kristalle hinein, beginnt die Auskristallisation überall explosionsartig. Auch hier scheint es, als bräuchte die Lösung eine Anleitung, ein Bild des fertigen Ergebnisses, eine Vorlage sozusagen. Chemiker sprechen vom »Beimpfen der Lösung«.

So könnte man sich auch die Wirkung von Impfungen in der Medizin erklären. Mit der ersten Impfung bekommt der Organismus ein Bild des bedrohlichen Bakteriums oder Virus. Dabei ist nicht wichtig, dass dieses Bakterium innerlich intakt ist und noch funktioniert, es reicht, wenn es nur äußerlich genauso ausschaut. Weshalb in der Regel mit abgetöteten Keimen geimpft wird. Nach einem Jahr bekommt der Organismus eine zweite Chance mit der Auffrischung des Bildes, auf das er sich einzustellen und gegen das er Lenkwaffen, die Antikörper, zu produzieren hat. Wenn er nach fünf Jahren eine weitere Erinnerung erhält, reicht das, um für sehr lange Zeit gewappnet zu sein. Das Muster oder Bild des Erregers wird im Immunsystem gespeichert, und bei Bedarf können nach dieser Vorlage in kürzester Zeit wieder neue Antikörper nachproduziert werden. Gefährlich an Impfungen sind nicht diese immunologischen Vorgänge, sondern wahrscheinlich die Trägersubstanzen, die all jene Nebenwirkungen hervorbringen, vor denen Homöopathen zu Recht warnen.

> *Hinter jedem Ding ist eine Idee.*
> PLATO

Zusammenfassend lässt sich feststellen: **Unsere Welt wird offenbar von Bildern und Mustern bestimmt, die Felder aufbauen und darüber erheblichen Einfluss gewinnen,** wie wir es schon mit den ersten Bildern der Erde aus dem Weltraum erlebt haben, die die Gaia-Hypothese ins Leben riefen. Die morphogenetischen oder formgebenden Felder lassen sich als Entwicklungsfelder verstehen, denen Entwicklungen folgen beziehungsweise die diese steuern, ohne dass dabei Materie oder Energie im herkömmlichen Sinn im Spiel ist.

Damit wäre die Felder-Hypothese in Übereinstimmung mit Plato, der davon ausging, dass die reale Welt, die wir sehen, nur ein Ab- oder Spiegelbild einer ihr zugrunde liegenden transzendenten Welt vorgegebener archetypischer Ideen und Formen sei.

Auch Sheldrake geht davon aus, dass am Anfang immer ein Bild oder Muster des fertigen Wesens oder Ablaufs ist, dem die Entwicklung lediglich (nach)folgt. Das Muster liefert sozusagen den Rahmen, in den sich Energie und Materie ergießen. Dem entspricht der christliche Schöpfungsmythos, bei dem in einem ersten, meist wenig beachteten Akt die Ideen geschöpft werden, denen dann im zweiten Schritt die Materialisierung folgt. Der Beginn des Johannesevangeliums, wo es heißt, dass sich das anfängliche Wort erst später verkörpert und zu Fleisch wird, folgt diesem Muster wie auch all jene Mythen der Völker, in denen Gott, die Einheit, seine Schöpfung singt oder schreibt und jedenfalls aus seinem Geist schöpft, um sie anschließend zu materialisieren.

Diese weder materielle noch energetische, aber dennoch Formen bildende Verursachung entspräche beim Hausbau dem Bauplan und in der Ursachenlehre des Aristoteles der Causa formalis. Die in der Vergangenheit erteilte Baugenehmigung wäre die Causa efficiens der Naturwissenschaft. Sie ist der Grund, dass der Bau beginnen konnte. Das Vorhandensein von Baumaterialien wie Steinen entspricht der Causa materialis. Im Wunsch des Bauherrn, in Zukunft mit seiner Familie an diesem Platz zu wohnen, spiegelt sich die Causa finalis oder Zielursache.

Der Plan, das Bild des fertigen Hauses auf dem Papier oder im Kopf des Architekten, ist immateriell und bildet ein morphogenetisches Feld, in das hinein sich die Energie der Bauarbeiter und das Material ergießen. Dieser Plan auf dem Papier entspricht einer CD, die nicht die Musik ist, sondern lediglich ihr Träger. Wer sie oder den Bauplan zerstört, kann weder die Musik noch die Hausidee zerstören, denn sie leben im Bewusstsein (weiter).

An dieser Stelle könnten auch verschiedene okkulte Phänomene ihre Erklärung finden. Der brasilianische Psychologe Luis Antonio Gasparetto kann nicht nur in Minuten Bilder im Stil von Modigliani, Toulouse-Lautrec oder Rembrandt mit den Fingern malen, er macht das auch noch blind, mit beiden Händen zugleich und sogar mit den Füßen. Die Bilder sind anschließend deutlich den entsprechenden Künstlern zuzuordnen. Einzige Erklärung wären die weiter existierenden Felder der Meister, in die Gasparetto sich einklinkt.[30]

> *Jede Form bedarf eines übergeordneten morphogenetischen Feldes.*
> RUPERT SHELDRAKE

Sheldrake postuliert, dass jede Form – und wir leben offensichtlich in einer Welt aus Formen – eines übergeordneten morphogenetischen Feldes bedarf. Bei der Betrachtung von Materie und Bewusstsein hatten wir gefunden, dass alles Bewusstsein braucht, um bestehen zu bleiben. Sheldrake geht davon aus, dass die morphogenetischen Felder zeitlebens mit der Form in Resonanz bleiben müssen, um diese zu erhalten. Es lässt sich also spüren, wie nah die Felder mit Bewusstsein und Leben verbunden sein müssen und dass auch hier das Resonanzgesetz wirkt.

Felder und menschlicher Organismus

Was Krankheit angeht, waren wir diesem Punkt ebenfalls schon sehr nah und fanden einen ähnlich engen Bezug zwischen Bewusstsein und Formenwelt. Alexander Mitscherlich sagte, wenn sich Bewusstsein aus einem Organ zurückzöge, entstünde Krankheit. Wenn also die Resonanz zwischen Form und Feld beziehungsweise Bewusstsein gestört ist, wird es gefährlich. Hier dürfte die Erklärung liegen, warum sich über innere Bilder und geführte Meditationen Heilungen erzielen lassen, einfach weil sie in der Lage sein dürften, gestörte Felder und (Selbst-)Bilder wieder in Ordnung zu bringen und in (den) Stand (von vorher) zu setzen. Deshalb ist es für Heilung so wichtig, dass Patienten Bilder und Vorstellungen von sich selbst als Gesunde behalten. Dann besteht Hoffnung, das Feld wieder zu regenerieren.

Andererseits zeichnet sich hier auf der Gegenseite die Gefahr der schulmedizinischen Unsitte ab, Patienten die Hoffnung zu nehmen und ihnen – gottgleich – Lebenszeit zuzuteilen. Ein Satz wie »Sie haben nur noch sechs Monate« führt nicht selten dazu, dass ein Patient ihn in ein entsprechendes Bild oder Feld umwandelt und folgsam im vorgegebenen und zugestandenen Rahmen stirbt. Sich selbst erfüllende Prophezeiungen können natürlich positive wie negative Erwartungen verwirklichen helfen.

Die Macht der Felder, Muster und Bilder zeigte sich auch schon an den bereits erwähnten Placebo-Experimenten. Dabei wird wahrscheinlich im Wesentlichen die innere Regenerationskraft des Patienten über dessen Vorstellungen und innere Bilder angeregt, was zu so erstaunlichen Heilerfolgen führt. Der Schulmedizin ist diese über subjektives Erleben ablaufende und deshalb schwer objektivierbare Wirkung ebenso verdächtig wie die der »Droge Arzt«. Auch Letztere erklärt sich zwanglos über morphogenetische Felder. Wenn schon allein die Anwesenheit eines bestimmten Arztes heilend wirkt, dürfte auch das mit dem ihn umgebenden Feld zusammenhängen, seiner »Aura von Heilkraft«.

Typischerweise versucht die Schulmedizin in ihren Doppelblindstudien, diese beiden Wirkungen auszuschließen. Tatsächlich sind es wohl die wirksamsten Kräfte in der Medizin, und alles spricht dafür, dass auch die Wirkungen harter schulmedizinischer Drogen und Eingriffe im Wesentlichen über diese Schiene laufen. In Doppelblindstudien ergab sich nämlich, dass die Wirkung einer Suggestion bei der Schmerzausschaltung fast die gleiche Kraft erreicht wie Morphium, das eines der stärksten Analgetika ist. Die modernen Antidepressiva vom Typ der Serotonin-Wiederaufnahmehemmer schneiden im Doppelblindtest nicht besser ab als Placebos. Das liegt aber nicht an der schlechten Wirkung Ersterer, sondern an der guten Letzterer.

Ähnlich liefert die Felder-Hypothese auch Erklärungen für eine Vielzahl in der Medizin ansonsten unerklärbarer Phänomene. Wieso wachsen Leberzellen in einer Zellkultur beliebig weiter, im Organismus aber nur bis zur ursprünglichen Form des Organs? Tatsächlich regeneriert es sich verblüffend gut, viel besser etwa noch als der Schwanz einer Eidechse. Eine – etwa wegen Metastasen – zur Hälfte entfernte Leber ist ein Jahr später wieder vollständig nachgewachsen. Warum kann sich ein beschädigtes Gehirn so verblüffend gut regenerieren und Ausfälle kompensieren? All das ließe sich über die morphogenetischen Felder erklären. Solange das Bild oder Muster des vollständigen Organs noch vorhanden ist, kann das konkrete

Organ in diesem Rahmen wiederhergestellt werden. Aus der Embryologie kennen wir sogenannte Entwicklungs- oder Organisationszentren, von denen aus sich Strukturen wie Arme und Beine entwickeln. In ihnen wären demnach die Bilder oder Felder gespeichert. Tatsächlich kann, solange dieses Zentrum unverletzt ist, in frühen Entwicklungsstadien vieles regeneriert und kompensiert werden. In späteren Zeiten sind nur noch wenige Organe wie eben Leber und Gehirn zu weitgehender Regeneration fähig. Das könnte heißen, nur sie sind in der Lage, auf ihre Bilder oder Baupläne beziehungsweise Felder zurückzugreifen.

Auch der wesentliche Aspekt der Homöopathie fände über morphogenetische Felder eine einfache Erklärung. Durch die Verschüttelung würde demnach das Muster auf Wasser übertragen, das offenbar die Fähigkeit hat, über die Dipole seiner Moleküle Muster beziehungsweise Cluster zu formen, die Bilder speichern können. Beim Verschütteln bildet sich im verwendeten Gefäß, das zehnmal auf die flache Hand geschlagen wird, eine Spiraldynamik, die offenbar genügend Wassermoleküle mit der Ursubstanz, hier Urtinktur genannt, in Berührung bringt. Über die Veränderung der Cluster ist es offensichtlich möglich, Informationen zu speichern, wovon auch die sogenannte Cluster-Medizin ausgeht.

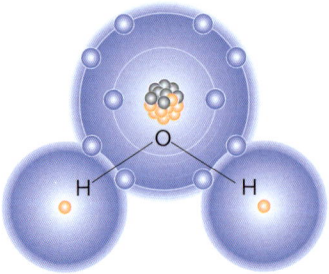

Einen weiteren Hinweis auf die Stimmigkeit dieser Überlegung bietet die Tatsache, dass durch Kochen die Wirkung homöopathischer Mittel verschwindet wie auch die von Bachblüten. Kochen erhöht die sogenannte Brown'sche Molekularbewegung derart, dass alle Cluster oder Muster im Wasser zerstört werden. Das dürfte wiederum einer der Gründe sein, warum in der indisch-ayurvedischen Medizin Wert auf das Trinken gekochten Wassers gelegt wird. Neben dem im alten Indien besonders wichtigen hygienischen Aspekt ist abgekochtes Wasser weitgehend frei von eigenen Mustern und damit sehr aufnahmebereit für neue. Diese Aufnahmebereitschaft dürfte die Entgiftung auf subtilen Ebenen fördern.

Mit Sheldrakes Feldertheorie wäre sogar Darwins Evolutionsvorstellung der Höherentwicklung über Mutationen zu retten. Danach ereignen sich ständig Mutationen, und diejenigen, die einen Vorteil im Kampf der Arten bieten, werden beibehalten. Dieses Modell kann aber differenziertere Entwicklungen überhaupt nicht erklären. Um zum Beispiel ein Auge zu entwickeln, braucht es viele Mutationen. Ein einzelnes Augenlid bietet noch nicht den geringsten Evolutionsvorteil. Erst wenn die Ergebnisse aller Mutationen zusammenkommen und das vollentwickelte Auge seinem Besitzer zu sehen erlaubt, ergibt sich der Vorteil. Ein morphogenetisches Feld auf übertragener Ebene – wie von Sheldrake postuliert – könnte nur jene Mutationen bewahren, die in die richtige Richtung gehen, auch wenn sie noch keinen direkten Vorteil bringen.

Sheldrake geht von einer Hierarchie aus, in der das formgebende Feld auf der jeweils übergeordneten Ebene liegt. Demnach läge das Feld für die Zellkraftwerke der Mitochondrien im Zellkern, für die ganze Zelle im Gewebe, das Muster für die Region oder das Organ im Entwicklungszentrum oder vielleicht im Chakra, das Bild für den Organismus im Gehirn und das für den ganzen Menschen in der Einheit, bei Gott, so wie es die Bibel und die meisten anderen religiösen Schriften formulieren. Dieser Gedanke könnte auch erklären, warum **das Ganze mehr als die Summe seiner Teile** ist. Die Summe der Teile führt, solange kein Feld besteht, noch zu keiner »runden Sache«. Ein Haufen Steine samt dem restlichen Material macht noch kein Haus. Dazu braucht es die Idee, die im Bauplan deutlich wird.

Ein Buch ist von seiner Idee geprägt, keineswegs von der Menge der Druckerschwärze oder des Papiers, weshalb wir auch den Namen des Autors, der mit der Idee verbunden ist, auf den Buchdeckel geben und nicht den des Druckers.

Ein besonders spannendes Experiment im Hinblick auf morphogenetische Felder führte der russische Forscher Vlail Kaznachjev durch. Er beimpfte eine von zwei durch Glaswände völlig voneinander getrennte Bakterienkulturen mit einem tödlichen Virus. Beide Kulturen gingen zugrunde, solange das Glas der Trennwände UV-Licht durchließ. Erst wenn das Glas dafür undurchlässig war, konnte der Virus nicht übergreifen. Offensichtlich wirkt also allein schon das Bild des Virus tödlich auf die physisch vor ihm geschützte Kultur. Und dieses Bild wurde über UV-Licht vermittelt. Um die Zellkultur wirklich zu schützen, musste sie auch vor Kontakt mit dem Bild bewahrt werden, das genauso zerstörerisch wirkte wie der materielle Virus.

> *Das Spiel des Lebens findet auf dem Spielfeld namens Welt statt. Wir könnten sie besser kennenlernen: das Spiel, seine Regeln, das Feld und seine Bedingungen, die Bilder und ihr Wirken.*

Es wäre nicht das erste Mal, dass ein Geheimnis mit dem Sonnenlicht, der Urquelle allen Lichtes, verbunden wäre. Möglicherweise vermittelt (Sonnen-)Licht beziehungsweise sein UV-Anteil Felder. Der Versuch zeigt aber auch, wie wirksam Bilder sind. Insofern müssten wir, genau wie wir darauf achten, was wir uns an physischer Materie einverleiben, auch viel mehr berücksichtigen, was wir uns an Bildern und Vorstellungen zumuten. Dass sie wirken, sollte langsam außer Zweifel stehen.

Konsequenzen und Anwendungen der Felder-Idee

Der mich persönlich am meisten beeindruckende Beleg für die Wirkung von Vorlagen und Bildern im Sinne des Feldes wurde in der Schweiz erbracht. Dort verzichtete man für ein Jahr auf allen Ebenen darauf, Selbstmorde auch nur zu erwähnen. Sie wurden sozusagen totgeschwiegen. Die Folge war, dass die Suizidrate innerhalb dieses Jahres um neunzig Prozent zurückging. Als man zur sogenannten Normalität mit der entsprechenden Informationspolitik zurückkehrte, kehrten auch die Selbstmorde wieder. In Wien wurde die Zahl der U-Bahn-Selbstmorde Jugendlicher durch sorgfältigere und zurückhaltende Berichterstattung um siebzig Prozent gesenkt. Im Buch *Woran krankt die Welt?* ist diesem Thema ein längerer Abschnitt innerhalb eines ausführlicheren Kapitels über Felder gewidmet, der aufzeigt, wie wichtig Vor-Bilder gerade in dieser Hinsicht sind.

Ein leicht nachvollziehbares Beispiel hat sich im deutschen Kommunalbereich ereignet. Für bestimmte Konsequenzen ihres Lebensstils wie Prostitution, Drogenszenen und Obdachlosenelend hat die bürgerliche Gesellschaft im wahrsten Sinne des Wortes einfach keinen Platz und versucht, Ansammlungen der jeweiligen Problemdarsteller in der Regel mit Polizeigewalt zu verhindern. Obdachlose haben eine Resonanz zu Bahnhöfen, und dort stören sie das Bild aufstrebender Städte. Wenn Kommunalpolitiker sie mittels Drohgebärden und Schlagstockargumenten der Polizei viermal im Jahr vertreiben lassen, erreichen sie von 365 vier »clochardfreie« Tage. Wenn sie aber aus vielen kleinen Lautsprechern im Bahnhofsareal sanfte klassische Musik fließen lassen wie in Hamburg, bauen sie ein Feld, das »Penner« freiwillig meiden. Das löst zwar nicht das Problem, zeigt aber die Wirksamkeit von Feldern. Wahrscheinlich wollen und können Obdachlose mit dem hohen Ordnungsniveau klassischer Musik nichts anfangen, will sagen, sie gehen damit nicht in Resonanz. Wenn aber die Resonanz zu einem Ort fehlt, wird man ihn meiden. Besteht dagegen Resonanz, wird man Teil des Feldes und es noch fördern.

Wenn die Resonanz zu einem Ort fehlt, wird man ihn meiden. Besteht dagegen Resonanz, wird man Teil des Feldes und es noch fördern.

Weiter zeigt sich hier, dass Felder über Resonanzphänomene entstehen. Nach dem bekannten Spruch »Wenn einer träumt, bleibt es ein Traum, wenn ihn viele träumen, beginnt eine neue Wirklichkeit« baut sich über gemeinsames Schwingen das Feld auf und verstärkt sich mit der Zahl der Mitschwingenden, aber auch mit der Bewusstseinsenergie, die sie in dieses Feld geben. Auch besondere Zeiten oder Ereignisse wie Jubiläen fördern das Feld über die Bewusstseinsenergie, die sie mobilisieren. So erklären sich viele Phänomene – etwa in der Musikszene.

KONSEQUENZEN UND ANWENDUNGEN DER FELDER-IDEE

Wenn die Popstars Simon and Garfunkel Jahre nach ihrem Rückzug den New Yorkern ein Revivalkonzert schenken, ist natürlich der ganze Central Park voll. Schon wegen der Besonderheit des Ereignisses nach so langer Zeit gelang es den Veranstaltern, über eine halbe Million Menschen in Resonanz zu dem Ereignis zu bringen. Obendrein wurde durch ihre Bemühungen, auch Karriere als Solisten zu machen, demonstriert, wie sehr die zwei Künstler zusammen einfach mehr als die »Summe ihrer Teile« waren. All das erzeugte eine Atmosphäre von Einzigartigkeit. Schließlich brachten die zwei Troubadoure der Hippiezeit mit ihren alten Liedern, die all die Hunderttausende von Zuhörern auswendig kannten, sehr rasch eine verblüffende Resonanz zustande.

Solches ahnend beziehungsweise wissend, versuchen Organisatoren schon im Vorfeld, möglichst viele Resonanzebenen aufzubauen, denn wo es bereits vorab gelingt, viele in Resonanz zu bringen und zu potenziellen Zuhörern zu machen, ist das die halbe (Stadion- oder Saal-)Miete. Der Aufbau von Feldern ist eine eigene Kunst, die sich an erfolgreichen Unternehmen und großen Ereignissen studieren lässt.

Ein allen vertrautes Beispiel mag demonstrieren, wie stark Felder werden und sich selbst gegen widrigste Wirklichkeiten behaupten können. Die Firma Mercedes hat es in ihren guten Zeiten geschafft, ihren Stern zu einem Symbol erstklassiger Autos aufgehen zu lassen. Inzwischen sind die Fahrzeuge, wie Pannenstatistiken über Jahre dokumentierten und wie ich selbst erleben musste, längst nicht mehr, was sie einmal waren. Aber das Feld besteht noch, und so leuchtet der Stern weiter, einfach weil jeder Scheich dieser Welt ihm folgen will. Aber die ehemalige deutsche Renommierfirma demonstriert zugleich, wie man Felder demontiert und selbst leuchtende

MORPHOGENETISCHE FELDER

> *Wie sehr wir von eingefahrenen Mustern geprägt sind, zeigen folgende Versuche.*
>
> Falten Sie einmal Ihre Hände (evangelisch) und schauen Sie sich an, welcher Daumen oben liegt. Beim Rechtshänder in der Regel der rechte. Egal, welcher oben lag, nehmen Sie die Hände wieder auseinander und falten Sie sie anschließend noch einmal, aber so, dass der bisher oben liegende Daumen nun unter dem anderen liegt und alle anderen Finger entsprechend. Sie werden wahrnehmen, wie unbequem und ungewohnt dieses neue Muster ist, obwohl es von außen genauso fromm aussieht.
>
> Noch deutlicher wird das Mustergültige, wenn Sie Ihre Arme ganz »cool« vor der Brust verschränken und sich dieses Muster einprägen. Sobald Sie sie nun auseinandernehmen und nach dem umgekehrten Muster verschränken, wird das zwar von außen immer noch cool und distanziert wirken, aber sich von innen ganz sonderbar und ungewohnt anfühlen. Das liegt daran, dass Sie dafür kein Feld haben, weil Sie immer das andere Muster benutzt haben, das sich so ein Feld schaffen konnte.

Sterne zum Sinken bringen kann. Nicht nur aufgrund der allgemeinen Krise unter anderem in der Automobilindustrie zeigen die Absatzzahlen, dass die Welt *genug hat* von Mercedes in doppelter Hinsicht.

Ein anderes Beispiel aus dem deutschsprachigen Raum mag das Ziel der Industrie im Hinblick auf Felder klarmachen. Wenn ein Deutscher Klebestreifen braucht, verlangt er im Geschäft »Tesa«, ein Österreicher »Tixo«, lediglich der Schweizer ist noch offen für jedes »Kläberli«. Den ersten beiden Firmen ist es gelungen, ein Feld zu schaffen, das ihr Produkt zum ganzen und einzigen erklärt. Wer Papiertaschentücher will und Tempos verlangt, schließt gleichsam unbewusst und unabsichtlich alle anderen Hersteller aus, weil das Feld nichts anderes mehr zulässt. Andererseits nimmt solch ein Markenname dadurch auch generische Funktion an, wodurch sich der Begriff »Tempos« auf alle anderen Papiertaschentücher ausdehnt. Wer beispielsweise ein Tempo verlangt, akzeptiert dann auch jedes andere Papiertaschentuch, weil ihm der Hersteller egal ist. Mehr kann eine Firma für ihr Produkt eigentlich gar nicht erreichen. Wenn sie allerdings Fehler macht und ihr Produkt etwa überteuert ist, kann sie die Polarität über letzteren Mechanismus wieder einholen.

> *Der Garten meines Lebens ist das Feld, das ich zu bestellen habe. Meine Eltern haben mich dort hineingepflanzt und mir zum Einstieg einen Namen gegeben. Ich kann ihre Geschenke annehmen oder es lassen – aber dieses Feld wird mich nie (los)lassen.*

Rituale – die offensichtlichste Wirkung von Feldern

Am deutlichsten werden Felder über die Wirkungen von Ritualen, von denen auch moderne Gesellschaften viel mehr haben, als sich die meisten träumen lassen. Moderne Mediziner verfügen über eine Fülle wirksamer Rituale, die ihr Feld formen und die besagte »Droge Arzt« potenzieren, nur sind sie sich in der Regel all dessen nicht bewusst und nutzen es deshalb nicht entsprechend, ja, werten es oft sogar ab.

Der Patient ist per definitionem der »Geduldige« (nach dem gleichbedeutenden lateinischen Wort *patiens*), oder er wird dazu gemacht. Er muss (auf ihn, den Doktor) warten, was seine Spannung steigert. Der Arzt kleidet sich in weiße Ritualgewänder, die ihn als allwissenden Heiler wirken lassen, farblich auf einer Ebene mit dem Papst und östlichen Gurus. Seine Sprache ist mit unverständlichen Ausdrücken versetzt, was nur anderen »Eingeweihten« wirklich erlaubt, ihm zu folgen. Er legt besondere und geheimnisvolle Gegenstände auf den Körper des Patienten auf. Statt Federn und Kristallen wie sein Vorgänger, der Schamane, verwendet er Stethoskope, Schallköpfe und Elektroden, und statt auf die innere Stimme oder die des Herzens hört er auf Darmgeräusche, Herztöne und so weiter.

Wenn all das noch nicht reicht, greift er zu besonderen Ritualen und lässt den Patienten in die Röhre schieben, wonach er bestens im Bilde ist und ihn, der das meist alles nicht versteht, bis auf die Knochen und sogar noch tiefer durchschaut. Der Patient hört eine Diagnose von ihm, die er oft ebenfalls nicht wirklich versteht, und wird mit einer kleinen, meist unentzifferbaren Urkunde zum nächsten Halbgott in Weiß geschickt. Der händigt ihm auf das Rezept seine Medizin aus. Wenn er versucht, etwas darüber auf der beiliegenden Beschreibung nachzulesen, wird er wieder erkennen müssen: Er versteht sie nicht wirklich, die Magie der Weißkittel. Er hat jedoch Hoffnung, und die wird ihn wieder mit jenen gesunden Bildern von sich selbst verbinden. Und wenn der behandelnde Mediziner sich nicht ganz dagegen stemmt und sie ihm zunichtemacht, wird er dank all dieser Bilder wieder gesund werden. Ist er bei einem der wenigen verbliebenen wirklichen Ärzte gelandet, verbündet der sich sogar mit diesen Bildern und hilft ihm so, rascher zu gesunden.

In der Klinik werden die Rituale eher noch deutlicher. Hier gibt der Patient vielfach das Selbstbestimmungsrecht über sich und seinen Organismus oft schon an der Pforte ab. Bei der Visite liegt er im Bett, und der weiße Obergott teilt ihm seinen Ratschluss, von dem sein Leben abhängen mag, »von oben herab« mit. Selten trägt der Kranke seine normale Kleidung. Er bleibt über Schlafanzüge, Bademäntel und derlei mehr als Patient erkennbar. Selbst wenn er gehen kann, wird er meist im Bett zum Röntgen gefahren, da er sonst wohl in seine Akte schauen könnte. Das sollte niemals geschehen. Höchstens darf er die Visite bescheiden abwarten und an deren Ende einige wenige Fragen stellen, aber zum Beispiel niemals anderer Meinung sein. Er hat zu machen, was für ihn jetzt gut ist, und was das ist, das wissen die Götter in Weiß – und sie teilen es ihm auf ihre Art mit.

> *Ein Patient fragte mich kürzlich: »Sind Sie Heilpraktiker?«*
> *»Nein, wie kommen Sie denn darauf?«*
> *»Weil Sie sich so lange Zeit nehmen und mir nichts verschreiben.«*

Dieses System hat lange gut funktioniert und zur Zufriedenheit aller beigetragen. Inzwischen hat sich aber herumgesprochen, dass viele moderne Mediziner das Wohl des Patienten mit dem der Pharmaindustrie vertauscht haben, die sie hofiert und besticht, um sich so an ihren Patienten zu bereichern. Das Wissen darum, das immer mehr um sich greift, stört natürlich die Rituale, weil es das Feld insgesamt destabilisiert. Da hier aber leider eine, wenn auch schlimme, Wahrheit verbreitet wird, ruiniert sie nachhaltig das alte Feld, von dem bisher sowohl Schulmediziner als auch Pharmaindustrie erheblich profitierten. Tatsächlich ist das Feld der Heilpraktiker in den letzten dreißig Jahren im positiven Sinne gewachsen, während das der Mediziner in negativer Weise verfällt.

Auch die Welt des Business und jene der Politik sind ohne Rituale nicht denkbar. Da werden Abschlüsse mit Handschlag und Unterschriften »besiegelt«, Ehrenformationen abgeschritten und Brüderküsse zwischen Menschen ausgetauscht, die sich nicht ausstehen können.

Genauso wenig kommen die Gerichte dieser Welt ohne Rituale aus. Erwachsene Männer schlüpfen – außerhalb der Faschingszeit – als Richter auf Justitias Fersen in Frauenroben und tragen mancherorts Perücken, die sicher nicht aus diesem Jahrhundert stammen, um besser Recht zu sprechen. Alle müssen sich erheben, wenn sie erscheinen. Letztlich gibt es wenige Bereiche der Gesellschaft und des Lebens, die nicht von Ritualen geprägt sind, welche ihre Macht über dahinterliegende Felder bekommen.

Die Frage, warum ein Ritual gerade so durchgeführt wird und nicht anders, ist unangemessen, denn es geht hier eben nicht um Kausalität. Die für einen rationalen Menschen natürlich unbefriedigende Antwort wäre: »... weil es immer so gemacht wurde.« Gerade dadurch erhält das Feld seine Kraft. Stetige Wiederholung über lange Zeit ist also eine weitere Möglichkeit, Felder zu etablieren. Woraus folgt, dass die Änderung von Ritualen die Resonanz zu den dahinterliegenden Feldern und damit die Kraft der ganzen Aktion schwächt.

Einer der ungeschicktesten, aber wirksamsten Fehler der katholischen Kirche war so die Änderung des Messritals zu einer Zeit, als sie schon nicht mehr die Macht hatte, ein ähnlich starkes Feld wie das der Vergangenheit neuerlich aufzubauen. Die alte lateinische Liturgie hatte ein Feld, die die neue deutsche nicht mehr erreichen konnte. Das war sicher einer der Gründe dafür, warum so viele Priester und Gläubige über diesen Wechsel traurig waren und einige ihn auch verweigerten.

> *Das ganze Leben in ein bewusstes Ritual zu wandeln, ist die größte Aufgabe unseres Lebens.*

Rituale leben davon, dass sie immer wieder unverändert durchgeführt werden. Das verankert sie in der Wirklichkeit auf eine Weise, die wir zwar noch nicht naturwissenschaftlich verstehen, die aber die Idee der morphogenetischen Felder gut umschreibt. Über diese Verankerung in der wirkenden Wirklichkeit wissen wir immerhin, dass sie dem gemeinsamen Bewusstseinsfeld der Ritualteilnehmer nahe verbunden sein muss.

Die katholische Hochzeit als Lehrstück

Die katholische Hochzeitszeremonie bietet ein auch modernen Menschen vertrautes Ritual. Wie beim Popkonzert wird im Vorfeld einer Hochzeit schon möglichst vielen Menschen Mitteilung von dem bevorstehenden, in der Regel als freudig eingestuften Ereignis gemacht. Das Aufgebot wird bestellt und die Hochzeit damit der ganzen Gemeinde bekannt gegeben. Zum Ritual werden möglichst viele Bekannte und Freunde und die ganze Familie als Zeugen eingeladen. Zu Trauzeugen werden die allernächsten und besten Freunde bestellt.

So bildet sich eine Hierarchie oder ein Mandala, in dessen Mitte wie immer die Einheit steht, hier vertreten durch Gott, vor dem die Ehe geschlossen wird. Den engsten und innersten Kreis oder die zweite Ebene der Hierarchie bilden die beiden Eheleute, die schon die Polarität ausdrücken, wie auch die beiden Trauzeugen. Darauf folgen auf nächster Ebene die vier

Eltern, dann weitere Angehörige und Freunde und schließlich ganz außen die Gemeinde. Das Ritual selbst wird nach uraltem Brauch vom Priester mit vielen symbolischen Handlungen zelebriert, die einer magischen Zeremonie in archaischen Gesellschaften wenig nachstehen.

Die beiden Brautleute laden es mit ihrer seelischen Energie, die sich in Freude, Anspannung und Herzklopfen zeigen mag. Sie stecken sich sehr bewusst die Ringe an, geben sich offiziell den ersten »legalen« Kuss und so weiter. Zusätzlich wurde das Ritual mit möglichst viel Geld aufgeladen. Sie will ihm etwas wert sein, und so lassen sie sich den Tag etwas kosten, oder klassischerweise demonstrieren ihre Eltern mit einer aufwendigen Feier, was ihnen ihre Tochter wert ist. Nur das erreichbar Beste ist gut genug. Ihre Kleider sind nur für diesen besonderen Moment mit großem Aufwand an Zeit und Kosten hergestellt und zumindest in Gestalt des Brautkleides seiner Besitzerin meist irrational wichtig. Sie hat lange Zeit für ihre Frisur geopfert, die Hochzeitstorte darf mehrstöckig und ein Kunstwerk sein.

Warum, ließe sich fragen, reicht nicht ein günstiges, weil schon einmal einen Tag gebrauchtes, sorgfältig gereinigtes Kleid, das praktisch neuwertig ist? Aber bei einem Ritual dieser Tragweite will kaum eine Frau einen Secondhandfummel tragen, eher leiht »er« sich einen Smoking aus.

Wie geladen diese besondere Zeit ist und welche Gesetzmäßigkeiten des Lebens in solchen Ritualen erkennbar sind, mögen zwei kleine Episoden verdeutlichen.

Eine sehr erfolgreiche, höchst kompetente Frau, die lange erfolglos nach einem Mann gesucht hatte, »an dessen Schulter sie sich lehnen konnte«, fand ihn schließlich doch noch. Auf dem Weg zum Traualtar aber blieb er an einer Befestigungsstange des roten Teppichs hängen und fiel der Länge nach hin. Zwar rappelte er sich sofort wieder auf, aber sie spürte, dass er sich nicht so recht *traute* mit der *Trauung* und es mit dem Anlehnen wohl schwierig würde, wo er selbst so wenig fest stand.

Als sie diese Geschichte angesichts massiver Eheprobleme Jahre später in einer Beziehungsberatung erzählte, wurde ihr deutlich, wie klar eigentlich schon damals, zu Beginn, alles war und die Zeit nur ihren »Anfangsverdacht« in beeindruckender Weise bestätigt hatte. In einem Ritual zu stolpern und zu fallen ist eben anders als beim Einkaufen. Wer aber das Leben als Ritual und auch das Gesetz des Anfangs begreift, könnte natürlich jedes Stolpern deuten.

> *Wer erst ins Stolpern kommt, ist nah dem Fall.*

Wie wenig Rituale der Ratio gehorchen und wie sehr den Feldern im Hintergrund, kann auch folgende Geschichte erhellen. Ein junges, liberal eingestelltes Paar hatte nie geheiratet und lebte seit Jahren ziemlich glücklich zusammen mit einer Tochter, die gerade in die Schule kommen sollte. Erfolgreich und mit einem schönen Haus in wunderschöner Gegend gesegnet, beschlossen sie – vor allem der Tochter zuliebe –, zu heiraten und bei dieser Gelegenheit ein großes, sowieso überfälliges Fest zu feiern. Alles klappte vorzüglich, der Termin wurde sogar berechnet und obendrein noch eingehalten, das Wetter war kaiserlich, als man sich in einer der schönsten Kirchen Süddeutschlands das Jawort gab. Und es ging so weiter, das Essen war vorzüglich, die Braut nach ritueller Entführung wieder sicher zurückerobert und das Fest überaus gelungen.

Am Abend fuhren beide unter dem üblichen Trara in das Hotel ihrer Wahl. Sie spielten die Hochzeitsnacht gekonnt, und tatsächlich kam eine positive Spannung auf, die sich in den vorgesehenen Bahnen steigerte. Er hatte sie auf Händen über die Schwelle der Suite getragen, Champagner floss, und das Liebesspiel war in vollem Gange, als er den klassischsten aller Fehler machte und sie mit dem Namen einer früheren Freundin ansprach...

Natürlich erstarrte sie zur Salzsäule, obwohl die Situation bekannt und keineswegs bedrohlich war. Er hatte sich vor Jahren ihretwegen von dieser Freundin getrennt. Diese war längst anderweitig verheiratet, hatte Kinder, es gab lockeren Kontakt, und sie stellte keinerlei »Bedrohung« dar. Trotzdem gefror der Fluss ihrer Liebe in Sekunden zu Eis, und das war nicht mehr zu brechen. Tatsächlich drohte aufgrund dieses Versprechers ein Jahr später die ganze Beziehung zu scheitern.

Ich lernte beide in einer Beratung kennen, in der sie von Anfang an forderte, er müsse unbedingt eine Psychotherapie machen, und zwar bei mir, da sie mich aus Büchern und Seminaren zu kennen glaubte. Und in der Tat verstand ich sie und ihr Anliegen. Er war wenig motiviert, verharrte auf rationalen Positionen, die ohne Zweifel richtig, aber irrelevant angesichts des schweren Ritualfehlers waren. Natürlich hatte er sie Tausende von Malen beim richtigen Namen genannt, natürlich war die Exfreundin an sich keine Gefahr für die neue unglückliche Ehe. Das wurde sie wirklich nur durch die, wie er sagte, Überreaktion seiner Ehefrau. Schließlich stimmte er – unter ihren Scheidungsdrohungen – einer Psychotherapie zu, die schlechteste aller Ausgangspositionen also. Und doch bat er inständig um diese Chance, nicht, weil er sich therapiereif fühlte, sondern um seine Beziehung zu retten.

Schon die erste Sitzung und Betrachtung seiner Beziehung zu dieser früheren Freundin offenbarte das Problem. Er hatte sich tatsächlich von ihr getrennt, weil er sich in seine jetzige

Frau verliebt hatte und weil mit ihr wirklich alles besser war, bis auf die Sinnlichkeit und Erotik. Da habe seine Frau Vorbehalte, die ihre Sexualität vergleichsweise langweilig machten. Das war wohl auch der Grund, warum es an der geladenen Stelle im Ritual der Hochzeitsnacht zum Versprecher kam. Fehlleistungen haben – wie schon Freud wusste – ihre Bedeutung.

Um es abzukürzen: Es folgte ein weiteres Dreiergespräch, sie übernahm die Therapiesitzungen, zu denen er weder Lust hatte noch Anlass sah, und nach mehr als einem Jahr kam ihre Beziehung wieder in Fluss. Sie entdeckten gemeinsam und mit viel Sinnenfreude ihre verschüttete Erotik und entwickelten die gemeinsame Sexualität auf unerwartete und freche Art. Letztlich hatte ihnen der Versprecher im Ritual also viel auf unerwarteter Ebene gebracht.

> *Wo Symbole und Rituale wahr- und wichtig genommen werden, erhält das Leben einen Rahmen, in dem Bewusstheit und Sicherheit wachsen können.*

Rituale können so einiges entlarven und werden – vor allem in ihren Fehlern und ihrem Scheitern – zu einer Art Diagnosehilfe. Sie können aber auch weiterhelfen, wo sie ernst genommen und in ihrer Symbolik verstanden werden, und vieles festigen und sichern, anderes erst ermöglichen.

Ritualkopien und Ersatz

Warum, ließe sich fragen, hat man in der ehemaligen Sowjetunion und der früheren DDR das katholische Eheritual bis ins Detail kopiert? Weshalb muteten Kommunisten ihrem Säulenheiligen Lenin zu, als Gipsbüste dabei Zeuge zu sein? Wieso imitierten dem dialektischen Materialismus verpflichtete Sozialisten einen Altar und malten Marx und Engels darüber? Die Antwort ergibt sich aus den Zwängen des damals real existierenden »Arbeiter-und-Bauern-Staats«. Dieser hatte eine der höchsten Scheidungsraten der Welt. Da die DDR in Hinblick auf Lösungen stets gewohnt war, in Richtung Westen zu schielen, wo der Klassenfeind fast alles besser auf die Reihe bekam und sich deshalb nach-forschen für die Sozis mehr lohnte, als eigene Forschung zu betreiben, wurden sie Meister im Kopieren und versuchten es selbst bei religiösen Zeremonien. Das aber hat mangels Kenntnis des Wesens von Ritualen nicht sehr viel gebracht. Wie stark entsprechende Felder trotzdem werden können, sieht man an der Jugendweihe, einer Kopie von Konfirmation und Firmung, die bis heute vor allem in den sogenannten neuen Bundesländern vollzogen wird.

Doch bevor wir uns über Altkommunisten lustig machen, sollten wir vielleicht bedenken, dass wir es heute im breiten Stil nicht viel anders handhaben. Eine moderne Hochzeit dauert auf dem Standesamt nur noch Minuten: Beide unterschreiben den Vertrag bürgerlichen Rechts, der Zugewinngemeinschaft vorsieht, wenn nichts anderes vereinbart ist, und bestätigen dem Standesbeamten das mit dem obligatorischen Jawort. Aber viele Menschen spüren dabei intuitiv einen Mangel und bestellen sich noch ein wenig Orgelmusik und Blumenschmuck sowie eine Ansprache des Standesbeamten. Einige kommen statt mit der modernen Karosse mit deren alter Vorversion, der Kutsche, und lassen sich von zwei oder gar vier Pferden vor den Altar *ziehen*.

Letztere Beispiele werfen die Frage auf, wovon die Wirksamkeit von Ritualen abhängt. Sicher ist das Feld entscheidend wichtig, doch ganz ohne inhaltlichen Bezug kann es auch nicht gehen. Bungee-Jumping zum Beispiel, die direkte Kopie eines pazifischen Mannbarkeitsritus, führt bei uns – ohne Verständnis und entsprechenden Rahmen – nicht zum Erwachsenwerden. Rituell eingebunden wie etwa bei den Lianenspringern von Pentecôte gelingt das aber praktisch immer.

»Bungee-Springen« als Mannbarkeitsritus

MORPHOGENETISCHE FELDER

Alte Rituale und ihre Mechanismen

In den wenigen verbliebenen archaischen Kulturen finden wir bis heute gut funktionierende Rituale, die uns zeigen könnten, wie wirksame Felder aufgebaut und schwierige Schritte und Lebensübergänge mit ihrer Hilfe bewältigt werden. Bei uns wird heute kaum noch ein Kind in der Pubertät erwachsen. Weder von Eltern noch Priestern oder gar Betroffenen inhaltlich und emotional geladen, bauen die Ritualreste von Firmung und Konfirmation kein ausreichendes Feld mehr auf. Auf meine Frage an einen »Firmling« und Patienten, was ihm dieser Schritt bedeute, sagte er in breitem Dialekt: »Dös is a verschissener Tog, do muasst duarch.« Das wird er wohl geschafft haben, aber erwachsen(er) hat ihn dieser Tag sicher nicht gemacht.

Form zieht Inhalt an – die Hoffnung bei Tai Chi und Yoga –, aber sie muss es nicht und wird es nicht, wenn das Bewusstsein fehlt.

In der archaischen Gemeinschaft sind alle Mitglieder in das Ritual eingeweiht und tragen das Feld innerlich mit. Zumeist nutzen sie darüber hinaus rhythmische Tänze und Gesänge, um sich in Einklang miteinander und in Trance zu bringen, wie etwa jenes kleine afrikanische Volk, das schwierige Entscheidungsfragen so lange gemeinsam sang, bis Einstimmigkeit herrschte. Priester oder Medizinmann beziehungsweise -frau sind an der Spitze der Hierarchie und lenken den Ritualverlauf, der aber allen klar ist, da er immer in gleicher Weise abläuft. Da Rituale die Lebensgrundlage solcher Gemeinschaften sind, ist die emotionale Ladung aller Beteiligten hoch. Wenn zum Beispiel ein Mädchen sein Pubertätsritual erlebt, wird es der Einweihung teil-haftig, es gibt nichts zu lernen oder zu verstehen, sie wird dem längst bestehenden Feld der Frauen eingefügt und ist danach *Teil* davon und erwachsen. Das Feld nimmt sie auf und geht ihr in Fleisch und Blut über. Sie wird Teil des Musters, aber das Muster auch Teil von ihr. In dem Maße, wie sie der Initiation teilhaftig wird, wird sie Teil des neuen Musters, und das alte stirbt in ihr. Tatsächlich wird in vielen solchen Ritualen – für unseren aufgeklärten Geschmack – sehr realistisch erfahren, wie erst das Mädchen oder der Junge »sterben« muss, bevor die Frau oder der Mann geboren werden kann.

Bei den Aborigines, den Menschen vom Ursprung, wurde den Knaben schon lange vorher gesagt, dass die Dämonen sie holen und umbringen würden, bevor sie Männer werden könnten. Tatsächlich überfielen die Männer des Dorfes, in die Rolle der Dämonen geschlüpft, ihre eigenen Familien und entrissen den Müttern ihre Söhne. Diese mussten ihr eigenes Grab schaufeln, in dem sie in aufrechter Position bis zur Nase eingegraben den Sonnenaufgang erwarteten. Die Dämonenmänner bildeten einen weiten Kreis um die lebendig Beerdigten und machten heulende Dämonentöne, während sie die ganze Nacht über näher rückten. Die eingegrabenen Jungen bekamen auf diese Art ihre Chance, Pan-ik zu entwickeln und dem alten und eigentlich zeitlosen Naturprinzip zu begegnen, das die Griechen »Pan« nannten. Sie erlebten das Ritual emotional maximal aufgeladen, ebenso wie ihre Mütter, die in dieser Nacht den Verlust ihrer Söhne erlitten, ihn beklagten und schließlich akzeptierten, wie auch die Väter, die ihren eigenen Söhnen gegenüber zu Dämonen wurden und sie zu ihrem Besten in Angst und Panik versetzten.

Während die Jungen einen großen Schritt nach vorn machten, indem sie ihrer Angst Herr und erwachsen wurden, machten die Mütter ein Loslassritual der wirksamen Art durch, und die Väter erlebten eine Schattentherapie, bei der sie selbst Schatten wurden. Was uns »Aufgeklärten« wie wüster Aberglaube und Schabernack erscheinen mag, bekommt so tieferen Sinn und erhebliche Wirkung. Tatsächlich werden in diesen Kulturen auch heute noch Pubertierende erwachsen, kommen Mütter ohne das Leere-Nest-Syndrom durchs Leben – und Männer ohne Actionfilme, Schlägereien und Besäufnisse.

Rituale brauchen also Inhalte, die am besten religiös oder philosophisch vermittelt werden. Sie leben von der emotionalen Ladung möglichst vieler Beteiligter. Schamanen oder Priester können sie durch ihre Präsenz fördern, Ritualgewänder und besondere Opfer werden sie zusätzlich laden und zudem das Thema »Loslassen« ins Spiel bringen. Die Beteiligung aller Sinne ist hilfreich und wichtig. Über das Verbrennen von Räucherwerk, das Singen und damit auch Hören von Mantren oder einfachen Liedern, das Sehen besonderen Feuerzaubers oder auch nur von Kerzen statt elektrischen Lichts, das Bewegen im selben Rhythmus wird über alle möglichen Sinneserfahrungen das Feld gefördert, zu dem man in Resonanz gehen muss, um ganz ins Ritual einzutauchen und die neue Ebene zu erreichen. Wo tiefe und bewegende Emotionen hinzukommen, ist das ebenso hilfreich wie gemeinsame Tranceerfahrungen.

Rituale bieten Chancen für Anfänge und Neuanfänge – sie können Bestehendes sichern und Neues laden, Altes abschließen und endgültig beenden.

Ein besonderer Ritualplatz wirkt ebenso förderlich wie eine aus dem normalen Ablauf herausgehobene Zeit, etwa Vollmond oder Weihnachten beziehungsweise die dunkelste Nacht des Jahres. Starke Rituale wie das der Eheschließung schaffen diese besondere Zeit, weswegen wir von der »Hoch-Zeit« sprechen. Es ist eben eine *höchste* Zeitqualität, wenn zwei sich zum Zwecke des Einswerdens zusammentun. Katholiken reden von »Sakramenten«[31] im Zusammenhang mit ihren wichtigsten Ritualen, das heißt, es geht dabei um das Heilige, also ums Heil- und Einswerden.

Beharrlichkeit und Penetranz existierender Felder und Rituale

Wie stark die Wirkung einmal etablierter Felder und Rituale ist, lässt sich an Weihnachten und Ostern ablesen. Die christliche Kirche hat wirklich nichts unversucht gelassen, um ihre Vorgänger, die sogenannten Heiden, niederzumachen und in Vergessenheit geraten zu lassen. Und trotzdem kam man nicht umhin, die eigene Heilige Nacht allmählich immer näher ans Weihe-Nacht-Fest der Heiden zu legen und sie schließlich am selben Tag zu feiern. Deren Feld war einfach zu stark, dagegen vermochten auch brutale Methoden nichts.

Heute sehen wir, wie all diese (un)christlichen Versuche nichts fruchteten. Trotz zweitausend Jahren gegenteiliger Anstrengung und anfänglich regelrechten Terrors hat das alte Feld doch überlebt. Heute weicht auch der Christbaum wieder dem Weih-Nachts-Baum, unter dem die Krippe nichts verloren hat und folglich auch allmählich verschwindet. Dagegen bleibt die Gans unangefochten: Wie schon unsere heidnischen (keltischen) Vorfahren essen wir ab November und zu Weihnachten Gänsebraten. Aber auch der Weihnachtsbaum war, obwohl in »Christbaum« umgetauft, immer der alte geblieben, jener immergrüne Baum, der schon den heidnischen Vorfahren als

Symbol der Unbesiegbarkeit der Lichtkräfte galt, der gleiche, den die Druiden mit Lichtern und süßen Lebkuchen behängten, zum Zeichen, dass Hoffnung sei in der tiefsten und dunkelsten Nacht des Jahres und das Leben zurückkommen werde.

An Ostern ist die Wiederkehr des alten Feldes noch deutlicher. Die christliche Passion gerät immer mehr in Vergessenheit, im privaten Fernsehen findet sie fast gar nicht mehr statt, im öffentlich-rechtlichen noch etwas verschämt in den dritten Programmen. Aber ganz offensichtlich ist sie zum Minderheitenprogramm geworden, das heidnische Fruchtbarkeitssymbol des erwachenden Frühlings, der entgegen jeder bio-logischen Einsicht Eier legende Osterhase, bleibt dagegen so lebendig wie eh und je und beherrscht in Schokolade und Zuckerguss das Feld. Die Hoch-Zeit des Christentums hat er völlig unbeschadet überdauert.

> Wenn einmal ein Feld entstanden ist, hat es eine gewisse Stabilität.

Aber auch ein Feld wie das von den Nazis aufgebaute hat in Deutschland leider immer noch Kraft und eine gewisse Penetranz. Seine Stabilität zeigte sich schon, als noch in den letzten Kriegstagen, wo bereits sämtliche »hohen Tiere« geflohen oder gefangen waren, im Namen des Systems Todesurteile unterzeichnet wurden. Das Feld war sorgfältig und mit aller Raffinesse von den führenden Köpfen des Regimes, die offenbar in dieser Thematik Bescheid wussten, aufgebaut und gepflegt worden. Man steckte möglichst alle in Uniformen, ließ sie exerzieren und marschieren, um Resonanzen zu schaffen. Ständig paradierten Soldatenkolonnen durch Menschenmassen, sangen Kampflieder und schwenkten Fackeln und Fahnen. Dafür wurden besondere Orte gewählt beziehungsweise richtige

Ritualplätze gebaut, auch besondere Zeiten und Feiertage für die Rituale und Aufmärsche ausgesucht und entsprechend geladen. Die Demagogen der »Bewegung« wie Joseph Goebbels, doch auch Adolf Hitler selbst ließen ihre Auftritte bis ins Detail inszenieren und bauten ein stabiles Feld, das in dem Spruch »Ein Volk, ein Reich, ein Führer« Ausdruck fand. Tatsächlich war es Hitlers wie das Ziel aller Diktatoren, die gesamte Bevölkerung mit sich in Resonanz zu bringen respektive auf sich einzuschwören. Das geschah durch unzählige Schwüre, die das Leben wie Ge-schwüre durchzogen, aber auch durch den ständigen Aufbau und die Pflege von Ritualen und Feldern.

Wie beharrlich Felder wirken und über Rituale Macht bekommen, zeigt sich ebenso an dem Versuch, aus einem gültig geschlossenen Vertrag mit Ritual wie der Ehe wieder herauszukommen. Katholiken haben Erfahrungen mit dieser Schwierigkeit und setzen auf alle möglichen Ersatzrituale. Von den herrschenden Hochreligionen hat lediglich die jüdische ein Scheidungsritual, das »mit dem Segen von oben« vollzogen wird. Privatleute können zwar die Ehe rechtlich und sogar kirchenrechtlich scheiden lassen, aber das hebt die rituelle Formel »... bis dass der Tod euch scheidet« längst nicht auf (das Buch *Lebenskrisen als Entwicklungschance* vertieft das Thema und bringt rituelle Vorschläge dazu).

Es gibt kaum eine Ebene unseres Lebens, wo sich nicht alte mit neuen Ritualen verbinden. Vom politisch Schrecklichen über das Banale bis zum spirituell Anspruchsvollen reichen die Beispiele. Wer das Münchner Oktoberfest, das alljährlich im September auf der Theresienwiese stattfindet, wirklich in den Oktober verlegen wollte oder etwa auf eine andere, größere Wiese außerhalb der Stadt, hätte zwar Argumente, aber sicher kein Verständnis für Rituale und Felder. Der Kern dieses sonderbaren »Bierfelds«, zu dem auch intelligente Menschen aus Japan und den USA einfliegen, ist das Bierzelt mit seinem Bierritual. Auf unbequemen Holzbänken ohne Rückenlehne sitzen dort zusammengepfercht und aneinandergedrängt grölende Hälse aus aller Herren Länder. Dass sie ein wahnwitzig überteuertes Bier aus an der Betrugsgrenze schlecht gefüllten Krügen vorgesetzt bekommen und simpelste, aber teure Speisen aus der Hand essen, zu einfachsten, um nicht zu sagen primitivsten, Musiken mit tumb-einfältigen, vorzugsweise bayrischen Texten im »Stil« von »Ja, mir san mit 'm Radl da« oder »Resi, i hol di mit mei'm Traktor ab« schunkeln dürfen, all das macht sie offenbar so an, dass sie jede Entfernung überbrücken, um an diesem »Ritual« der Einfalt und Sinnenfreude teilzuhaben. Sie erleben ein starkes Feld, das Starkbierfeld im Bierzelt mit einer Musik für Schwachköpfe, und im Rausch eine Billigstversion von wirklicher Ekstase.

Wer das, wie hier beschrieben, nur von außen betrachtet, wird ihm aber nie gerecht und erlebt nur eine Seite des Ganzen, wie ich es selbst im Rahmen von Klinikausflügen erlebte: Beim dritten Mal füllte mich ein mitfühlender Oberarzt mit Starkbier ab, und ich tauchte ein ins Feld und wurde (vom Bier) begeistert. Es ist dann irgendwann ziemlich egal, wie voll die Krüge sind, wenn die Stimmung stimmt. Und es macht Spaß, mit wildfremden Leuten im selben Muster zu schwingen zu beschwingter Musik, deren Texte nicht gerade tiefsinnig sind, aber gerade wegen ihrer grenzwertigen Simplizität zum Mitschwingen und -singen einladen.

Drogen spielten auch in alten Zeiten bei solchen Gelegenheiten oft eine Rolle. Das Oktoberfest ist eine der letzten Drogenhochburgen des Bürgertums und als solche auch nicht »wegzudenken«. Besonders wenn heutzutage Inhalt und Sinn völlig fehlen, wie hier, wird die Ritualdroge wichtig, aber – am nächsten Tag – auch irgendwie schal.

Früher war sie meist nur Mittel zum Zweck und half, den Kontakt zu anderen Ebenen herzustellen, wie etwa bei den Eleusinischen Mysterien im klassischen Griechenland, bei denen das Mutterkornalkaloid eine entscheidende Rolle spielte, bekannt als Grundlage für synthetische Drogen wie Lysergsäurediäthylamid (LSD).

> *Alle Licht- und Schattenfelder leben von einzelnen Teilnehmern, sie können als Ganze aber viel größer werden als die Summe ihrer Teile.*

Alltags- und Autorituale

Rituale und Felder sind Teil unseres Alltags, den man sich ohne sie nicht vorstellen kann. Es ist beispielsweise der Traum jeder Firma, ein neues Feld zu kreieren und die Menschen mit möglichst teuren Utensilien dafür auszustatten. In diesem Sinn werden aufwendige Werbekampagnen »designt« und Inaugurationsrituale ersonnen, und wenn die nicht verfangen, »Relaunchs« inszeniert. Ist ein neues Auto auf dem entsprechenden Salon einzuführen, wird ein großes Geheimnis daraus gemacht, schöne »Girls« räkeln sich in seiner Nähe, und die Enthüllung wird zu einem Ritual, bei dem teuerster Champagner in Strömen durch die Kehlen möglichst wichtiger Menschen fließen sollte, die für gutes Geld zu diesem Zweck eingekauft beziehungsweise -geladen sind.

Wie beharrlich einmal eingeführte Felder und ihre Rituale sind, zeigt sich im Straßenverkehr. Auch wenn wir zehnmal wissen und hundertmal erlebt haben, dass die Engländer mit ihrem Linksverkehr das bessere System haben, dauerte es Jahrzehnte, bis wir nur ihre Kreisverkehre beziehungsweise Roundabouts übernommen und an die Stelle unserer unsäglichen Kreuzungen gesetzt haben, wo alle mit allen und allem über Kreuz waren und der Verkehr ständig stockte, statt zu fließen.

Dass einem die Dinge mit links besser von der Hand gehen, ist mehr als sprichwörtlich, doch kein Verkehrspolitiker wagt den Gedanken weiterzudenken, auch hierzulande zum flüssigeren Linksverkehr zu wechseln. Es wäre geradezu ein Tabu, ein solches Feld zu brechen. Tabus sind überhaupt die gängige Methode, in archaischen Kulturen Felder und Rituale zu schützen und alles beim Alten zu lassen.

> *Das Autofeld im Allgemeinen profitiert bei uns von einem Tabuschutz.*

Was ist in der Finanzkrise am Ende des ersten Jahrzehnts des neuen Jahrtausends so schlimm daran, wenn die Autofirmen kürzer arbeiten und weniger produzieren? Die Welt hat offenbar – erst einmal – genug vom Auto. Wir haben schon viel zu viele und keine Konzepte, wie wir mit diesen viel zu vielen umgehen sollen. Also wäre eine Pause und Neubesinnung überfällig, eine Art Moratorium. Und dann könnten wir die Zukunftsfragen stellen: Sollen wir also auf Öko-Autos umrüsten oder uns vielleicht gleich neue Verkehrssysteme einfallen lassen? Das ist hart für die Autohersteller, doch es wird auch hart für die Panzerbauer, wenn wir einmal wirklich auf Rüstung verzichten sollten. Für die Menschheit könnte es überlebenswichtig werden und die Krise so zu einer Chance.

Die Wirklichkeit ist aber ganz anders und völlig irrational. Kaum wird das Auto von breiten Bevölkerungskreisen infrage gestellt, verlieren schon alle führenden Köpfe den Kopf. In

Deutschland wurden Klimaschutzmaßnahmen, kaum angedacht, sogleich wieder ins zweite Glied verbannt und alle Weichen auf Vorfahrt fürs Auto gestellt. Den Höhepunkt deutschen Autowahnsinns liefert die sogenannte Abwrackprämie. Nach der gleichen Logik könnte man eine Möbelzertrümmerungs- oder eine Hausabfackelungsprämie aussetzen, schließlich geht es auch der Bauwirtschaft schlecht.

Vielleicht sollte man überhaupt Prügel herstellen lassen und die Leute animieren, alles kurz und klein zu schlagen – vorzugsweise etwa beim Nachbarn? Danach ließe sich vielleicht wieder auf ein Wirtschaftswunder hoffen… Immerhin können solche Überlegungen den wahren Charakter der Konsumgesellschaft deutlich machen. Aber der Wahnsinn hat Methode und längst nicht nur bei uns. In den USA verstaatlichte ein scheidender »rechter« Präsident, der in den Jahren seiner unsäglichen Amtszeit keine Gelegenheit ausließ, Gewinne zu privatisieren und den Staat zu verschulden, zuerst die Spielschulden der Investmentbanker, um dann die Unfähigkeit der Automanager, sich der Zukunft und ihren Herausforderungen zu stellen, mit Staatsgeldern zu subventionieren. Immerhin zeigen sich daran die Hierarchien der modernen Welt: die USA voran und alle hinterher, zuerst die Banken und dann gleich die Autoindustrie.

Das Feld des Autos ist wirklich stark und in Deutschland völlig unantastbar, weil es von fast allen Männern auch in persönlichen Ritualen gepflegt wird. Der deutsche Mann hat es und verehrt es in regelmäßigen Pflegeritualen, er spricht von ihm wie von sich selbst und immer in der ersten Person (»Meine Kupplung schleift« oder »Meine Lenkung hat Spiel«). Von seiner Partnerin oder den Kindern redet er dagegen in der Distanz ausdrückenden dritten Person (»Sie ist mal wieder im Kaufrausch« oder »Es leidet an Legasthenie«). Wird in seiner

Gegenwart seine Frau beleidigt, lässt ihn das auch nicht kalt, wird aber in seinem Beisein sein Auto vorsätzlich zerkratzt, kann er handgreiflich werden. Wer ihn nach dem Kino oder Konzert fragt, wo »er« steht, bekommt keine Lebensanalyse, sondern eine Parkplatzbeschreibung. Sein Auto kommt regelmäßiger zur Inspektion als er in Kur oder auch nur in Urlaub. Für die Erhöhung dessen Lebenserwartung ist er zu ungleich höheren Opfern bereit als im Hinblick auf seine eigene. Niemals würde er sich in ein Auto setzen, das langsamer geworden, nur noch stotternd läuft und ein dermaßen zerstörtes Chassis präsentiert, wie er es möglicherweise selbst mühsam und schnaufend in Gestalt seines weitgehend außer Form geratenen Körpers durchs Leben schleppt.

> *Das Autofeld hat sich überlebt, und um zu überleben, müssen wir es infrage stellen.*

Dabei hat das Autofeld sich längst überlebt, und wenn wir überleben wollen, müssten wir es von uns aus und freiwillig infrage stellen. Ja, wir könnten und sollten darüber nachdenken, was nach dem Auto in seiner bisherigen Form kommt und sinnvoller wäre. Solche Ideen scheinen gegen sein starkes Feld aber fast undenkbar, was zeigt, wie mächtig Felder werden und wirken können. Besonders wenn man auch noch weiß, dass die deutsche Autoindustrie sich einen ehemaligen Verkehrsminister als Lobbyisten leistet, der sich in den Kreisen, in denen er früher seine Kreise zog, sicher noch immer ganz geschickt bewegt. Wahrscheinlich müsste der Impuls weg von dieser Art von Auto vom Bürger kommen, der aber von einer Flut von Werbung und durch geschicktes Product Placement in ein stabiles Autofeld eingebettet ist, ohne sich dessen in der Regel ganz bewusst zu sein.

Sportrituale

Die Welt des Sports ist voller Regeln und Rituale, aus denen sich stabile Felder ergeben, und treue Fans wachen eifersüchtig über deren Einhaltung. Seltener als an der Börse neue Firmen werden neue Sportfelder etabliert. Die Erfindung des beweglichen Mastbaums etwa machte Windsurfen zu einem Volkssport, und dieser eroberte sich rasch sein Feld. Den Wind, das himmlische Kind, in den eigenen Händen und Dynamik und Geschwindigkeit auf dem Wasser waren die markanten Kennzeichen des neuen Feldes. Ein paar anmachende Rituale wie Wasserstart und Powerhalse hatte ein Hohepriester von Wind und Wasser zu beherrschen, und selbst wenn er sonst wenig hinbekam, war das doch für viele machbar. Seine Götter tanzten bei Starkwind in den Brandungswellen, sprangen Saltos und produzierten (Film-)Stoff für unerreichbare Träume. Ein schönes und bewegendes Ritual, das sich rasch eine eigene, in die Millionen gehende Anhängerschaft schuf.

> *Je mehr Sport, desto bedeutungsvoller ist seine sozialisierende Funktion ... seine Mitwirkung daran, das Leben dieser Gesellschaft erträglicher zu machen.*
> ALEXANDER MITSCHERLICH

Selbst wenn ein Feld schädlich ist, wie etwa das des Carvens, kann es – gut inszeniert – eine Massenbasis erobern. Carver, wie die neuen Skier heißen, mögen für Skirennläufer interessant sein, denn mit ihnen lassen sich Kurven voll durchfahren und so Zehntelsekunden gewinnen. Den normalen Skifahrern bringen sie vor allem Gefahren. Sie bräuchten jetzt für ihre großen Bogen viel mehr Platz, und weil sie den nicht bekamen, da die Pisten nicht erweitert wurden, stoßen sie inzwischen aus großer Entfernung und wie auf Schienen fahrend zusammen. An einem Wochenende, an dem ein guter Freund dabei umkam, blieben allein in Österreich weitere sieben Skifahrer auf der Strecke. Orthopäden freuen sich (inoffiziell) über dreißig bis vierzig Prozent Umsatzzuwächse durch Skisportverletzungen. All das wird kaum bekannt gemacht, da es tourismusschädigend wäre, und wer will das schon? So wird das Feld weiter propagiert, bis alle Skifahrer die neuesten Carver haben und eine neue Idee und Welle ansteht, auf die man gewinnbringend umrüsten (lassen) könnte.

Frühere Felder sind dabei genauso unverständlich wie aktuelle unantastbar. Wer kann sich heute noch vorstellen, wie etwa beim Skifahren alle den Telemark oder Schneeflug geübt haben? Der Norweger Stein Eriksen nahm dann die Skier zusammen, und Wedeln war geboren. Wie war es anfangs schwer, und heute, wo das Feld etabliert ist, kann es jeder Nordgermane nach einer Woche Skikurs. Ist ein Feld einmal aufgebaut und beherrschen genügend Anhänger seine entscheidenden Rituale, können Neuankömmlinge leicht eintauchen, Werbung wird unnötig, das Feld spricht für sich durch seine Anhänger. Deren Spaß, Engagement und Vorbild sind dessen beste Werbung.

Schwimmen hat bei uns ebenfalls ein Feld. Damit meinen wir im deutschsprachigen Raum ausgerechnet Brustschwimmen, die ungeschickteste und langsamste Methode, sich im nassen Element fortzubewegen. Amerikaner meinen mit Schwimmen genauso selbstverständlich Kraulen, die schnellste und einfachste Technik, im Wasser vorwärtszukommen.

Das Ritual der Welt[32]

Es ist die lang erwartete, dem Ritual geweihte Nacht des Saturntages. Das geheimnisvolle Ritual wird von den Anhängern verschiedener Kulte nach einem besonderen Rhythmus an speziellen, nur diesem Ritual vorbehaltenen Plätzen zelebriert. Lange schon vor dem Beginn des eigentlichen Rituals findet sich eine große Menschenmenge im Heiligtum ein, um dabei sein zu dürfen. Die dem Ritual Beiwohnenden sind dafür zu erheblichen Opfern bereit, die sie an extra dafür eingerichteten Plätzen außerhalb des eigentlichen Ritualplatzes darbringen. Überwiegend sind es erfahrene, auf das Ritual eingestimmte Männer, aber auch einige Frauen, und sogar Minderjährige werden an das Geschehen herangeführt.

Der Ritualplatz ist mit großer Sorgfalt und Achtsamkeit mit genau festgelegten geometrischen Mustern eingeteilt. Die Beiwohnenden sind großenteils in den Farben der jeweiligen Kultgemeinde geschmückt und tragen Insignien und Fahnen derselben mit sich, zum Teil auch primitive Musikinstrumente. Einige verzehren spezielle drogenhaltige Getränke, die sie offenbar noch mehr in die notwendige Stimmung versetzen.

Als schließlich die eigentlichen Darsteller des Rituals langsam und würdevoll einziehen, ist die emotionale Spannung schon beträchtlich. In zwei Gruppen aufgeteilt und ausnahmslos in den Farben ihres speziellen Kults gekleidet, versammeln sie sich in ihrer jeweiligen Hälfte des Zeremonienplatzes. Nach einem kurzen Einstiegsritual, an dem nur ihre beiden jeweiligen Hohepriester in der heiligen Mitte des Ritualgrunds unter der Leitung eines ganz in Schwarz gekleideten Oberpriesters teilhaben, beginnen sie mit dem Ritual. Ihre Bewegungen sind ganz offensichtlich rituell und folgen tänzerisch bestimmten Gesetzen und einem aufwendigen Regelwerk, das sich dem unbedarften und in rituellen Angelegenheiten wenig bewanderten Betrachter nicht so recht und schon gar nicht rasch erschließt.

Zum Teil gehorchen sie offensichtlich den spontanen Eingebungen des Oberpriesters in der Rolle und Kostümierung des Schatten- beziehungsweise schwarzen Mannes, dessen Autorität zweifelsfrei das Ganze beherrscht.

Aber die emotionalen Spannungen können unter dem Ablauf des spontanen Ritualgeschehens so groß werden, dass selbst seine höchste Autorität in Gefahr gerät und das Ganze aus den Fugen zu geraten droht. Der schwarze Mann, der offenbar wechselseitig für beide Kulte Schatten zu spiegeln hat, bedient sich dabei eines archaischen Blasinstruments, wie es bis heute auch in anderen ursprünglichen Kulten Verwendung findet. Mit dessen Hilfe und mit zwei ebenfalls schwarz gewandeten Jungpriestern, die aber gar nicht auf dem eigentlichen Ritualplatz zugelassen sind, stellt er sich der heroischen Aufgabe. Nur wenn ihn die Kräfte gänzlich zu verlassen scheinen, zieht er sich kurz in den Schutz eines der Jungpriester zurück, wohl um Stärkung und Rückendeckung zu erhalten.

Währenddessen muss das Ritual ruhen, und die Beiwohnenden können die Pause nutzen, ihre strapazierten Nerven wieder zu beruhigen. Sie haben in einer Art kollektiver Anteilnahme mit mantrischen Gesängen, Hymnen und anderen Musikeinlagen versucht, Einfluss zu nehmen und das

Geschehen mit ihren Energien zu laden. Zu besonderen Zeiten werden sie wie ein großer Fischschwarm zu einer einzigen Welle, die durch ihre Reihen läuft und offenbar ein starkes Energiefeld aufbaut. Erschöpft von derlei Einsatz und Hingabe, sind hysterische Ausbrüche keine Seltenheit, sondern scheinen im Sinne von Katharsis eingeplant und jedenfalls wohl gelitten zu sein.

So durchleben die meisten eine Art Ritualtherapie, die sie mit stärksten Gefühlen konfrontiert – von höllischer Verzweiflung bis zu euphorisch beseelenden Jubelzuständen, die sie dann nicht selten in Gesänge und Lobpreisungen ihres höchsten Prinzips verfallen lassen. Der ganze Ritualplatz und seine Umgebung ist der Heftigkeit ihrer Gefühlsausbrüche angepasst und schützt mit mächtigen Gittern einerseits die heilige Mitte, andererseits wohl sie selbst, in Trance und wie von Sinnen in die Mitte zu taumeln. Einige aber können alle Ritualvorkehrungen nicht hindern, außer sich zu geraten und ihren aufgestauten Aggressionen freien Lauf zu lassen, sodass sie um sich und auf die Vertreter des anderen Kults schlagen, was wiederum von einem extra für diesen Zweck wartenden Ritualschutztrupp zu verhindern versucht wird.

Auch in der heiligen Mitte können Teilnehmer beider Kulte so aufeinanderprallen, dass sie die Besinnung verlieren und sich solcherart in andere Welten flüchten. Gerade wird einer vom heiligen Platz und aus der Mitte getragen. Er hat es offenbar zu weit getrieben, und die Götter scheinen ihre Hand und ihren Schutz von ihm abgezogen zu haben. Er wird an den Rand verbannt, aber später durch einen bereits wartenden Priester desselben Kultes ersetzt.

> Das Rindsleder- oder Plastiktotem, um das sich alles dreht, fliegt unterdessen weit durch die Luft, was mit ohrenbetäubendem Lärm aus dem Ritualrund bedacht wird, und schließlich hallt das heilige Rund wider vom Jubel, der zum Himmel steigt und die Aufmerksamkeit der Götterwelt sucht, als das Totem im Tor landet.

Das Fußballfeld

Das größte Feld im Sportbereich hat bei uns und wahrscheinlich global der Fußball. Wenn Weltmeisterschaft ist, muss alles andere dahinter zurückstehen. Bei der FIFA-WM in Deutschland zum Beispiel waren die Straßen wie leergefegt, und selbst Frauen, die sich sonst nie für die Kicker interessierten, wussten plötzlich, was ein Abseits ist. In Deutschland ließ sich der Feldaufbau dabei besonders gut beobachten, weil das Land die Jahre davor in eine eigenartige Jammerstimmung verfallen war. Eigentlich lief alles gut im Vergleich zum »Rest der Welt«, aber es schien, als hätten die früher eher optimistischen und aktiven Deutschen eine Mutation durchgemacht und – wie eingangs schon postuliert – zusätzlich zu Stirn- und Schläfenlappen noch einen »Jammer-Lappen« entwickelt, dem sie zunehmend ihre Lebensstimmung überließen.

Unmerklich für die meisten, hatte die Lichtgestalt des deutschen Fußballs, Franz Beckenbauer, der »Kaiser« selbst, die (Fußball-)Dinge schon Jahre vorher in die Hand genommen und die WM nach Deutschland geholt. Zum Glück des Landes machte er sie zu seinem »Kind« und wirkte an den Weichenstellungen mit. Da mit der deutschen Stimmung zu jener Zeit kein Blumentopf zu gewinnen war und die Fußballer aberwitzig schlecht spielten, wurde als frischer Trainer der unverbrauchte, »cleane« Klinsmann aus Kalifornien engagiert. Zum Glück blieb er in Kalifornien bei seiner schönen Frau und flog nur hin und wieder ins Jammertal nach Deutschland, um bei seinen Fußballjungs nach dem »Rechten« zu sehen. Diese mussten sogar einen Ausflug in die Neue Welt machen, um neue Trainingsprogramme zu lernen und sich körperlich auf Vordermann bringen zu lassen. All das brachte Fußballdeutschland und sein Sprachrohr, die Bild-Zeitung, völlig aus dem Häuschen. Aber Strahlemann Klinsi blieb sich und seiner Sonnenwahlheimat Kalifornien treu und vermittelte den Jungs so neue Stimmung und neuen Spaß am Fußball.

> *Fußball ist immer Ding, Dang, Dong.*
> GIOVANNI TRAPATTONI

Der letzte deutsche Kaiser aus Bayern hielt sich unterdessen bedeckt im Hintergrund. Er selbst hatte ja Deutschland längst den Rücken gekehrt und sich und seine Lebensstimmung knapp hinter der Grenze in Österreich in Sicherheit gebracht, zuerst in Kitzbühel und dann in Salzburg. Sicherlich war er nicht unbeteiligt, als André Heller, das österreichische Allroundgenie, die kulturelle Betreuung des Großprojekts übertragen bekam und den auf den ersten Blick abwegigen, aber auf den zweiten genialen Slogan ausheckte: »Zu Gast bei Freunden«. Nun werden die Deutschen überall für ihre Wirtschaft bewundert und um ihren Fleiß und ihre Effizienz beneidet, aber als Freunde empfunden, das war doch eher unbekannt.

Der Slogan wurde aber tatsächlich so erfolgreich und lange im Vorfeld mit Leben gefüllt, wie sich an vielen kleinen Indizien zeigte, dass das peinliche (typisch deutsche) Einsparen der

Eröffnungsfeier auch nichts mehr ruinieren konnte. Die deutsche Polizei, mit chronisch schlechtem Ruf, die schon einmal aufgefallen war, als eine ganze Abteilung unbeteiligt zusah, wie ein Ausländerwohnheim vom Mob abgefackelt wurde, bekam einen verblüffenden Einsatzplan. Junge Schlagstockakrobaten, wie sie nur bei Rechtsradikalen so zögerlich, ansonsten aber mit Hingabe auf den für den Frieden demonstrierenden Studenten von 68 herumgeprügelt hatten, wurden in die letzte Reihe gestellt. In vorderster Front agierten weibliche und ältere Beamte und verhalfen mit ihrer Freundlichkeit dem alten Wunschgedanken »Die Polizei – dein Freund und Helfer« zu neuem Leben. Millionen deutsche Fahnen wurden rechtzeitig (wahrscheinlich in China) vorproduziert, um in den entscheidenden Momenten zur Stelle zu sein und einem ebenso sympathischen wie ungewohnten Nationalgefühl Ausdruck zu verleihen. Das bunte Bild der begeistert oder freundlich geschwenkten wehenden Fahnen machte Schwarz-Rot-Gold zu einer Erfolgsnummer.

Das Spiel der Deutschen (Fußballer) passte dazu, jeder konnte ihnen die Spielfreude anmerken, und als sie dann doch einmal verloren, taten sie es so sympathisch, dass selbst die italienischen Gegner ihnen Respekt erwiesen. Ich erlebte das Spiel unter Italienern, die völlig verblüfft waren über diese Deutschen und bei deren folgendem letztem Spiel um den dritten Platz wie ein Mann hinter Deutschland standen – auch das nicht gerade typisch. Einer schlug sogar seiner Frau vor, man könne ja mal zum Urlaub nach Germania fahren.

So war der dritte Platz besser als der Titel, und jedes Spiel wurde zu einem riesigen Ritual, das sich vom Stadion in die Fanmeilen und über die Fernseher in die Wohnzimmer fortsetzte und von dort ins Leben schwappte. Von Spiel zu Spiel kamen immer mehr Menschen in Resonanz mit dem neuen Feld, dessen Ergebnis ein für alle spürbares neues und gesundes, weil freundliches Nationalbewusstsein und ein Triumph für das Spiel an sich, den Fußball, wurde. Die Fußballwelt war wirklich zu Gast bei Freunden, in Deutschland nämlich. In meiner Lebenszeit kann ich mich an kein Ereignis erinnern, das das deutsche Feld so einschneidend verändert und verbessert hätte, für das Wunder von Bern war ich zu jung.

Und niemand wunderte sich rückwirkend mehr, dass es etwa seit Beginn der Rituale beziehungsweise Spiele sogenanntes Kaiserwetter gab, das – auch ziemlich untypisch für Deutschland – wochenlang stabil auf Hochdruck blieb, genau bis eine Woche nach Ende der Spiele. Der Kaiser selbst gab zu Protokoll, so wünsche sich Gott die Deutschen. Als einziger unbestrittener Fußballgott hierzulande muss er es ja wissen.

An seiner persönlichen Ausstrahlung lässt sich zudem ermessen, wie weit die Wirkung von Feldern gehen kann und wie wenig rational sie sind. Über Jahre verhinderte zum Beispiel ein Beamter der bayerischen Polizei, dass Verkehrsstrafzettel bei Beckenbauer landeten. Dazu war es natürlich nicht notwendig, dass dieser selbst aktiv wurde, der Beamte hatte es einfach und von sich aus als »Majestätsbeleidigung« empfunden, ihn mit solchen »Bagatellen« zu behelligen. Jedes Feld bekommt seine eigene Dynamik. Als die Geschichte aufflog und Menschen außerhalb des Fußball- und Kaiserfeldes sie dramatisch aufbauschten und schwere Strafen für den Beamten forderten, wussten die kaisertreuen, fest im entsprechenden Feld

> *Beckenbauer ist der Einzige, der der PDS in Bayern ein Direktmandat verschaffen kann.*
> OTTFRIED FISCHER

verankerten Bayern gar nicht, was los war. Auch wenn der Beamte doch bestraft worden sein sollte, blieb die Hoffnung, der Kaiser werde es schon richten, damit zum Schluss das Gute siege. Diese Hoffnung hat über Jahrzehnte das Feld von Hollywood in uns verankert.

Selbst wenn einmal der Schatten droht und sich vermeintlicher Stoff für »Majestätsbeleidigungen« zusammenzubrauen scheint, reicht ein Wort des Kaisers, um wieder für Ordnung zu sorgen, wobei die Einfachheit und Unbestreitbarkeit entsprechender Äußerungen bestechen – nicht unähnlich den wenigen einfachen Worten von Zen-Meistern. »Der liebe Gott freut sich über jedes Kind«, ließ er etwa verlauten, und daran hat seitdem auch niemand mehr einen Zweifel geäußert. Dass der Kaiser sein Leben außerhalb des Fußballfelds eher unbürgerlich und offenbar einfach der Liebe folgend lebt, ist ebenfalls gar kein Problem. Das war bei den früheren Kaisern auch so und tut dem Glanz keinerlei Abbruch.

Sein Meisterstück vollbrachte er, als er die deutsche Mannschaft als Teamchef betreute und zum WM-Titel führte. Einen Trainerschein hatte und brauchte er auch gar nicht, nicht einmal in einem Land wie Deutschland, wo ansonsten jede Klofrau vor Arbeitsantritt Zeugnisse vorlegen muss. Die Mannschaft hatte vorher abgrundschlecht alle lizenzierten Trainer ins Abseits gespielt. Wie er diesen Kickerhaufen, von dem alle wussten, dass er es nicht draufhatte, bis ins Endspiel brachte, ist eine andere Geschichte. Jedenfalls dort war Schluss, daran hatte die Fußballwelt keinen Zweifel, denn der Gegner hieß Argentinien, die damals beste Mannschaft der Welt mit Diego Maradona, dem damals besten Kicker der Welt.

Aber es kam anders, Kaiser-Deutschland gewann auch dieses Spiel. Nach dem Schlusspfiff sah Fußballdeutschland Beckenbauer allein über den Rasen von Rom schlendern, und scheinbar wagte es niemand, jetzt die kaiserliche Ruhe zu stören, nicht einmal die Reportermeute.

Die stürzte sich auf den Match-Winner Guido Buchwald, einen soliden, gediegenen schwäbischen Verteidiger, der seine Sache in Stuttgart immer ordentlich und verlässlich, aber bis zu diesem Tag noch nie genial gemacht hatte. Nun aber wollten es die Reporter wissen und bedrängten ihn: »Guido, wie hat der Teamchef Sie eingestellt? Was hat er zu Ihnen gesagt?« Buchwald, kein großer Philosoph vor dem Herrn, wirkte erstmalig seit neunzig Minuten etwas überfordert und hölzern steif. Der Teamchef sei vor dem Spiel mit ihm spazieren gegangen und habe ihm gesagt, dass die Argentinier einen großartigen Fußballer in ihren Reihen hätten, den Diego Maradona. Das hatte er aber selbst natürlich schon gewusst. Weiter hätte der Kaiser gesagt: »Aber wir haben einen Verteidiger, der ist noch besser.« Darob ganz erstaunt, denn das war ja nun völlig neu, habe er, Guido, nachgefragt: »Wen?«, und der Kaiser habe geantwortet: »**Dich!**« Die Reporter waren verblüfft, vor allem darüber, dass das schon alles gewesen sein sollte.

> *Die Wahrheit liegt auf dem Platz.*
> OTTO REHHAGEL

Wer aber Ahnung von Feldern hat, weiß, dass das in solch einem emotional geladenen Moment reichen kann, vor allem weil der Kaiser gleichsam sein Vertrauen und sein Charisma damit verbunden hatte – für dieses eine Spiel. Und Guido tauchte in sein Feld ein und enttäuschte ihn nicht, sondern überraschte die Welt, indem er Maradona neunzig Minuten lang fast komplett abmeldete. Er spielte diese neunzig Minuten Fußball von einem anderen Stern, nicht vorher und nicht nachher, aber in ebendiesen entscheidenden neunzig Minuten. Und hätte Stefan Zweig die *Sternstunden der Menschheit* nicht längst geschrieben, er hätte Guido Buchwalds Rom-Match aufnehmen müssen. Das Geschickteste, was der danach tat, war, seine Profikarriere zu beenden, denn auf diesem Niveau hätte er wohl nicht weiterspielen können.

Natürlich kann man sagen, es war eine Sache des Selbstbewusstseins und des Vertrauens, aber immerhin stand auf der anderen Seite ein Maradona, der wusste, dass er der beste Fußballer der Welt war, der auch nicht an mangelndem Selbstbewusstsein litt, denn als er ein entscheidendes Tor illegal mit der Hand erzielte, erklärte er kurzer-hand, es sei »Gottes Hand« gewesen. Man könnte höchstens sagen, das Feld des bayrischen Kaisers habe das des argentinischen Fußballgottes neutralisiert und überspielt.

Es versteht sich aber von selbst, dass dieser von sich selbst niemals als Kaiser spricht. Was immer er aber anpackt, gelingt, und was wäre erst, wenn er einmal etwas noch Wichtigeres als Fußball anpackte? Themen etwa wie die Volksgesundheit oder Ökologie. Aber dafür müsste er erst noch ein neues Feld aufbauen, und so bleibt er bewusst oder intuitiv oder vielleicht, weil Fußball ihn am meisten fasziniert, bei seinem Leisten. **Schau mer mal...** um es mit einem weiteren seiner geflügelten Worte zu sagen.

> *Jeder Einzelne lebt in seinem Feld – und wir alle in unserem. Wir haben jeder für sich und alle gemeinsam Verantwortung dafür.*

RITUALE – DIE OFFENSICHTLICHSTE WIRKUNG VON FELDERN

Rituale, Felder und Pädagogik

Jeder war Schüler und hat Lehrer erlebt, die schrien und mit Kreide warfen, und solche, die ins Klassenzimmer kamen, und Ruhe trat ein. Letztere umgab eine entsprechende Aura, sie zogen uns in ihren Bann, brachten gleichsam ihr Feld mit, in das sie uns aufnahmen. Aber auch bestimmte Schulen haben ihr Feld, in das neue Schüler automatisch eintauchen. Es ist so viel leichter, in einem entwicklungsförderlichen Feld zu wachsen als in einem behindernden.

In meiner Familie zum Beispiel war es kein Problem, ein Studium aufzunehmen. Wir wurden frühzeitig gefragt, welchen Studiengang wir wählen wollten. Die Möglichkeit, gar nicht zu studieren, war so von vornherein ausgeschlossen. Wer auf dieses Muster einstieg, konnte sich aller Unterstützung und notwendigen Hilfe sicher sein. Wer es verweigerte, stieß zuerst auf blankes Entsetzen und dann auf nachhaltiges Sperrfeuer.

Erfolgreiche Pädagogik arbeitet, wie sich schon zeigte, mit Resonanzen, und sie baut tragfähige Felder auf. Dabei spielen Rituale entscheidende Rollen. Ganzheitliche Ansätze übermitteln Kindern den Zugang zu kompletten Mustern und Feldern. So verführen Pädagogen dieser Richtung sie in die Sprachräume anderer Kulturen, wo sie deren Muster nicht nur kennen, sondern auch gleich übernehmen lernen. Statt Vokabeln und Grammatik zu pauken, wird sogleich in der neuen Sprache gesprochen, auf dass ihre Strukturen in Fleisch und Blut übergehen. Das aber geschieht am einfachsten durch das Eintauchen in jene Welt, in der diese Sprache lebt. Insofern sind Reisen in die Heimat der Sprache immer besser als Nachhilfestunden und Paukkurse.

Von diesem Aspekt lässt sich der östliche Wunsch besser verstehen, neben einem Meister zu leben und zu lernen, in seine Welt und in sein Bewusstseinsfeld einzudringen. Dazu sind Rituale wichtig, gleichsam als Kristallisationspunkte des Feldes, die Resonanz herstellen und zum Einschwingen verleiten. Bei Übungen wie Shaktipat überträgt der Meister seine Energie ganz bewusst und konkret auf die Schüler, bei Deeksha, der immer populärer werdenden Form hinduistischen Segnens, übertragen die Deeksha-Geber die himmlische Energie direkt auf den Scheitel des Empfängers. Letztlich aber geht es bis in diese spirituellen Bereiche um das Feld, in das einzutauchen der Schüler die innere Bereitschaft mitbringen muss.

> *Kinder sind der Spiegel ihrer Eltern, Eltern die Basis jeden Volkes, Lehrer ihr verlängerter Arm, Eltern und Lehrer bräuchten entsprechende Anerkennung.*

Wenn etwa die Schüler einer Schule am Morgen die Lehrerin dadurch ehren, dass sie zu ihrer Begrüßung aufstehen, ist auch das ein kleines Ritual, das die ganze Klasse für einen Moment in Resonanz bringt und das Feld auf die Lehrerin fokussiert.

Kinder neigen durch ihr spontanes Nachahmen und In-Resonanz-Gehen mithilfe der bereits erwähnten Spiegelneuronen zur Übernahme ganzer Felder. Auf diese Weise lernen sie wie gesagt alle ihre Muttersprache akzentfrei. Sobald sie ihnen in Fleisch und Blut übergegangen ist, kann sie auch nicht mehr vergessen oder verlernt werden. Eine Sprache, die nach dem vierten Lebensjahr noch gesprochen wird, bleibt fürs Leben, ähnlich wie andere Programme auch. Ab diesem Punkt ist das Muster fest verankert, das Feld ausgebildet. War dieser Punkt noch nicht ganz erreicht, verfällt das Muster allmählich wieder und müsste über Rituale neuerlich verankert werden.

Daraus folgt für die Pädagogik, dass sie auf Felder achten, diese bewusst bauen müsste und Pädagogen bräuchte, die von ihrer Person her zur Nachahmung einladen, mit denen in Resonanz zu gehen Kindern Spaß machen würde. Dazu bräuchten diese aber einen ungleich besseren Status, als ihnen die moderne geldverliebte Wohlstandsgesellschaft zubilligt.

Das »senkrechte Denken« und sein Weltbild

Bisher sind uns verschiedene Arten des Denkens begegnet. Einerseits die Polarität zwischen kausalem und analogem Denken und andererseits die zwischen analytischem und symbolischem. Das Denken der Wissenschaft ist kausal und analytisch, wohingegen das der spirituellen Philosophie analog ist und sich symbolischer Bilder bedient. Es wird auch als »senkrechtes Denken« bezeichnet, da es sich über die Symbolik jeweils auf Urprinzipien beziehungsweise Archetypen im Hintergrund bezieht und sozusagen »nach unten« strebt, zu den Wurzeln. Das ihm gegenüberstehende Denken der Wissenschaft arbeitet dagegen waagerecht einordnend und auf derselben Ebene sortierend. Als Carl von Linné sein Ordnungssystem über die Welt der Pflanzen und Tiere legte, nutzte er diese Ebene.

Diese beiden so verschiedenen Arten, Welt zu verstehen und einzuordnen, wurden mir durch das Krankheitsbild der Hyperventilationstetanie vor Augen geführt. In einem Flugzeug erlebte ich gegen Ende meines Studiums einen Fluggast, der mit geblähten »Nüstern« und sozusagen vollen Lungensegeln hyperventilierte, also »überatmete«. Seine Arme und Hände hatten sich stark verkrampft, auch die Beine hatte er unter Krämpfen angezogen, sein Mund war zu der typischen Schnute verzogen, Schweiß lief ihm von der Stirn, und seine Augen traten schreckgeweitet hervor.

Die Schulmedizin kennt und beschreibt diesen Zustand unter der eindrucksvollen Diagnose der besagten Hyperventilationstetanie. Sie weiß, wenn zu viel Sauerstoff hereingeholt und vor allem zu viel Kohlendioxid abgeatmet wird, verschiebt sich das Ionengleichgewicht im Blut in Richtung alkalisch oder basisch. So entsteht eine sogenannte Hyperkapnie, die zu Muskelkrämpfen führt, weil das Calcium des Blutes zur Neutralisierung verbraucht wird, um den pH-Wert zu stabilisieren.

Schulmediziner spritzen nun so rasch wie möglich Calcium, um die Muskelsituation zu entspannen. Mediziner, die schon ein wenig weiterdenken, geben Valium, weil das die Angst dämpft, die in der Regel den seelischen Hintergrund bildet, der zum Überatmen führt. Betroffene schnappen vor Angst nach (zu viel) Luft.

> *Das Bewusstsein der Geschöpfe ist durch das Atemholen bedingt.*
> TSCHUANG-TSE

Die gleiche Situation kommt aber auch in der spirituellen Szene vor, wenn jemand bei einer sogenannten Atemsitzung in diesen Zustand gerät. Doch während die schulmedizinische Seite alles tut, ihn sofort zu beenden, verfährt die Therapie des verbundenen Atems genau umgekehrt. Sie provoziert solche Erfahrungen geradezu und ermutigt, noch tiefer in den »Prozess« hineinzuatmen – aus dem Wissen, dass das Ganze irgendwann umschlägt und auf die Verkrampfung Entspannung folgt.

In einer Szene, wo Geld damit verdient wird, solche Erfahrungen auszulösen, spricht man sehr positiv bis euphorisch von der »sich entwickelnden Situation«. Durch das im Überfluss einströmende Prana, wie Inder die Lebenskraft nennen, werden Blockaden gelöst, Meridiane, Nadis und Chakren geöffnet, die Energie Chi oder Ki zum Fließen gebracht und so weiter. Wir kennen sogenannte Atembefreiungen, bei denen sich die Krämpfe schlagartig lösen und die Enge in unbeschreiblich schön empfundene, manchmal sogar kosmische Weite übergeht. Einige berichten von überirdischen Licht-, Engels- und Gotteserfahrungen. Starke Glücks- und Einheitsempfindungen sind dabei nicht selten und faszinieren die Menschen der spirituellen Szene.

Diese beiden so verschiedenen Blickwinkel und Standpunkte gegenüber ein und demselben Phänomen machen es den Anhängern beider Richtungen nicht eben leicht, miteinander darüber zu sprechen. Sie verstehen sich in der Regel wegen der verschiedenen Ausdrücke und Sprache nicht einmal mehr und erst recht nicht wegen ihrer gegensätzlichen Interpretation des Ganzen. Den Spirituellen sagt das Medizindeutsch nichts, und sie lehnen es in der Regel sogar ab. Den Medizinern sagt das »Eso-Deutsch« nichts, und sie lehnen es ebenso fast immer ab. So kommen die beiden verschiedenen Interpretationen, die immer auch subjektiv und Ermessenssache sind, kaum zusammen.

Dabei gäbe es eine andere dritte Ebene, die keiner Spezialsprache bedarf und keiner eigenen Ausbildung, geschweige denn eines entsprechenden Studiums. Dem Mann im Flieger konnte zu Beginn der Situation jeder ansehen, dass er Angst hatte, die heraustretenden Augäpfel verkündeten es ebenso wie die (Angst-)Schweißperlen auf seiner Stirn. Sein Körper hatte sich durch die Krämpfe auf kleinsten Raum zusammengezogen und die Haltung eines Embryos kurz vor der Geburt angenommen. Die Situation spitzte sich auch ähnlich wie bei einer Geburt zu – um dann am Höhepunkt ins genaue Gegenteil umzuschlagen. Angst und Enge wichen beeindruckender Weite und Offenheit, Tränen des Glücks liefen die Wangen herab, und der Fluggast versicherte, noch nie etwas so Wundervolles erlebt zu haben oder je so glücklich gewesen zu sein.

Diese Art der Betrachtung, die der der Krankheitsbilderdeutung entspricht, nimmt lediglich wahr, was zu sehen ist, die Enge und die Weite, und klärt anschließend, was dem in der Tiefe zugrunde liegt. So gelangt sie von der Enge zur Angst und später dann von der Weite zu Offenheit und Glück. Sie sieht den großen Embryo und schließt auf das dahinterliegende, höchstwahrscheinlich unverarbeitete Geburtsdrama. Die Erfahrung hat gezeigt, dass der Organismus dazu neigt, in seinen äußeren Formen innerseelisches Geschehen auszudrücken.

Das senkrechte Denken tendiert also in die Tiefe, während das waagerechte die Oberfläche und die Welt der Phänomene beschreibt. Damit kommt eine deutliche Wertung ins Spiel, denn alles Phänomenale gilt der modernen Welt als gut und wichtig, alles radikale, an die Wurzeln gehende (vom lateinischen *radix* [»Wurzel«]) dagegen als gefährlich und schlecht. Insofern fürchtet sie sich geradezu vor allen in die Tiefe gehenden Ansätzen und auch vor dem senkrechten Denken und der daraus entstehenden Weltsicht. Das Wort »radikal« ist geradezu zum Schimpfwort verkommen.

Die einfachste Analogie zum Verständnis und zur Unterscheidung von senkrechtem und waagerechtem Denken bietet uns heute der Computer. Auf der oberflächlichen Ebene seines (Word-)Schreibprogramms bietet er enorme Möglichkeiten. Man könnte unendlich viel Stoff aus allen möglichen Themen- und Sprachbereichen dieser Welt hineinschreiben, ohne den riesigen Speicher relevant zu füllen. Die Schreibebene entspräche einer waagerechten Benutzerebene des Computers. Hier funktioniert er wie eine unglaublich potente elektronische Schreibmaschine mit unvorstellbarem Gedächtnis.

Über die entsprechenden Symbole oder Icons lässt sich aber eine noch etwas tiefere Ebene erreichen, von der aus sich Zugänge zu Rechen- und Buchführungsprogrammen, zu Musik- und Videoebenen, zum Internet und Outlook ergeben. Ab und zu mag man – meist irrtümlich – auf ein noch tieferes Niveau geraten, die sogenannte Programmierebene, wo den Normalverbraucher unbekannte Hieroglyphen erschrecken. Auch wenn diese Ebene den meisten rätselhaft bleiben wird, ist sie doch die wirksamere von den bisherigen. Nur von hier aus können wesentliche Dinge im programmatischen Innenleben des Rechners verändert werden. Deshalb arbeiten hier die Programmierer. Tatsächlich ließe sich noch tiefer ins Innenleben des PC eindringen, etwa bis auf die Hardware-Ebene, wo Computer sehr einfach sind und nur noch zwischen 0 und 1 unterscheiden, das aber sehr schnell. Diese Ebene entspräche der Polarität von Yin und Yang.

Je tiefer wir hinabsteigen von der Benutzeroberfläche, desto mächtiger, aber auch desto einfacher wird die Ebene.

Betrachten wir Systeme, mit denen versucht wurde, die Welt zu beschreiben, finden wir immer wieder denselben Weg von der Vielfalt der Erscheinungsformen zu einfachen und verbindlichen Strukturen. Die Taoisten nutzten diesbezüglich einen Weg, dem die Computererfinder erst viel später folgten. Ausgehend von der Welt der zehntausend Dinge, die für sie die unendliche Vielfalt der Erscheinungsformen ausdrückte, auf der einen Seite und der Einheit, dem Tao, gegenüber auf der anderen, erkannten sie, wie notwendig eine Vermittlungsebene zwischen der Vielfalt und der Einheit war. Sie wussten: Wenn sich Einheit verkörpert, entsteht Polarität und mit ihr Yin und Yang. Also stellten sie Yin mit einer unterbrochenen Linie dar, Yang mit einer durchgezogenen. Aber auch mit diesen beiden Gegenpolen ließ sich die Schöpfung noch nicht »in den Griff bekommen«, dazu waren sie noch zu undifferenziert. So kombinierte der Taoismus jeweils zwei Trigramme (Dreierpaare) aus Yin und Yang zu sogenannten Hexagrammen (sechs Linien) und dem System des *I Ging*, des *Buchs der Wandlungen*.

Mit den beiden Linien und jeweils sechs Plätzen im Hexagramm ergeben sich zwei hoch sechs Möglichkeiten für Hexagramme, also insgesamt 64. Nach der Überlieferung sind die 64 Bilder des *I Ging* durch Beobachtung aller möglichen Erscheinungsformen auf Erden entstanden. Diese entsprechen Grundmustern, mit deren Hilfe man die Ordnung in der vielfältigen Schöpfung darstellen kann. Das ist der Weg des *I Ging*, über den sich Taoisten in der Welt orientieren.

Erstaunlicherweise stoßen wir in der Genetik auf eine ganz ähnliche Ordnungsstruktur. Um die Vielfalt der Formen des Lebens vom Pflanzen- über das Tier- bis zum Menschenreich aus Eiweiß, dem einzigen möglichen Baumaterial, zu erschaffen, ist ein Zuordnungssystem oder Code nötig. Die Eiweißstrukturen sind unübersehbar und zahlenmäßig nicht zu erfassen, aber alles Eiweiß wird aus nur 25 Aminosäuren aufgebaut. Diese werden in ihrer Abfolge über vier Basen codiert, die sich zu sogenannten Triplets beziehungsweise Dreiereinheiten zusammenfinden. Das ergibt vier hoch drei und damit wieder 64 Möglichkeiten. Damit ist der genetische Code überbestimmt, da er ja nur 25 Möglichkeiten bräuchte, aber wahrscheinlich wird hier noch deutlich mehr verschlüsselt, als wir bisher wissen. Im Strang der DNS stehen sich die Basenpaare nach dem Schlüssel-Schloss-Prinzip gegenüber, was uns wieder zur Zahl Zwei und der Polarität bringt. So gelangen wir über die Polarität von Schlüssel und Schloss zu den vier Basen und ihren 64 Kombinationsmöglichkeiten, die die ganze Welt der Formen des Lebendigen bestimmen.

Betrachten wir die Welt unseres Körpers, können wir Ähnliches finden. Auf der Oberfläche unterscheiden sich alle Menschen von allen anderen, denn nicht einmal eineiige Zwillinge haben die gleichen Fingerabdrücke. Gehen wir aber nur ein wenig von der individuellen Oberfläche unserer Gesichter und Hände in die Tiefe, finden wir auf der Ebene der Fettzellen schon sehr viel Ähnlichkeit. Wir haben chemisch gesehen alle die gleichen, nur nicht gleich viele. Unser Blut ist zwar immer rot, aber es gibt vier verschiedene Blutgruppen. Gehen wir noch tiefer, finden wir auf der Molekülebene nicht nur die Moleküle der Fette, sondern auch die der Kohlenhydrate bei allen gleich. Glykogen, die schnelle Einsatzreserve, ist überall identisch wie auch Cholesterin und die Lipide. Von den drei Grundbestandteilen ist auf der Molekülebene nur noch das Eiweiß individuell. Gehen wir aber noch weiter in die Tiefe, sind die Moleküle und damit wir alle aus den gleichen Atomen des Periodensystems aufgebaut. Und jedes einzelne Atom läuft auf die Spannung zwischen dem positiven Kern und seiner negativen Elektronenhülle hinaus, was uns wieder zur Ebene der Polarität bringt.

Ähnliches können wir für die psychische Welt durchspielen. An der Oberfläche haben wir sehr unterschiedliche und ganz individuelle Probleme, allein schon die Zahl der Partnerprobleme ist unübersehbar. Gehen wir aber ein wenig tiefer, finden Tiefenpsychologen bestimmte Problemmuster. Mit dem Ödipuskomplex beschrieb Freud die gemeinsame Problemstruktur, die Millionen Mütter mit ihren Söhnen und umgekehrt haben. Diagnostiziert der Jung'sche Therapeut einem Paar einen (arche)typischen Zeus-Hera-Konflikt, macht das noch nicht göttlich, sondern will sagen, dass die Beziehung einem uralten Muster folgt, mit dem sich schon die Menschen im klassischen Griechenland herumgeschlagen haben und Millionen (vor und) nach ihnen. Solche Archetypen verbinden also viele Menschen unter ihrem Symbol.

> *Alles ist eins, und eins in allem – dazwischen ist vieles.*
> *Das eine ist in dem vielen und in allem.*
> *Und alles ist in einem.*
> *Das viele wird gemeinhin überschätzt – aber es ist immerhin unsere Welt.*
> *Das eine wird unterschätzt, es entspricht Gott.*

Gehen wir tiefer als die Tiefenpsychologie, in die Welt der Religion, werden die Muster immer grundsätzlicher und einfacher und enden schließlich bei Adam und Eva beziehungsweise Kain und Abel oder Gut und Böse, und wieder sind wir bei der Polarität. Allerdings blitzt hier auch erstmals die Möglichkeit von deren Überwindung durch, denn alle Religionen versprechen letztlich, wir könnten wie Gott und damit wieder eins werden.

All diese Ordnungssysteme und Gesetzmäßigkeiten laufen

auf ein Dreieck hinaus mit der Vielzahl der Erscheinungsformen an der Oberfläche und der Tendenz, nach unten über die Polarität in die Einheit überzugehen – in Gestalt der Spitze des Dreiecks.

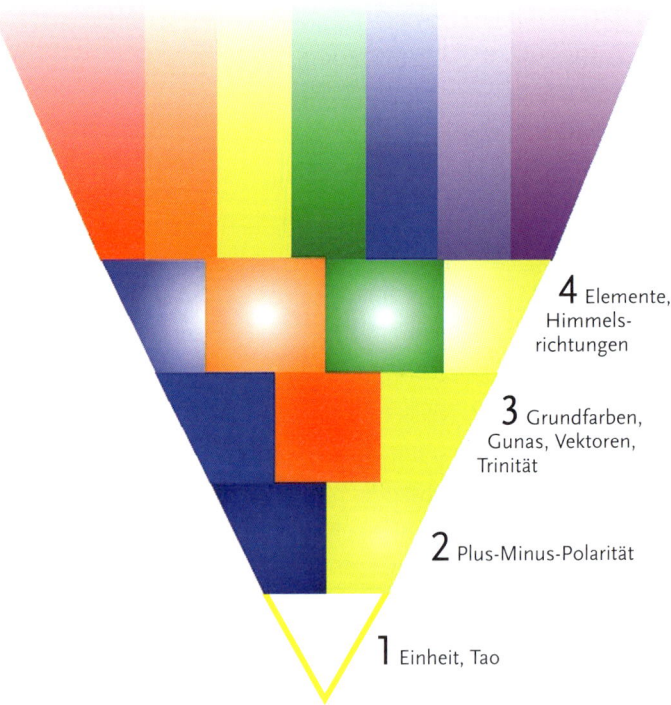

Die Welt der 10 000 Dinge

4 Elemente, Himmelsrichtungen

3 Grundfarben, Gunas, Vektoren, Trinität

2 Plus-Minus-Polarität

1 Einheit, Tao

Konkrete Urprinzipiensysteme

Das bekannteste und von der Wissenschaft vorgeschlagene Urprinzipiensystem geht auf die Idee des Vorsokratikers Demokrit zurück, der auf der Suche nach dem Ursprünglichen *(arché)* die Atome als unteilbare Grundbausteine der Schöpfung vorschlug. Wie wir inzwischen wissen, sind sie doch teilbar, aber ansonsten war Demokrits Idee aus unserer Sicht richtig. Bis heute arbeiten Naturwissenschaftler mit dem bereits erwähnten Periodensystem der Elemente nach Mendelejew. Auf diesem Planeten existiert nichts, was nicht aus dessen Elementen bestünde, eben weil es Urbausteine sind. Würde etwas gefunden, was nicht aus ihnen wäre, müsste das Periodensystem sogleich um die neuen Elemente erweitert werden, um ein Urprinzipiensystem zu bleiben.

Ein einfaches Urprinzipiensystem ist das der Farben. Wenn ein Maler einen alten Meister kopieren will, wird er nicht versuchen, die unzähligen Farbnuancen des Bildes im Geschäft zu kaufen, sondern er wird sie aus seinen Grundfarben mischen, die meist denen des Regenbogens entsprechen. Das ist sein Urprinzipiensystem. Aus diesen sechs bis sieben Farben kann er alle anderen ungezählten Nuancen und Schattierungen herstellen. Farbfernseher und Beamer brauchen nur drei Grundfarben, um alle übrigen daraus zu mischen und das Bild einer bunten Welt zu präsentieren.

Je einfacher ein System – wie dieses der drei Grundfarben –, desto übersichtlicher, aber auch anfälliger wird es. Wenn beim Fernseher eine von drei Farben ausfällt, wird das Bild sehr leiden. Wenn dem Maler eine von seinen sieben Farben ausgeht, ist das ein geringeres Problem.

Das Zweiersystem von Yin und Yang führt etwa in der Lehre

der Makrobiotik viele zu einer sehr einseitigen Ernährung, ob das nun George Oshawa, ihr Begründer, zu verantworten hat oder nicht. Eines, das auf den vier Elementen des Westens oder den fünf des Ostens aufbaut, ist da ungleich sicherer und obendrein genussvoller, weil es mehr Möglichkeiten bietet. Noch besser aber könnte eine Ernährung auf Grundlage der zwölf Urprinzipien schmecken.

Das indische System der drei Gunas oder Grundkräfte wäre ein weiteres Dreiersystem, das den drei Grundvektoren der westlichen Wissenschaft weitgehend entspricht. Die Trinität oder Dreifaltigkeit ist überhaupt in dieser Weise als Urprinzipiensystem zu verstehen. Der Schöpfergott Brahma, der die Welt schafft, und ihm gleichsam gegenüber Shiva (der Zerstörer) mit Kali (seiner weiblichen Seite) und dazwischen Vishnu (der Erhalter) bilden ein ausgewogenes System. Lediglich die christliche Dreifaltigkeit erfüllt diese Kriterien nicht mehr, da bei Vater, Sohn und Heiligem Geist alles Weibliche und damit eine ganze Hälfte der Schöpfung unberücksichtigt blieb. Das ist aber nicht eigentlich ein Problem des christlichen Glaubens, sondern seiner patriarchalen Theologie.

Neben den Vierer- und Fünfersystemen der Elementelehre wäre nach dem Dreiersystem der drei Grundfarben (Rot, Gelb, Blau) auch ein Sechsersystem denkbar, wenn man noch die drei Sekundärfarben (Grün, Orange und Violett) hinzunähme, wie es praktisch alle Maler tun. Sie beschränken sich nicht nur auf drei Farben, was zwar möglich, aber unnötig anstrengend wäre, da sie ständig neue mischen müssten. Andererseits arbeiten sie aber auch nicht mit hundert, weil das zu aufwendig und wiederum anstrengend wäre, etwa um all die selten gebrauchten Töne vor dem Austrocknen zu bewahren. Ein Sechsersystem, das sich von Fall zu Fall durch Hinzunahme der Ter-

KONKRETE URPRINZIPIENSYSTEME

tiärfarben auf zwölf erweitern ließe, dürfte – jedenfalls für den Hausgebrauch – am praktikabelsten sein.

Im Lauf der Geschichte ergaben sich weitere Systeme wie das Siebener- der klassischen Planeten, der Regenbogenfarben oder das der katholischen Sakramente, der sieben Bitten des Vaterunser auf der einen und der sieben Todsünden auf der anderen Seite. Allerdings ist auch hier, wie schon bei der christlichen Trinität, zu sagen: Wer aus Urprinzipiensystemen – aus politischen oder welchen Gründen auch immer – Teile herausbricht, ruiniert das ganze System, weil es seinen Urprinzipiencharakter einbüßt.

Es ist gleichgültig, welches System man wählt, solange es nur konsequent angewandt wird und sich genug Mitmenschen finden, die sich darauf beziehen. Ansonsten wird es mühsam in der Kommunikation miteinander. Natürlich ist es von unschätzbarem Vorteil, dieselbe Sprache mit vielen zu teilen, mit denen man sich dann entsprechend verstehen und austauschen kann.

> *Hinter dem Mosaik ist eine Idee, die sich über Bausteine zu einem Bild formt. Wollen wir es verändern, sollten wir die Idee kennen und den Umgang mit den Bausteinen verstehen.*

Daraus ergibt sich auch die große Hoffnung auf eine grundsätzliche Wende zu bewussterem und verantwortlicherem Leben, wenn jetzt viele Menschen die Gesetze (verstehen) lernen und mithilfe der Urprinzipien ihr Leben ordnen. Daraus könnte tatsächlich eine neue entwicklungsförderliche Ordnung entstehen.

Das Urprinzipiensystem der hermetischen Philosophie

Das von uns vorgeschlagene Urprinzipien- oder Archetypensystem der hermetischen Philosophie läuft auf dasselbe hinaus wie das der Elemente, nur ist es ideell und umfasst auch noch die Welt der Seele und des Geistes und deren Bilder. Ansonsten folgt es genau dem Modell des auf der Spitze stehenden Dreiecks. Es gilt generell für alle Erscheinungsformen der Schöpfung, wird aber bis jetzt besonders in den Disziplinen der spirituellen Welt von der Astrologie über Tarot bis zu Alchemie und Krankheitsbilderdeutung angewandt.

An der Spitze des Dreiecks findet sich hier ganz ausdrücklich die Einheit. Diese spaltet sich in die Polarität von Yin und Yang oder weiblich–männlich. Dann folgt eine Viererebene mit den vier Elementen: Feuer, Wasser, Luft und Erde. Natürlich durchdringt die Einheit alle vier Elemente, und auch die Polarität von weiblich–männlich ist hier weiterzuverfolgen, denn Feuer und Luft sind männlich, Wasser und Erde weiblich. Darauf folgt als nächster und wesentlichster Vermittlungsschritt zur Welt der ungezählten Erscheinungsformen die Ebene der Urprinzipien, die durch die zehn Planeten symbolisiert wird. Dabei geht es keineswegs um Astrologie, lediglich verwendet die Astrologie dieses selbe Urprinzipiensystem. Wir könnten die zehn Prinzipien genauso gut nach Ziffern oder Buchstaben benennen. Die Namen der Planeten beziehungsweise antiken Götter sind lediglich sehr bekannt und haben sich bewährt. Und da dieses Feld seit Jahrhunderten besteht und benutzt wird, bleiben wir bei ihm, was allerdings die Gefahr der Verwechslung mit der Astrologie bedingt. Diese wird noch größer, wenn wir das System, wie häufig, auf zwölf Urprinzipien er-

DAS URPRINZIPIENSYSTEM DER HERMETISCHEN PHILOSOPHIE

weitern, die in den zwölf Tierkreiszeichen Entsprechungen finden. Das ist problemlos möglich, wenn man weiß, dass die Planetenbilder von Venus und Merkur sich in jeweils zwei Tierkreiszeichen untergliedern lassen.

Zwei einfache Übungen können den letzten Schritt zu diesem System erleichtern:

> 1. Die Gemeinsamkeit von Eisen, Kupfer, Zink, Gold, Messing, Platin und Silber zu finden fällt leicht, weil das dem gewohnten Denken in waagerechten Ebenen entspricht, es handelt sich natürlich um Metalle.
> 2. Das Gemeinsame von Eisen, Sportwagen, Lanze, Splitter, Brennnessel, Fingernagel, Messer, Krieger und Kaktus ist dagegen schwerer zu ergründen, wenn wir (noch) nicht gewohnt sind, in senkrechten Strukturen zu denken.

Das Prinzip, um das es hier geht, ist **Mars** – nach dem alten Kriegsgott der Antike (im Griechischen Ares). Es entspricht dem Aggressionsprinzip, das zum Beispiel auch den Psychoanalytikern aufgefallen ist. Ihm als Gegenpol gegenüber steht das der antiken Liebesgöttin **Venus** (Aphrodite), den Psychoanalytikern als »orales Prinzip« vertraut. Dass die Psychoanalyse die weiteren Prinzipien nicht finden oder jedenfalls nicht übereinstimmend beschreiben konnte, dürfte einer der Gründe dafür sein, warum sie es nie bis zu einer befriedigenden Sichtweise des ganzen Menschen mitsamt seiner Probleme in dieser Welt geschafft hat.

Weitere Prinzipien sind das der Ausstrahlung oder **Sonne** und ihr gegenüber das des Rhythmus und der Widerspiegelung, **Mond**. Das Prinzip der Einschränkung und Reduktion aufs Wesentliche ist **Saturn** und gegenüber das der Expansion und des Wachstums, **Jupiter**. Das Urprinzip der Vermittlung wird durch den Götterboten **Merkur** ausgedrückt. Das sind die klassischen sieben Prinzipien, denen auch die Wochentage zugeordnet sind: Beim Sonn-Tag, dem strahlendem Feiertag, und Mon(d)-Tag, der dem Weiblichen und Rhythmischen geweiht ist, ist es überdeutlich. Dienstag oder französisch *mardi*, italienisch *martedì*, hat den Kampf und die Energie, also Mars, zum Namenspatron, Mittwoch oder *mercredi/mercoledì* die Vermittlung und Kommunikation und damit Merkur zum Thema, Donnerstag oder *jeudi/giovedì* ist dem Wachstum und Jupiter zugeordnet (lateinisch *Iuppiter*, Genitiv: *Iovis*), Freitag oder *vendredi/venerdì* der Liebe und Versöhnung und der germanischen Venus Freyja. Samstag oder englisch *Saturday* entspricht der Ruhe, Struktur und Saturn.

> *Die Gesetzmäßigkeit und das Wirken von Einheit, Polarität und auch der vier Elemente lässt sich bis auf die Urprinzipienebene verfolgen. Alle zwölf Prinzipien sind Ausdruck der Einheit, jedes ist aber auch männlich oder weiblich, und alle sind einem der vier Elemente zugeordnet.*

Jenseits dieses Himmelskörpers sind die sogenannten transsaturninen, entfernteren Planeten zu Hause, die auch entsprechend später gefunden wurden. **Uranus**, das Prinzip für alles Befreiende, Verrückte, die Norm Brechende, **Neptun**, das der Transzendenz und des Jenseitigen, und **Pluto**, das der Unterwelt und dem Untergründigen, dem Schatten entspricht.

Wer das Wirken der Urprinzipien jeweils hinter der Oberfläche der Welt erkennt und so Platos Ebene der Ideen mitverfol-

DAS URPRINZIPIENSYSTEM DER HERMETISCHEN PHILOSOPHIE

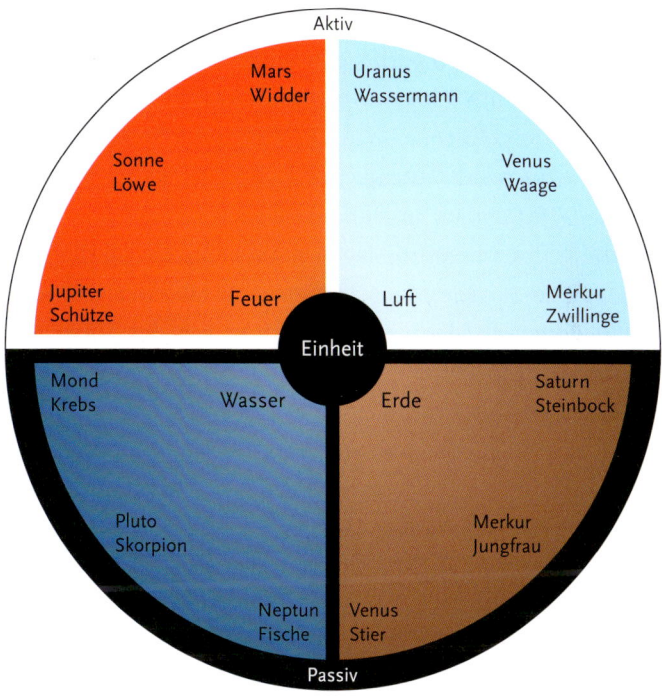

Der Kreis der Elemente, Urprinzipien und Tierkreiszeichen

gen kann, wird es ungleich leichter finden, sich und seine Pläne zu verwirklichen. Er wird weniger Energie in funktionalen, am Wesentlichen nichts ändernde Maßnahmen verschwenden, sondern sich auf die entscheidenden Themen und Aspekte konzentrieren. Sich selbst und anderen wird er auf ganz anderem Niveau helfen können, wenn Probleme auftreten. Vor allem aber wird er Probleme schon im Vorfeld verhindern, da er zu wirklicher Vorbeugung auf Grundlage der Urprinzipien fähig wird. Die sogenannte Prophylaxe der Schulmedizin ist dagegen lediglich Früherkennung, was zwar besser als Späterkennung ist, aber nichts mit echter Vorbeugung zu tun. Dazu müsste, wer vorbeugen will, erkennen, wovor er sich freiwillig zu beugen hat, bevor das Schicksal ihn beugt. Das aber kann nur gelingen, wenn das Wesen der Symptome, Probleme wie auch der Therapiemaßnahmen erkannt wird, was über die Urprinzipien am einfachsten ist.

Mithilfe ihrer Kenntnis ist es sogar möglich, all die guten Vorsätze, die so viele Menschen etwa zu Silvester entwickeln und an denen sie dann im neuen Jahr mit der Umsetzung scheitern, zum Funktionieren zu bringen, einfach weil erkannt wird, was – entsprechend den Gesetzmäßigkeiten des senkrechten Weltbilds – wodurch stimmig zu ersetzen ist und wie das niemals gelingt, auch wenn es noch so gut gemeint ist.

Leider ist es aufwendig, Urprinzipien wirklich von Grund auf zu lehren und zu lernen, da es dazu vieler Bilder, Töne, Düfte und eigentlich der ganzen Palette der Sinneswahrnehmungen bedarf, da Urprinzipien wirklich alles umfassen und durchdringen. Und sie müssten uns tatsächlich in Fleisch und Blut übergehen, um das Maximum aus ihnen ziehen zu können. Bisher haben wir all das in Wochenseminaren umzusetzen versucht, ich werde darangehen, es mit einem umfangreichen farbigen Buch einem noch größeren Kreis zu vermitteln – vielleicht auch unter Zuhilfenahme des Internets als mehrdimensionales Medium.[33]

Der Gedanke, diesen Prinzipien freiwillig zu entsprechen, ihnen Zeit und Aufmerksamkeit zu opfern, ist ebenso alt wie bewährt. Früher war jeder Wochentag, wie die Namen heute noch verraten, seinem entsprechenden Prinzip gewidmet und geweiht. So war sichergestellt, dass die Menschen allen Prinzipien gleichermaßen gerecht wurden. Im Laufe des Jahres kamen auch monatsweise alle Prinzipien in den Vorzug besonderer Beachtung, Anerkennung und Aufmerksamkeit. Das Tierkreiszeichenmodell des Jahres spiegelt diese Einstellung.

Im Fasching dienen bis heute noch viele in dieser sogenannten fünften Jahreszeit dem Uranus-Prinzip und lassen alles Verrückte und die Normen Brechende in jenem gleichsam rituellen Rahmen aufleben. Ihren Urlaub widmen die meisten den Prinzipien der Sonne (Ausstrahlung) und Venus (Liebe) oder gegebenenfalls dem Mond und den Kindern, aber sicher nicht der Ordnung und Arbeit von Saturn. Fernreisen im jovischen Sinne oder ungewöhnlich originelle Ausflüge unter uranischem Einfluss wären ebenso lohnende Erfahrungen. Einige werden ihre Ferien aber auch der Transzendenz, also Neptun, weihen und sich zu einem Meditationsretreat zurückziehen, andere sich vielleicht sogar freiwillig mit Pluto, dem Prinzip des »Stirb und werde«, der radikalen, bis an die Wurzeln gehenden Wandlungen, auf einer Vulkaninsel einlassen.

> *Wir können dem Leben freiwillig geben, was es verlangt, oder uns zwingen lassen. Wir haben die Wahl, wie, aber nicht, ob.*

Wenn wir einem Prinzip freiwillig weder Zeit opfern noch Anerkennung zollen, wird es sich diese Beachtung in seinen unerlösten Erscheinungsformen holen oder auch ertrotzen, je nachdem, wie viel Widerstand wir leisten. Glücklich und erfüllt aber leben die Menschen, die allen Prinzipien mutig und freiwillig die notwendige Anerkennung zollen. Sie beschenken sich selbst damit am meisten, aber auch die Welt wird sich von ihnen beschenkt fühlen.

Konsequenzen der Urprinzipienanwendung

Der Kleptomane und das Merkur-Prinzip

Eine ungewöhnliche Patientengeschichte mag die Chancen des Urprinzipiendenkens illustrieren und daneben gleich mit einem der Prinzipien etwas vertrauter machen. Ein Lehrer litt unter Kleptomanie. Das heißt, er *musste* stehlen – wie besessen oder unter einem inneren Zwang. Es war eine vollkommen seelisch begründete Not und hatte nichts mit seinen materiellen Verhältnissen zu tun, die intakt und geordnet waren. Sich der Problematik halbwegs bewusst, versuchte er, das Beste daraus zu machen, und beschränkte seine Diebestouren auf Kaufhäuser und Ketten, wo er wenigstens nicht Einzelne schädigen würde, verkaufte auch niemals Gestohlenes, um weder andere zu Hehlern noch sich zum gewöhnlichen Dieb zu machen. Natürlich hatte er auch Vorteile und konnte sehr schöne, weit über seine Verhältnisse gehende Geschenke machen.

Damit hatte er auch seine Frau beeindruckt, bis sie hinter sein Geheimnis kam. Wie die meisten Menschen ohne Verständnis für neurotische Probleme setzte sie ihm ein Ultimatum der üblichen Art: »Wenn du weiterhin stiehlst, verlasse ich dich.« Ähnlich werden Alkoholiker, Esssüchtige, Zwanghafte, Eifersüchtige und die ganze Palette der Neurotiker von gut meinenden, aber ahnungslosen Zeitgenossen bedroht, praktisch immer ohne Erfolg. Auch bei diesem Patienten »nutzte« die Drohung nur kurzfristig, dann wurde er rückfällig, und irgendwann machte seine Frau Ernst und verließ ihn, was ihn in tiefe Verzweiflung stürzte.

In seiner Verlassenheit vor die Wahl gestellt, wirklich eine Psychotherapie zu machen oder sein Problem zu rationalisieren, entschied er sich für Letzteres, zumal er – abgesehen vom Verlust seiner Frau – nie Nachteile durch seine Symptomatik erlebt hatte, aber viele Vorteile. Er erklärte kurzerhand diese Gesellschaft für ungerecht, die Besitzverhältnisse für skandalös und stilisierte sich zum Retter. Kurz gesagt, schlüpfte er aus der Rolle des Neurotikers in die des großen geheimnisvollen Helfers. Dazu gibt es die passenden Archetypen von Robin Hood über Ivanhoe bis zu Zorro.

Mit diesem Selbstbild ließ sich gut leben, zumal er nie erwischt wurde. Er vollbrachte nette kleine »Heldentaten«: wie bei den Pfadfindern – jeden Tag eine gute Tat. Als er vernahm, wie eine ihm fremde Frau sich sehnsüchtig etwas Wertvolles und ihre Möglichkeiten Übersteigendes wünschte, sprach er sie an und sagte, wenn sie in einer Viertelstunde in ein bestimmtes Café käme, werde sie ein Wunder erleben, das mit ihrem eben geträumten Traum zu tun habe. Während die verdutzte Frau ins Café ging, »besorgte« er ihr »Geschenk«. Anschließend motivierte er einen Jungen, die Frau kommentarlos mit einem ebenfalls so »erworbenen« kleineren Präsent zu überraschen. Während die verblüffte Frau die Überraschung des Tages, wenn nicht des Jahres erlebte, war er schon bei neuen Unternehmungen.

So weit, so nett. Er verliebte sich wieder und beeindruckte seine neue Freundin mit außergewöhnlichen Geschenken, bis auch sie durch schlichtes Kopfrechnen hinter sein Geheimnis kam. Sie stellte ihm ebenfalls ein Ultimatum, das aber von etwas mehr Verständnis getragen war. Sie würde sich trennen, wenn er nicht eine Psychotherapie mache, um sein Problem zu lösen. Mit dieser wenig tragfähigen Motivation kam er, auch noch von jemand anderem geschickt, in den Sommerferien ins Heil-Kunde-Zentrum. Zu einer Psychotherapie mit Schattenintegration führte mangels Motivation also kein Weg. Außerdem dem Damoklesschwert des neuerlichen Verlassenwerdens hatte er keinen Leidensdruck und darüber hinaus keinerlei Nachteile von seiner Symptomatik, allerdings viele Vorteile.

Folglich schlug ich ihm eine Lösungsmöglichkeit vor, die das Urprinzipielle seines Krankheitsbilds in Rechnung stellte, das dem Merkur-Thema zuzuordnen war. Unglaublich geschickt mit seinen Händen, konnte er einem unter den eigenen Augen den Gürtel und sogar die Brille von der Nase entwenden. Er liebte es, unter den Objektiven von Videokameras auch diese noch zu täuschen, und war ein Meister der Tarnung geworden. Also schlug ich ihm vor, doch als »Taschendieb« im Zirkus aufzutreten oder in Cafés zur Unterhaltung der Leute, aber zu alldem hatte er wenig Lust. So nutzten wir eine Sitzung, um sein verschrobenes Verhältnis zur Gesellschaft und seiner eigenen Robin-Hood-Rolle zu klären, und fanden in der inneren Bilderwelt auch befriedigenden Ersatz für sein Symptom, der dem Urprinzip Merkur eher noch besser gerecht wurde und obendrein durchaus legal war.

> *Ein Gott lebt in uns,*
> *durch seine treibende*
> *Kraft erglühen wir.*
> OVID

Er ging sofort begeistert an die Umsetzung, meldete sich bei dem Direktor eines großen Kaufhauses und machte ihm das Angebot, eine Woche lang unentgeltlich aufzuzeigen, wie schlecht bewacht und unsicher dessen Haus war. Der Direktor lehnte das Angebot nicht ab. Der Kleptomane ließ sich einen Raum in der Nähe des Hintereingangs des Kaufhauses anweisen, wo er das Diebesgut eine Woche lang bei einer Sekretärin abliefern konnte, die es registrierte. Obendrein riet er dem Direktor, seinen Hausdetektiven mitzuteilen, dass sie in ebendieser Woche besonders aufmerksam sein sollten. Nach jenem Vorspiel trug er sechs Tage lang viele Schätze vorn hinaus und durch die Hintertür wieder herein. Nach der Woche präsentierte er dem fassungslosen Direktor die Bescherung, die von der Sekretärin genau beziffert werden konnte.

Nun war es an sich ein Kinderspiel, dem bestürzten Direktor Hilfe anzubieten, allerdings musste ich den Lehrer, wie man heute sagen würde, coachen, bis er sich an angemessene finanzielle Forderungen wagte. Gefangen in den Vorstellungen seiner Besoldungskategorie, empfand er meine Vorschläge als geradezu dreist. Aus seinem Feld heraus würde der Direktor den zu verhindernden Schaden aber aufs Jahr hochrechnen, und er würde sicher ein recht erkleckliches Sümmchen lockermachen, um einen noch größeren Schaden zu vermeiden. So schlug der Lehrer ihm vor, für ein in seinen Augen schwindelerregendes, in den Augen des Direktors aber durchaus adäquates Honorar dessen Hausdetektive und Verkaufspersonal zunächst drei Wochen lang zu schulen. Sie durften ihm einfach bei der »Arbeit« zusehen, ihn sogar filmen und so weiter. Auch diese drei Wochen machten ihm noch Freude und bedienten sein Merkur-Thema, denn es war sein Ehrgeiz, sie selbst jetzt noch an der Nase herumzuführen. Das Merkur-Prinzip kam so voll auf seine Kosten, der Direktor war zum Erstaunen meines Klienten mit allem einverstanden, dieser verdiente mehr Geld, als er sich eigentlich zu fordern getraut hätte, und die Detektive lernten viel von ihm. **Eine echte Win-win-Situation auf Urprinzipienbasis!**

> *Haben und nicht geben ist in manchen Fällen schlimmer als stehlen.*
>
> MARIE VON EBNER-ESCHENBACH

Vorerst war das Problem damit gelöst. Die Freundin zeigte sich nicht nur zufrieden, sondern geradezu begeistert, denn sie hatte natürlich nichts gegen viel »ehrlich verdientes« Geld. Der Patient nutzte anfangs die Freizeit als Lehrer für seine Nebenbeschäftigung. Schließlich nahm er sogar ein Jahr Auszeit vom Schuldienst, um durch seine einträglichere zweite Profession einen Hausbau zu finanzieren. Es dauerte Jahre, bis er reif für eine wirkliche Psychotherapie war, welche an die Wurzeln der Kleptomanie ging, die natürlich während all dessen weiterbestand. Als er die Therapie schließlich begann, berichtete er stolz, wie genussvoll er das Geld dafür auf legale Art »zusammengestohlen« hatte.

Hollywood und die Urprinzipien

Bei der Gelegenheit mag einem der brillante Film »Catch me if you can« von Steven Spielberg über dieses Prinzip einfallen. Darin zeigt der jugendliche Trickbetrüger und Scheckfälscher Frank Abagnale, dargestellt von Leonardo DiCaprio, ein ganzes Feuerwerk aus dem Repertoire des Urprinzips Merkur. Die erste Phase seines Lebens verbringt er – aus der Familiengeschichte gut nachvollziehbar – auf der kriminellen Seite als Gegenspieler von Tom Hanks als FBI-Agent, wobei er Millionen Dollar durch Betrug »einnimmt«. In der zweiten Lebensphase aufseiten des Gesetzes erwirtschaftet er wiederum Millionen als Experte für Schecksicherheit. Der Film ist ein wundervolles Lehrstück über die Wertfreiheit der Urprinzipien und zeigt zusätzlich die Offenheit der US-Gesellschaft für Umstiege von der unerlösten auf die erlöste Seite und für Quereinstiege. Im Gegensatz dazu vergeuden die Gesellschaften des deutschsprachigen Raums unendlich viel Potenzial durch starke Wertungen und eine starre und sture Schichtundurchlässigkeit, wie zum Beispiel die Pisa-Studien offenbarten.

Ein weiteres Beispiel mag das deutlich machen. Als die Gefahr durch Hacker immer größer wurde, unternahm die deutsche Regierung entsprechende Schritte und berief eine Beamtenkommission ein, die sich diesem Thema widmen sollte. Man kann sich bildlich vorstellen, wie die Angst in die Hacker gefahren sein muss, als klar wurde, dass sich eine Gruppe deutscher Beamter ihnen nun acht Stunden am Tag zum Kampf stellen würde. Für einen urprinzipienerfahrenen Menschen ist die Meldung wie ein Witz. Weiter auseinander als die verrückt kreative Welt der – vom Uranus-Prinzip geprägten – Hacker und die deutscher Beamter, die für die Schattenseiten des Saturn-Prinzips bekannt sind, ist kaum denkbar. Die Kommission war so von Beginn an chancenlos.

In den USA ging man gegenteilig vor und köderte die besten Hacker damit, aufseiten des Gesetzes – für viel Geld – noch größere Herausforderungen zu bewältigen. Man warb sie an und polte sie um. Solche Lösungen wie etwa auch die Kronzeugenregelung[34] sind nach deutschem Rechtsverständnis problematisch. Dadurch könnten Kriminelle sich relativ rasch rehabilitieren, indem sie ihre bisherigen Kumpane denunzieren und mehr oder weniger straflos ausgehen. Amerikaner nehmen diese Tatsache der »Instant-Rehabilitation« in Kauf, um die Chancen bei der Verbrechensaufklärung zu erhöhen.

Wer sich gute Hollywoodfilme anschaut, kann sich des Eindrucks nicht erwehren, dass es kein Zufall sein kann, wenn die Urprinzipien so oft so genau getroffen werden, etwa im Gegensatz zu deutschen Filmen, wo das die Ausnahme bleibt. Sicher ist ein Regisseur wie Steven Spielberg mit den Urprinzipien vertraut. Er geht in all seinen Filmen souverän damit um, wie auch George Lucas, der Schöpfer der Star-Wars-Tetralogie. Es heißt, der große Mythologe Joseph Campbell habe in Hollywood Regisseuren Unterricht über Urprinzipien und Archetypen im Mythos erteilt.

Immerhin fällt auf, dass US-Filme ohne jede Förderung regelmäßig zu Welterfolgen werden, was deutschen selbst mit massiver Unterstützung des Staates selten gelingt. Jedenfalls sind gut gemachte Filme eine Möglichkeit, Urprinzipien zu lernen. In Kriegsfilmen lässt sich das Mars-Prinzip studieren, in Liebesfilmen das der Venus. Aber in einem guten Film müssen ebenso all die anderen stimmig sein, wenn sie denn vorkommen. Offenbar erkennen das auch Menschen intuitiv, die bewusst über gar keine entsprechende Kenntnis verfügen.

Um ausreichende Spannung zu erzeugen, die die Zuschauer in ihren Bann zieht, werden meist wenigstens zwei, am besten konträre Urprinzipien in den Vordergrund gestellt, weshalb in Kriegsfilmen nicht selten Liebesepisoden untergebracht sind, in romantischen Streifen aber auch kurze Streit- oder sogar Kampfszenen.

Die beiden großen Prinzipien Sonne und Mond lassen sich zum Beispiel wunderbar in dem alten französischen Film »Drei Männer und ein Baby« studieren. Oder an dem neueren Disney-Film »The Kid« mit Bruce Willis. Die Verbindung von Mars- und Venus-Prinzip bringt der »Rosenkrieg« mit Kathleen Turner und Michael Douglas auf den Punkt. Merkur und Jupiter sind genial verbunden in »Der Scheinheilige« mit Steve Martin, Debra Winger und Liam Neeson. Saturn und Uranus machen den Kultfilm »Harold and Maude« aus, Neptun und Pluto schließlich den »Smaragdwald« von John Boorman.

Drogen und das Prinzip des Neptunischen

In einer kleinen, wenig relevanten Drogenklinik lernte ich das Prinzip des Neptun kennen, noch ohne es zu bemerken. In dem kleinen Haus hatten sich Psychiater der 68er-Bewegung zusammengefunden, die unter großem Einsatz bereit waren, für ihre Patienten, aus Respekt »Klienten« genannt, mehr als das Übliche zu tun. Man war liberal aus Überzeugung. Die Klienten durften schlafen, wo und natürlich auch mit wem sie wollten, wir besorgten noch kostenlos Antibabypillen über Ärztemuster. Überall dröhnte lauter Rock 'n' Roll durch die Zimmer und Säle, sodass sich kaum ein Arztbrief diktieren ließ, die Stimmung war gut, aber angestrengt, denn liberal zu sein und trotzdem eine lückenlose Überwachung zu gewährleisten ist ein gewisser Widerspruch.

Trotz der fast demonstrativen Großzügigkeit waren andererseits banale Dinge streng verboten. Zum Beispiel durfte weder Meditationsmusik, damals noch »Sphärenmusik« genannt, gespielt noch Räucherstäbchen benutzt werden. Meditation war ebenso verboten wie das Tragen von Lungis, jenen wallenden Gewändern, die die Hippies aus Indien mitgebracht und die Frauenbewegung später in Lila aufgetragen hat. Ich fragte mich und den Oberarzt, was das sollte. Er antwortete, das gehöre alles zum Umfeld der Sucht und müsse deswegen verboten werden, denn sie wollten dieses Milieu austrocknen.

Erst später dämmerte mir, dass die Ärzte dort auf Neptuns Feld gestoßen waren. Aber typisch allopathisch eingestellt, neigten sie dazu, es gänzlich zu verbieten. So waren auch die hohen Rückfallquoten zu erklären, die denen der normalen Psychiatrie kaum nachstanden, obwohl diese außer Drogenverboten gar nichts anzubieten hatte. Wir in der kleinen Klinik dagegen boten enorm viel, aber, wie ich später verstand, vom Falschen (Urprinzip).

Es ist die Illusion der Allopathen, mit der Unterdrückung (ob von Symptomen oder Urprinzipien) langfristig Erfolg zu haben. Die einzige und obendrein gute Chance wäre, innerhalb eines Urprinzips von unentwickelten in erlöste Bereiche zu wechseln.

Wer also das Neptun-Prinzip kennt und weiß, wie in seinem Bereich Sucht und Suche zusammenspielen, wie groß hier die Sehnsucht nach dem Transzendenten, Mystischen ist, wird Räucherstäbchen und Sphärenmusik gerade nicht verbieten, sondern in jedem Zimmer anbieten und die verschiedensten Formen von Meditation obendrein, aber auch Gebet und Religion gehören in ein Alternativangebot für Junkies. Die Drogenklinik könnte man noch ans Meer bauen und in dessen wässrigen Farbtönen gestalten, wehende Gewänder könnten Klinikkleidung werden, das Interesse für Mystik, Transzendenz und Religion müsste ständig geweckt, angeregt, gefördert und unterhalten werden. Erfahrungen mit Süchtigen im Heil-Kunde-Zentrum haben das über zwei Jahrzehnte eindrucksvoll bestätigt.

> *Es kann nie gelingen, ein Urprinzip ganz aus dem Leben zu verbannen.*

Aber auch schon damals, in der Drogenklinik, hätten wir es verstehen können. Sprachlos hatten wir hingenommen, dass die sogenannten Jesus People, eine Sekte, die naives Christentum fast im Sinn der Zeugen Jehovas mit wörtlicher Bibelauslegung predigte, und die von der Transzendentalen Meditation (TM) des indischen Gurus Maharishi Mahesh Yogi inspirierten Anhänger, die jedem Süchtigen ein Mantra verordneten, damit deutlich bessere Fünf-Jahres-Erfolgsquoten erreichten als wir mit unserem von psychiatrischem Wissen getragenen Riesenaufwand.

Rückwirkend ist mir klar, warum wir ähnlich schlecht abschnitten wie die »Normalpsychiatrie«. Wir gaben den Patienten nicht, was sie brauchten, sondern nahmen ihnen lediglich weg, was sie gefunden hatten, und machten sie seelisch so nur noch hilfloser. Auf der Oberfläche mag das noch angehen, denn wir nahmen ihnen Drogen weg und gaben ihnen stattdessen Zuwendung. Aber auf der Ebene der Ideen beziehungsweise Urprinzipien konnte das aufgrund folgender Gesetzmäßigkeit nicht funktionieren: Sie hatten sich mit den Drogen für Neptun entschieden, was wir ihnen unmöglich machten. Dafür gaben wir ihnen Venus (Zuwendung), was nicht ihrem Problem entsprach.

Die Schulpsychiatrie trieb es noch krasser. Sie nahm ihnen ebenfalls mit den Drogen das Neptun-Prinzip und nötigte ihnen stattdessen Tugenden wie Ordnung, Pünktlichkeit, Sauberkeit und Verlässlichkeit auf, die allesamt unter das Prinzip Saturn fallen. Das ist in etwa so, als würde man einem Erstklässler, der Schwierigkeiten beim Addieren hat, stattdessen Multiplikationsaufgaben aufbrummen und sich wundern, dass er durch die Beschäftigung damit nicht addieren lernt.

Ungleich erfolgreicher ist es, den unerlösten Umgang mit Neptun in einen erlösten zu wandeln. Wenn also jemand auf der Suche nach dem Sinn des Lebens an einem falschen Ufer wie dem der Drogen landet, sollte man ihm nicht die Suche generell verbieten, sondern sogar helfen, sein (Lebens-)Schiff wieder flottzumachen, damit er weitersuchen kann und an anderen Ufern Besseres findet. Leider gibt es – meines Wissens – bis heute keine Drogenklinik, die sich konsequent eines solchen Urprinzipienverständnisses bedient.

> *Sucht und Suche gehören zusammen wie Himmel und Hölle. Wer die Sucht und die Hölle verbietet, hindert die Suche und verbarrikadiert den Himmel – und sorgt so für Drogenszenen und Hochkonjunktur in der Hölle.*

Dabei könnten einem Süchtigen natürlich am besten diejenigen helfen, die ihrerseits schon entsprechende schlechte Erfahrungen gemacht und anschließend fündig geworden sind. In den USA ist das ein geringes Problem, in unseren Ländern voller Bedenkenträger und Verhinderer ein annähernd unüberwindliches. Die besten Drogentherapeuten wären natürlich Exjunkies. In der Drogenhilfsorganisation »Release« arbeiteten sie phasenweise zum eigenen und zum Wohl anderer mit, nachdem sie erfolgreich die Seiten gewechselt hatten und das Neptun-Prinzip, das die Drogenwelt beherrscht, wie ihre Westentasche kannten.

... am Beispiel Rudolf Steiners

Ein Mann, der nicht für sein Urprinzipienwissen berühmt wurde, aber durch dessen Auswirkungen auf sein Lebenswerk, ist Rudolf Steiner. Er hatte nicht **Pädagogik** studiert und entwickelte doch mit den Waldorfschulen die – neben Maria Montessoris Ansatz – wichtigste Alternative in diesem Bereich, die sich weltweit durchsetzte. Und er nutzte dazu – seiner Zeit auch diesbezüglich weit voraus – die Sponsorengelder der Zigarettenfabrik Waldorf-Astoria, wovon bis heute der Name seiner Pädagogik zeugt.

Ohne Medizin studiert zu haben, entwarf Rudolf Steiner die Grundzüge einer **anthroposophischen Medizin**, die immer noch besteht und so wichtige Aspekte wie die Misteltherapie über die Signaturlehre fand und in die Medizin einbrachte. Zusammen mit Rudolf Hauschka fand er die Grundlagen einer **Pharmakologie**, die ohne Konservierungsmittel und Gifte ihre Medikamente über Rhythmus zu stabilisieren lernte und in den Firmen Wala und Weleda weiterlebt.

Steiner musste auch nicht **Landwirtschaft** studieren, um die Basis des biologisch-dynamischen Ackerbaus zu legen, von der heute die gesamte alternative Landwirtschaft profitiert, nicht nur eine Firma wie Demeter. Darüber hinaus legte er mit der **Christengemeinschaft** den Grundstein zur einzig relevanten spirituell ausgerichteten christlichen Kirche. Ohne ein Studium der **Architektur** absolviert zu haben, hat er eine neue Formenwelt in die Baukunst eingebracht, wie sie sich zuerst im Goetheanum in Dornach bei Basel niederschlug, der Keimzelle der Anthroposophie. Er hatte auch nicht **Kunst** studiert, aber mit seiner Formenlehre doch eine Richtung vorgegeben, die Antoni Gaudí und Friedensreich Hundertwasser inspirierte.

> *Alles Geschaffene ist ein Gleichnis.*
> GOETHE

Letztlich konnte Rudolf Steiner zu allen zentralen Lebensbereichen Wichtiges beisteuern, weil er die Gesetze beherrschte und die Urprinzipien kannte und anwandte. Man muss nicht in allen Punkten einer Meinung mit der zeitgenössischen Anthroposophie sein, um sein umfassendes Werk in so vielen Bereichen anzuerkennen und zu schätzen.

In ziemlich ähnlicher Weise kann jemand mit solidem Urprinzipienverständnis auch heute in allen relevanten Gesellschaftsbereichen mitdenken und -reden. Keine Frage etwa zu irgendeinem Krankheitssymptom aus dem unendlich weiten Feld der Medizin kann denjenigen überfordern, der sich das Problem beschreiben lässt, die Archetypen im Hintergrund deutet und daraus die entsprechenden Schlüsse zieht. Das ist das ganze Geheimnis des Buchs *Krankheit als Symbol*. Natürlich lässt sich ebenso der gesunde Körper urprinzipiell deuten und verstehen wie in *Körper als Spiegel der Seele* geschehen. Auf der Grundlage der Gesetze und Urprinzipien ist aber auch der Hintergrund von Lebensübergängen und ihren Krisen zu begreifen wie in *Lebenskrisen als Entwicklungschancen* dargelegt. Die Geheimnisse des Geldes lassen sich natürlich so entschlüsseln und ein entspannter Umgang mit ihnen lernen wie in *Die Psychologie des Geldes* angeregt. Politik, Wirtschaft und die Probleme dieser Welt – von der Klimakatastrophe über die moderne Sklaverei bis zum Wasserdesaster – sind in *Woran krankt die Welt?* auf der Basis der Gesetze und Urprinzipien verständlich gemacht. Letztlich gibt es kein Thema, das sich dem Urprinzipienverständnis verschließt. Das aber heißt, dass sich alle Lebensbereiche dem Verständnis desjenigen öffnen, der sich auf die Ebene der Ideen unter der Oberfläche der Erscheinungsformen, auf das senkrechte Weltbild einlässt.

Von der Torte der Wirklichkeit zur Uni-versi-tät

Wer sich gedanklich in die Mitte einer Torte versetzt, hat an allen Stücken Anteil, da sie alle mit ihrer Spitze den Mitte-lpunkt beziehungsweise die Einheit berühren. Einem Menschen, der im Einheitsbewusstsein lebt, erginge es ähnlich, denn auch er hätte Anteil an allem, da allem die Einheit zugrunde liegt. Wer also aus der Mitte heraus im Leben agiert, wird zu allem Zugang finden, im Gegensatz zu dem, der an der Peripherie isoliert in seinem Tortenstück sitzt und es für die ganze Welt hält.

Dieses Bild nimmt die eingangs erwähnte Idee der beiden Schulen des Pythagoras auf. Die des inneren Kreises, die aus dem Verständnis der Einheit und der Gesetze des Lebens wirkt, ist dem Wesen der Dinge natürlich näher als diejenige, die sich an der Peripherie mit den Konsequenzen herumschlägt, die sie nicht einmal versteht.

Entsprechend ist es mit Menschen. Wer aus der eigenen Mitte lebt und um die Mitte des Ganzen weiß, tut sich leicht, alles zu verstehen und Zugang zum Ganzen zu finden, denn sein Horizont ist 360 Grad weit. Er kann aus dem Zentrum bewusst zu allem Resonanz herstellen. Wer dagegen vereinzelt und isoliert am Rand sitzt, wird unter Umständen seinen kleinen Bereich für das Ganze halten und sich als mehr oder weniger hilflosen Spielball in einem großen Getriebe sehen, das er nicht durchschaut. Daraus ergeben sich besonders leicht Projektionen und Verschwörungstheorien, denn man ahnt, dass da etwas ganz anders läuft und irgendwie zusammenhängt, und nimmt – typisch Mensch – das Schlimmste an.

> *Das Mandala enthält alles in seiner Mitte, die sich nicht sehen, nur fühlen lässt, und vieles an der Peripherie, das sich gut sehen und spüren lässt. Daher besteht die Gefahr, aufs falsche Pferd zu setzen...*

Das Bild der Torte erlaubt aber noch weitere Erkenntnisse. Nach diesem Modell hatten die Brüder Humboldt, Wilhelm und Alexander, die Uni-versi-tät neu erdacht. Die ursprüngliche Idee war, Forscher verschiedener Richtungen, die in entsprechenden Fakultäten auf ihren Spezialgebieten arbeiteten, immer wieder zusammenzubringen, damit sie – im Tortenbild in der Mitte – ihre Ergebnisse austauschen konnten. Das will offensichtlich auch der spätlateinische Begriff *universitas* (»Gesamtheit, Gemeinschaft«) ausdrücken, der von dem Begriff *universus*[35] (»gänzlich, ganz«) abgeleitet ist.

Viele Forscher suchen in der Vielfalt der Erscheinungsformen nach Ergebnissen, die sie immer wieder zusammen auf die Einheit beziehen.

Wenn wir heute sagen, jemand ginge an die »Uni«, trifft das keineswegs mehr den Kern, er geht eher an die »Versi«, denn die verschiedenen Fakultäten haben sich zwar gewaltig entwickelt, die verbindende Einheit in der Tiefe wurde aber leider völlig aus den Augen verloren. Die Hoffnung wäre, mithilfe des Verständnisses der Lebensgesetze und der Urprinzipienkenntnis dieser alten wundervollen Idee wieder näherzukommen, die in Verbindung mit modernen Errungenschaften auch heute noch enorm viel für uns leisten könnte.

Im Augenblick ist es leider so, dass nicht einmal die verschiedenen Spezialgebiete einer Fakultät mehr zusammenarbeiten. Die Schlafforschung in Deutschland liegt in Händen von Psychiatern, und diese wissen aus ihren Schlaflaboruntersuchungen, dass Menschen regelmäßig Traum- oder REM-Phasen haben, die sie auch brauchen, weil sie sonst Traumbilder bei offenen Augen, sprich optische Halluzinationen bekommen. Leider haben sich diese Ergebnisse den übrigen Psychiatern nicht mitgeteilt, denn diese behandeln Stillpsychosen, die meist lediglich auf dem Ausfall der REM-Phasen bei modernen bedarfsabhängig stillenden Müttern beruhen, mit Neuroleptika. Das erzwingt das sofortige Beenden des Stillens und reißt schlimmstenfalls die Mutter und ihr Neugeborenes auseinander. Dabei bedürfte es »nur« eines Partners oder einer Großmutter, die das Kind ab und zu mit einem Fläschchen durch die Nacht brächten und der Mutter wieder durchgehenden Schlaf einschließlich Traumphasen ermöglichten.

Würden wir die Ergebnisse der Virologie und der Epidemiologie zusammenbringen, wüssten wir, dass Papillomaviren Gebärmutterhalskarzinome nur in Gang bringen können, wenn das Smegma den Boden dazu bereitet, jene übelriechende Substanz, die bei mangelhafter Hygiene unter der männlichen Vorhaut entsteht. Dann könnten wir uns die sündteure und lebensgefährliche[36] Impfung ersparen und stattdessen eine auch in anderer Hinsicht sinnvolle Hygieneoffensive starten: Die Mädchen würden frühzeitig lernen, ihre Liebhaber zu fragen, ob sie Liebe oder »Krebs machen« wollen...

Zusammenarbeit in der Mitte, Synergien statt Konkurrenz, so könnte die lebens(glück)erhaltende Lösung heißen.

Alte Gedanken zur Urprinzipienwelt

Die Menschen der frühen Zeiten versuchten mit allen möglichen Methoden, ihrer Verunsicherung in einer Schöpfung zu begegnen, die sie vor allem zu Opfern machte. Besonders wichtig für ihr Überleben war natürlich, im Voraus zu wissen, was auf sie zukommen würde. Zu diesem Zweck und weil sie hinter allem das Walten der Götter vermuteten, versuchten sie, deren Willen zu erforschen. So wurden alle möglichen divinatorischen, also den Willen der Götter enträtselnden Methoden kreiert. Die Vorfahren der Taoisten warfen das Schafgarbenorakel, das dann zum *I Ging* wurde und die Menschen schon mit der Archetypenebene, wenn auch einer anderen, in Berührung brachte.

Die Germanen versuchten Ähnliches mit den Runen. Diese geheimnisvollen Symbole, die dem Mythos nach auf Odin zurückgehen, waren letztlich ebenfalls schon ein, wenn auch wenig entwickeltes, Archetypensystem. Die Runen wurden in Buchenstäbe geritzt, und diese wurden geworfen, sodass die Götter über den Fall und die Lage der Runen »rechten Rat raunen« konnten. Aus diesen Buchenstäben entwickelten sich nicht nur sprachlich unsere Buchstaben. Deren Ziel blieb die Kommunikation, allerdings nun zwischen den Menschen statt wie früher zwischen Menschen und Göttern.

In anderen Kulturen wurden die Eingeweideschau bevorzugt oder heilige Hühner beziehungsweise der Vogelflug beobachtet. Von der Observierung des Himmels stammt unser Wort »Kontemplation«. Im alten Rom hatten die sogenannten Auguren jeweils einen Bezirk des Himmels, *templum* genannt, zu beobachten. Zuerst ging es dabei nur um den Flug der Vögel, später spielten auch die Wolken und das Wetter herein, sodass hier von einer Frühform des Wetterberichts auszugehen ist. Von diesem Bezirk des Himmels, seinem *templum*, hatte jeder Augur auf einen entsprechenden Bezirk der Welt zu schließen, der mit der Zeit auch »Tempel« genannt wurde. Die lateinische Vorsilbe *con-* meint »zusammen mit«. Insofern hatten die Auguren die oberen mit den unteren Tempeln in Beziehung zu bringen. So entstand die Kon-templ-ation.

> *Warum die Wahrheit im Kaffeesatz suchen, wo sie doch im Wein so viel angenehmer zu finden ist?*
> JACQUES BREL

Mit dieser Art von Analogiedenken versuchten unsere Vorfahren, verschiedene, leichter zu beobachtende Ebenen in Beziehung zu ihrer Wirklichkeit zu bringen, um diese besser durchschauen zu können. Letztlich kann von jeder Ebene auf jede andere geschlossen werden. Welches System man nutzt, ist gleichgültig, solange man die Methode beherrscht. Allerdings sollten die Ebenen natürlich leicht zugänglich und verlässlich sein. Hier hat sich der Himmel am besten bewährt.

Wobei man noch höher, über die Ebene des Vogelflugs hinaus, auf die der Ekliptik musste, um mit den Planeten und ihrem Lauf eine ideale Beobachtungsplattform zu finden, die zur Astrologie wurde, der ursprünglichen Königin unter den Wissenschaften.

Pseudokausalität als Totengräberin des Analogiedenkens

Wenn wir nun Ähnliches anregen, ist jeweils strikt darauf zu achten, keine Kausalität in diesen Bereich zu bringen, denn dadurch würde das Ganze lächerlich. Genau das aber passiert häufig in der gängigen Astrologie vieler Illustrierten. Wie stark dieses Feld des divinatorischen beziehungsweise den Götterwillen voraussagenden Erfassens eines höheren Willens bis heute ist, lässt sich daran ermessen, dass selbst alternativen Themenbereichen gegenüber kritische Blätter es sich kaum leisten können, auf Horoskope zu verzichten.

Auch was logisch aussieht, wird oft chrono- und ana-log(isch) sein.

Denn auch wenn wir im »ganz normalen Alltag« von einer Ebene auf die andere schließen, folgt daraus keinesfalls Kausalität. Banale Beispiele machen das deutlich. Jagdhunde verursachen keine Hasen, auch wenn sie diesen oft hinterherrennen. Weder ist es 20.00 Uhr, weil die Tagesschau kommt, noch kommt diese, weil es 20.00 Uhr ist.

Wenn jemand täglich um 7.00 Uhr zur Arbeit geht und nur am Samstag bis 9.00 Uhr ausschlafen kann, mag man aus der Tatsache, dass er um 8.30 Uhr noch im Bett liegt, folgerichtig schließen, dass Samstag ist. So könnte der Betreffende dann auch »begründen«, anschließend ans Frühstück zum Einkaufen und danach zum Frühschoppen zu gehen. Möglicherweise ist es auch folgerichtig, zu Mittag auf Schweinebraten als Gericht zu schließen, am Nachmittag auf Autopflege, anschließend auf Sportschau und nach dem Abendessen auf Baden und Sex... Auch wenn sich das für manche Menschen bewährt, ist es doch keinesfalls kausal, nur weil es verlässlich immer so stattfindet. Aus der Tatsache der Autopflege folgt nur chronologisch, aber keinesfalls kausal das »Eigenbad« und das wöchentliche Schäferstündchen, selbst wenn es schon seit Jahren so ablaufen mag. Es handelt sich um eine »Immer-wenn-dann-Beziehung«, die mit Kausalität aber nicht das Geringste zu tun hat.

Den Urprinzipien gerecht werden – den Göttern dienen?

Bei den Urprinzipien handelt es sich um eine begrenzte Anzahl universeller Archetypen, die die Ganzheit beschreiben wie das Periodensystem der Elemente die ganze physikalische Welt. Folglich hat jeder von uns mit allen von ihnen zu tun. Das macht die Astrologie, die sie ebenfalls benutzt, am deutlichsten klar. All die mit den Planeten- und antiken Götternamen verbundenen Prinzipien stehen irgendwo am Himmel, wenn ein Mensch oder Wesen auf die Welt kommt. Insofern haben sie alle einen mehr oder weniger starken Bezug, der sich zum Beispiel im Grundhoroskop wie in einem Lebensfahrplan reflektiert. Die meisten Menschen ahnen zumindest diese Beziehung – allerdings oft uneingestandenermaßen, wie folgende häufig zitierte Anekdote andeutet: Der Sekretär der kommunistischen Partei wurde gefragt, ob er an Astrologie glaube. Ganz entschieden entgegnete er: »Wir Kommunisten sind nicht abergläubisch, und ich bin auch noch Jungfrau, die sind besonders kritisch.«

Wie – ließe sich fragen – kamen die Menschen der Antike dazu, die Planeten mit Götternamen zu belegen? Die Griechen hatten wie alle Völker ihre Götter, denen sie dienen und entsprechen wollten. Jede der Gottheiten war entsprechend dem Resonanzprinzip mit Eigenschaften belegt, die einen Bezug zum Leben der Antike hatten. Dieser von den Kirchen gern als Polytheismus oder Vielgötterei degradierte Aspekt findet sich bei Katholiken jedoch genauso, denn die Menschen brauchen einfach Ordnung und Hierarchie in ihrem Bezug zur Götterwelt: Wer Probleme mit dem Firmungsunterricht seiner Tochter hat, wendet sich auch nicht gleich an den Papst, sondern erst mal an den vor Ort zuständigen Pfarrer. Ähnlich richtet die katholische Frau ihre Fragen bei Problemen in der Familie eher an Maria als gleich an Christus oder Gottvater selbst. Dieses System hat sich mit der Zeit enorm diversifiziert, und inzwischen gibt es für jeden Tag des Jahres mindestens einen Heiligen, damit jeder Katholik seinen ganz persönlichen Schutzpatron hat. Darüber hinaus gibt es auch eine Zwischenebene übergreifender Heiliger, eine Art regelrechtes Zunftwesen, das sich bis in verschiedene Engelreiche untergliedert.

Was die Schutzheiligen angeht, ist beispielsweise der heilige Florian für Probleme mit dem Feuer »zuständig«. Bekannt ist er heutzutage vor allem ob des geschmähten Florian-Prinzips: »Heiliger Sankt Florian, schon unser Haus, zünd andre an.« Was definitionsgemäß dem Grundsatz entspricht, Unangenehmes von sich wegzuschieben, auch wenn andere dadurch geschädigt werden, ist allerdings gar nicht so falsch und entspricht dem Wissen, dass es dieses Prinzip des Feuers gibt und dass es sich auch ausdrücken **muss**. Die Bitte lautet entsprechend, einen vor der unerlösten Variante zu verschonen. Entwickelter wäre allerdings die Bitte, einen doch mit dem Feuer der Begeisterung zu segnen, statt anderen brennende Häuser zu wünschen...

Auf dem Gegenpol ist der heilige Nepomuk bei Wasserschäden verantwortlich, beim Wetter bekanntermaßen Petrus. Der heilige Antonius ist bei allen Verlusten von Gegenständen anzurufen, Franziskus ist für die Tiere zuständig, Sankt Martin aber ebenso für die Jäger. Möglicherweise gibt es auch im katholischen Heiligenwesen spannende Beziehungsprobleme. Gambrinus ist der Schutzpatron der Bierbrauer, Sankt Damian der der Apotheker, und die Prostituierten haben Maria Magdalena. Judas Thaddäus ist der Heilige für besonders dringende Notfälle.

Die Griechen sind in ähnlicher Weise vorgegangen, nur haben sie sich auf wesentliche Prinzipien beschränkt und sind damit zu einer Art Urprinzipiensystem gelangt, das sich bewährte und deshalb von anderen wie etwa den Römern adaptiert wurde, wodurch es sich mit der Zeit immer mehr durchsetzte. Wie gut dieses entstandene Feld im Sinne von Sheldrakes Idee der morphogenetischen Felder funktionierte, mag man daran sehen, dass auch die erst viel später gefundenen Planeten mit Götternamen aus dem griechischen Pantheon belegt wurden.

Die Menschen der Antike gingen offensichtlich davon aus, dass sie all diesen Prinzipien in ihrem Leben gerecht werden mussten, und versuchten, das aktiv und bewusst zu tun, anstatt sich vom Schicksal zwingen zu lassen. Auch wenn also Kronos (Saturn) ein anspruchsvolles und herausforderndes Prinzip war wie eben der entsprechende Gott, versuchten sie sich dem doch zu stellen und ihm durch entsprechend bewusste Rituale gerecht zu werden. Die Römer feierten die Saturnalien, an deren Anfang der normalerweise sorgsam gefesselte Gott entfesselt wurde, um so seiner anderen Seite Ausdruck zu verleihen, die wir heute mit dem als Planet erst viel später entdeckten Uranos (Uranus) assoziieren.

Wie wir dem Uranus-Prinzip in der Faschings- und Karnevalszeit teilweise mit großer Hingabe huldigen, versuchten die Griechen jedem Prinzip freiwillig Opfer zu bringen, damit diese sie sich nicht mit Gewalt holen mussten.

Heute opfern wir eher unbewusst, eher notgedrungen, wenn das Schicksal, oder wie immer wir diese Instanz nennen, bei uns anklopft. Wenn wir so tun, als hörten wir das nicht, wird stärker geklopft, und wenn wir stur bleiben, auch die Tür eingeschlagen. Es ist im Leben letztlich wie in der Schule. Es gibt die Möglichkeit, freiwillig zu lernen oder sich zwingen zu lassen. Ersteres ist der leichtere und erfolgreichere, Letzteres ist der Weg, den die Mehrheit erleidet. Wer über die Gesetze lernt, seinem Schicksal sowie den Anforderungen gerecht zu werden und anhand der Urprinzipien die Art der gestellten Aufgaben entschlüsselt, muss nicht durch Schicksalsschläge zwangsbelehrt werden. Diese letztere Variante wird dann leicht als Strafe missverstanden, dabei steckt dahinter einfach die eigene Verweigerung der anstehenden Aufgaben.

> *Sechs Milliarden Menschen und zwölf Urprinzipien, jeder davon hat mit allen zwölf zu tun, was uns zeigen könnte, wie viel wir gemeinsam haben.*

Wer sich also beispielsweise dem Uranus-Prinzip verweigert, weil er dessen originelle, verrückte, die Normen verletzende Impulse fürchtet und sich scheut, aus der Reihe zu tanzen, über die Stränge zu schlagen, auszuflippen und selbst verrückt zu spielen, könnte es auch über Unfälle kennenlernen. Diese werfen uns ebenfalls aus der Bahn, unterbrechen die Kontinuität des Lebens, oft auch der Knochen, und bringen uns in besondere uranische Situationen.

Der Volksmund kennt die Mechanismen, wie und wann einen Unfälle heimsuchen, und spricht vom Gesetz der Serie und dass ein Unglück selten allein kommt. Das entspricht der Erfahrung, wie leicht sich Unfälle eben auch häufen können, wenn die Betroffenen die Zeichen der Zeit nicht erkennen und sich entsprechend verhalten. Jedes Symptom hindert die Betroffenen an etwas und zwingt sie zu etwas anderem. Wer dem freiwillig nachkommt, braucht keinen weiteren Unfall. Wer das nicht tut, erleidet sie aber auch so lange, bis er erfüllt, was not-wendigerweise in seinem Entwicklungsprozess ansteht.

Der Volksmund weiß ebenso um den größeren Hintergrund und die beiden Seiten dieses Prinzips. So spricht er unumwunden von Pech-Vögeln und Unglücks-Raben, die kein Fettnäpfchen und keine Katastrophe auslassen, weil sie sich (unbewusst) dem Uranus-Prinzip verweigern und folglich damit auch nicht fertig werden. Deutlich wird an den obigen Ausdrücken, wie sehr das Prinzip mit Vögeln, den Wesen der Luft, verbunden ist, die tatsächlich die Totemtiere des Himmelsgottes Uranus sind. Nicht zufällig tippen wir uns auch an die *Stirn*, wenn wir jemandem einen *Vogel* zeigen und ihm so bedeuten wollen, dass wir ihn für ver-rückt oder »für Kuckuck«, also für aus der Norm(alen) herausgefallen halten. Das ist Ana-logik, denn sowohl der Kopf und die Stirn als auch die Vögel und alles Ver-rückte gehören zu diesem Prinzip. Von der normalen Logik her müssten wir in solch einem Fall eher ein *Schwein* am

Hintern zeigen. Das Schwein aber gehört zum Jupiter-Prinzip, das mit Expansion und Glück verbunden ist, weshalb wir »Schwein« beziehungsweise »Glück gehabt« sagen oder »dreimal auf Holz klopfen«, das ebenfalls zu diesem Prinzip gehört.

Andererseits kennt der Volksmund auch »Glückskinder«, die, mit Uranus im Reinen, Probleme wie Unfälle gar nicht kennen, sondern eher auf der Sonnenseite des Lebens stehen und ein verrückt-schönes sowie originelles Dasein fristen.

Die Anwendung der Gesetze und Urprinzipien auf das Thema »Liebe«

Als eine Form der Resonanz haben wir die Liebe schon kennengelernt und wollen uns ihr jetzt – fast am Ende unserer Reise – noch einmal widmen, um zu sehen, wie sowohl das Denken der Wissenschaft zum Verständnis vor allem ihrer körperlichen Aspekte beitragen kann, wie aber auch die Kenntnis der Gesetze einen wesentlichen Beitrag liefert, ihre Früchte aus vollem Herzen zu genießen. Das Wissen um die Urprinzipien schließlich soll dem Verständnis der Liebe eine weitere Dimension geben.

Die Biochemie der Liebe

Wer von Liebe spricht, denkt im Normalfall an große Gefühle und romantische Momente, aber es gibt auch einen wissenschaftlichen Zugang zu diesem weltbeherrschenden Phänomen. Die »Biochemie der Liebe« bietet aufschlussreiche Einsichten in das spannendste aller Themen.

Längst entschlüsselt sind die Hormone, die Liebeslust entfachen, **Östro-** und **Androgene**. Inzwischen ist aber auch die zauberhafte Faszination euphorischer Verliebtheit mit »Schmetterlingen im Bauch« biochemisch entschlüsselt – oder sollten wir sagen »entzaubert«? Sobald wir einander in die Augen schauen, spielen sogenannte **Neurotransmitter** verrückt, das sind Hormone oder Botenstoffe, die zwischen Nervensystem und Drüsen vermitteln. Vermehrt gebildetes **Dopamin** zieht unsere ganze Aufmerksamkeit auf den jeweiligen *erblickten* potenziellen Partner. Er wurde noch nicht *an-*, sondern eben nur *ins Auge* gefasst, und schon beginnt es, biochemisch in uns zu brodeln. Die Entscheidung, wen wir anschauen, ist noch der Seele überlassen, wobei uns selbst dabei die Wirkungen der **Duftstoffe** einige wissenschaftliche Überraschungen bereiten.

Ist unsere Aufmerksamkeit vom Blick beziehungsweise Dopamin gefesselt, wird **Norepinephrin** ausgeschüttet, jener Stoff, der auch für die Prägung neugeborener Wesen auf ihre Mütter verantwortlich ist. Kreist er erst einmal im Blut, wird jede Geste des potenziellen Partners zu einer einzigen Offenbarung von Anmut, und jedes Lächeln verwandelt sich in einen Strom von Charme und Liebreiz.

> *Den »richtigen« Partner zu finden ist einerseits schicksalhafte Fügung, andererseits sind die Handlungsweisen bestimmt durch Hormone sowie verhaltensbiologische Prozesse.*

Schließlich kommt noch **Phenyläthylamin** hinzu und bringt uns in jene ebenso verrückte wie wundervolle Gemütslage, in der wir weder Schlaf noch Nahrung brauchen, Gott und die Welt umarmen wollen und nur noch den Traumpartner im Auge und Sinn haben. Diese biochemische Sinnenverwirrung oder »Verrücktheit« kann so beherrschend und verwirrend werden, dass Familien, Arbeitsplätze, Aufgaben, ja, ganze Lebensgeschichten zurückgelassen werden, um dem neuen Impuls zu folgen, der die Neurotransmitter hinter sich hat.

Solche wissenschaftlichen Entdeckungen könnten uns helfen, von kategorischen Schuldprojektionen loszulassen. Da Hormone hinter alldem stehen, wäre es naheliegend, auf vorschnelle Wertungen oder gar Urteile zu verzichten. Wie stark solche Wirkungen sein können, wissen die meisten auch von der Großhirnvergiftung infolge überhöhten Alkoholkonsums. Wer sich im stark angetrunkenen Zustand danebenbenimmt, dem billigt man in der Regel »mildernde Umstände« zu, warum also nicht auch denjenigen, die unter dem Einfluss des Cocktails aus Dopamin, Norepinephrin sowie Phenyläthylamin stehen und – wie wir so ehrlich sagen – »wahnsinnig« verliebt sind?

Wahrscheinlich verlieben wir uns zuerst über die Augen, über diesen besonderen Blick, und die Seele spielt dabei ihre Rolle, parallel dazu baut sich das Szenario der Hormone und Neurotransmitter auf. Körper und Seele gehen letztlich immer Hand in Hand und die Seele in der Regel voran.

Dabei ist es nicht einmal aus akademischer Sicht »Zufall«, wer uns auffällt und wem wir tiefer in die Augen blicken. Wie wir, angelockt von speziellen Duftstoffen, unseren Weg zum für unseren Nachwuchs besten Immunsystem finden, mussten wir schon vor längerer Zeit konstatieren: Sogenannte Pheromone führen die Geschlechter auf subtile Art zueinander.

Wir reagieren wahrscheinlich auf Düfte noch stärker als auf Blicke, nur machen wir es uns kaum bewusst. Wissenschaftlich ist das verständlich, denn das Riechhirn ist älter und größer als die Sehrinde, jener Gehirnteil, der die optischen Eindrücke verarbeitet. Außerdem ist es eng mit dem Hypothalamus und anderen Regionen verbunden, die für die Verarbeitung von Gefühlen zuständig sind. Das Riechhirn hat also den direkteren und mächtigeren Draht zur Gefühlswelt und ist beherrschender, als wir uns meist träumen lassen.

Dem entspricht die Erfahrung vieler Partner, dass man sich an hübsches Aussehen sehr rasch gewöhnt, aber nie an einen unangenehmen Geruch. Wer auf eine beständige Beziehung aus ist, müsste also eher seiner Nase als seinen Augen folgen und vertrauen. Andererseits zeigt es auch, wie wichtig Düfte sind, sogar künstliche wie von Parfüms.

Wie weit Duft im Liebes- und Partnerschaftsleben unbewusst mitspielt, hat eine wissenschaftliche Untersuchung der Partnerpräferenzen schwangerer und nichtschwangerer Frauen ergeben. Nichtschwangere Frauen fühlen sich duftmäßig zu Männern hingezogen, die ihrer eigenen Sippe genetisch fremd sind, um – im Sinne der Evolution – das Erbgut besser zu mischen. Wenn sie aber empfangen haben, tendieren sie wieder zu Männern des eigenen Umkreises. Auch das ist biologisch, denn so neigen sie dazu, das Kind in der Geborgenheit des eigenen vertrauten Umfeldes – von diesem beschützt – aufzuziehen.

Die Antibabypille verursacht an dieser Stelle ein Duftfiasko. Frauen, die die Pille nehmen, reagieren wie Schwangere und fühlen sich zu Männern ihres eigenen (genetischen) Kreises hingezogen. Verlieben Sie sich in einen davon und setzen sie die Pille ab, um mit ihm ein Kind zu bekommen, wird er ihnen schon weniger gut schmecken. Er riecht zwar wie vorher, die Frau findet das aber durchaus nicht mehr so wundervoll. Jetzt tendiert sie geruchsmäßig zu Fremden, die ihr genetisch ferner stehen. Insofern ist die Pille auf dieser Ebene bedenklich und für einige Verwirrung gut.

> *Durch die Pille sucht sich eine Frau eher genetisch ähnliche Partner aus. Das kann zum »falschen Mann« führen.*

Wissenschaftliche »Liebesforschung« offenbart aber noch Dramatischeres, nämlich ein für die Dauer einer Beziehung ungleich wichtigeres Hormon als Östro- und Androgen, das Bindungshormon Oxytocin. Eigentlich schon lange bekannt, wurde seine Wirkung bisher lediglich auf den Stillvorgang bezogen. Nun wissen wir, es wird auch beim Austausch von Zärtlichkeiten und vor allem bei Orgasmen ausgeschüttet und vermittelt ein starkes Gefühl von Verbundenheit, das die Bindungsfähigkeit ungemein erhöht. Es wird nicht von den Geschlechtsdrüsen, sondern offenbar vom Hypothalamus im Gehirn gesteuert. Dass Orgasmen ein zentrales und nicht etwa ein geschlechtliches Geschehen sind, wissen wir schon lange. Das macht ebenso das Stillen über die reine Nahrungsversorgung hinaus so wichtig. In der Praxis zeigt sich denn auch, dass es nicht nur für das Kind, sondern genauso für die Mütter entscheidend ist, weil es das Gefühl und den Bezug zum Kind deutlich intensiviert.

Wenn auf dem Weg zum und am Höhepunkt des Liebesakts ebenfalls »Bindungsmittel« freigesetzt werden, dient das offensichtlich dem Erhalt der Beziehung. Hier zeigt sich, wie viel konservativer die Natur gegenüber dem »modernen« Lebensstil ist, der zum One-Night-Stand tendiert. Oxytocin wirkt diesem Trend entgegen, wohl im natür-lichen Bestreben, die Art zu erhalten und eine familiäre Situation zu sichern, die den Kindern ein möglichst sicheres Nest bietet.

Ein anderer Neurotransmitter, das Wohlfühlhormon Serotonin, rückt immer mehr in den Vordergrund. Seine Stunde schlägt nicht in der Verliebtheit, sondern in der Liebe. Wenn das verrückte Gefühl der Schmetterlinge im Bauch einem ruhigen Empfinden tiefsten Wohlbehagens weicht, ist Serotonin im Spiel des Lebens und im Blut.

So kann Naturwissenschaft, auf ein konkretes Thema angewendet, durchaus den Einzelnen nutzen. Sie könnten zum Beispiel besser auf ihre Nasen achten. Wer nur One-Night-Stands im Auge hat, sollte sich besser vor bestimmten Blicken seiner Augen und Handlungen seiner Finger und des Mundes hüten.

Umgekehrt lassen sich Beziehungen durch solches Wissen vertiefen. Sich auf dem Höhepunkt minutenlang in die offenen Augen zu schauen, kann das (Liebes-)Leben (über Dopamin) enorm verändern. Intensives Spiel an den Knospen der Brust wird die Verbindung (durch Oxytocin) vertiefen. Beides kann eine Art körpereigene Drogentherapie in Gang setzen, die es in sich hat.

Natürlich würde es dem Zeitgeist entsprechen, all diese zauberhaften Neurotransmitter einfach zu kaufen und zu schlucken. Bisher geht das – mit einer Ausnahme – noch nicht. Wir können uns lediglich so verhalten, dass sie der Organismus produziert und ausschüttet.

Millionen Menschen suchen aber bequemere Wege. Auf der Suche nach Serotonin schlucken an die sechzig Millionen US-Amerikaner Serotonin-Wiederaufnahmehemmer, die heute gängigen Antidepressiva, und nehmen erhebliche Nebenwirkungen in Kauf. Eine enorme Zahl von Jugendlichen schluckt MDMA oder Ecstasy, ein Amphetamin mit ähnlichem Effekt, das alles verfügbare Serotonin ausschüttet und zu jenem ekstatischen Wohlgefühl führt, das ihm den Namen gab. Noch größer dürfte die Zahl derer sein, die auf der Suche nach Serotonin Schokoladen- und Süßigkeitenorgien inszenieren. Tatsächlich liefert Schokolade in geringem Maße L-Tryptophan, die Vorstufe von Serotonin. Die möglichen Nebenwirkungen (Diabetes II und Fettsucht) sind dabei leider am dramatischsten.

Dabei gibt es einen einfachen Trick über die Ernährung, der bei zirka 75 Prozent der Menschen wirkt und für genug L-Tryptophan beziehungsweise Serotonin sorgt: Man nimmt morgens nüchtern einen Esslöffel einer fein vermahlenen Rohkost

TAKEme® zu sich[37]. Allerdings bereitet das aus sich heraus keine Euphorie und auch noch kein Wohlgefühl. Es ist bei Serotonin wie bei den Geschlechtshormonen. Wenn sie fehlen, kann vorbeikommen, wer will, wir werden nichts spüren. Haben wir hingegen genug davon, führt auch das allein noch nicht zur großen Liebe. Man müsste sich immer noch zuerst die Chance geben, die oder den Richtigen zu treffen. Dann allerdings kann es passieren! Insofern braucht es Situationen, die geeignet sind, Wohlgefühl auszulösen, um dies auf dem Boden von genug Serotonin auch zu erleben.

Die Liebe und die Lebensgesetze

Der letzte Gedanke bringt uns wieder zu den Gesetzen, speziell zu dem der Resonanz. Die Welt ist voller Menschen mit Partnerproblemen, denn auch niemanden zu haben bei bestehendem Beziehungswunsch ist eine Form von Partnerproblematik.

Die Mechanismen, nach denen Partnerschaften geschlossen werden, ergeben sich aus den beiden zentralen Gesetzen. Die Partnerschaft »zum Wohl« folgt dem Resonanzgesetz, oder wie der Volksmund sagt: »Gleich und Gleich gesellt sich gern.« Partnerschaften »zum Heil« folgen dem Polaritätsgesetz oder wieder in den Worten des Volksmundes: »Gegensätze ziehen sich an.« Das Problem ist, Beziehungen »zum Wohl« fühlen sich zwar gut an, bringen aber wenig bis keine Entwicklung mit sich und leiden folglich unter der Tendenz, langweilig zu werden. Beziehungen »zum Heil« dagegen ermöglichen zwar Wachstum und Entwicklung, sind aber wegen Mangels an Wohlgefühl und der Vielzahl der Differenzen nur schwer auszuhalten. Insofern läuft alles auf Kompromisse zwischen beiden Arten hinaus. Wir sollten also wissen, auf welche Mischung wir uns eingelassen oder was wir uns diesbezüglich vorgenommen haben.

Vor allem wenn man die Gesetze kennt und von Anfang an auf sich anwendet, können Partnerschaften zu einer wundervollen Basis zur Entwicklung und Selbsterkenntnis werden. Wer sich verliebt und in Resonanz mit einem anderen Menschen begibt, wird all die beschriebenen »Segnungen der Biochemie« mit ihrem Feuerwerk an Neurotransmittern erleben und genießen. Er wird glauben, der glücklichste Mensch auf Erden zu sein, wenn er einen solchen Partner bekommt.

Ist das Schicksal allerdings »gemein« genug, und »es« passiert, wird es zu einer Zeitfrage, bis das Trommelfeuer der Neurotransmitter nachlässt und sich nach dem Polaritätsgesetz auch bei diesem wundervollen Menschen Schattenseiten zeigen. Diese ärgern einen,

> *In der Partnerberatung stellte sich nach manchen Tagen der Eindruck ein, die eine Hälfte der Menschen sei in einer Beziehung und wolle nichts lieber als hinaus, die andere habe keine und wolle nichts lieber als hinein.*

weil sie an die eigenen erinnern. In der Regel werden sie, statt Anlass zu Selbstkritik zu geben, in der Projektion bearbeitet und weggeschoben. Das führt früher oder später mit großer Sicherheit zum Scheitern der Beziehung.

Wer jedoch diese Kurve kriegt und sich bei jedem Ärger über den anderen auch gleich an die eigene Nase fasst, hat gute Chancen, an der Partnerschaft zu wachsen. Er könnte seinem Gegenüber bei jeder Wut und Provokation sogar dankbar sein für einen weiteren Hinweis auf ein eigenes Problem. Machen wir uns – am besten schon vorher – klar, dass uns am Visavis nur stören kann, was bei uns selbst im Argen liegt, haben wir gute Karten für eine gemeinsame Zukunft.

In diesem Sinne wäre die beste Vorbereitung auf eine Partnerschaft, zuerst einmal all das selbstkritisch zu betrachten, was uns bisher an unseren Lebensgefährten gestört hat, und daran eine Art Eigentherapie anzuknüpfen. Denn all das wird in der neuen Beziehung früher oder später wieder als Problem auftauchen. So gesehen könnte Partnerschaft nicht nur eine Quelle von Lust und Liebe, sondern auch von Lernen und Wachsen sein, ein Jungbrunnen für den Geist und eine Schattentherapie für die Seele, die zum Licht führen kann.

Die Liebe und die Urprinzipien

Die Betrachtung der Liebe unter urprinzipiellen Gesichtspunkten bietet den Liebenden persönlich große Chancen, sie kann aber auch in allgemeiner Hinsicht einiges klären. Liebe untersteht dem Urprinzip der Venus beziehungsweise Aphrodite, der antiken Liebesgöttin, der darüber hinaus Schönheit, Harmonie und Frieden zugeschrieben werden. Ihre Herkunft und Geschichte enthüllen ihr Anliegen und die Wege, auf denen sie es unter die Menschen bringt.

Ihr mythischer Geburtsakt ist ein Drama. Als Kronos respektive Saturn, der Arbeit, Alltag, Treue und Verlässlichkeit repräsentiert, seinen Vater, den Himmelsgott Uranos, mit einer Sichel entmannt und dessen Gemächt unter letztem Aufschäumen ins Meer stürzt, wird dieses befruchtet. Der urmännliche Himmelsgott Uranos, der das Prinzip des Andersseins, der lichten Idealvorstellung, des Plötzlichen und Unberechenbaren verkörpert, befruchtet mit seinem letzten Samen das urweibliche Meer der Gnade und Hingabe, und Aphrodite (Venus) taucht als beider Kind daraus auf. Die »Schaumgeborene« trägt das leichte, luftige Erbe ihres himmlischen Vaters in sich und das fließende, wässrige ihrer Meeresmutter. Was wäre leichter und geeigneter, diese Verbindung zu symbolisieren, als Schaum, die leichte, flüchtige Mischung aus Luft und Wasser?

Geboren aus einem Gewaltakt, und dadurch auch sehr mit dem Mars-Prinzip der Aggression verbunden, wird die Liebe trotzdem zur Hoffnung für Götter und Menschen. Das letzte Aufschäum-en des Vaters und damit sein Vermächtnis verbindet sich mit dem Auf-schäum-en der Meeresmutter und so mit dem neptunischen Reich, zu dem unter anderem Themen wie »Gnade« und »Opfer« gehören. Während der Himmelsgott mit der weiblichen Erdenmutter Gaia nur missratene Kinder zeugt, gelingt ihm schwerverletzt mit der Befruchtung des ebenso weiblichen Meeres noch der große Wurf und die Liebe in Gestalt der wunderschönen Aphrodite, die himmlisch Leichtes mit wässrig Gefühlvollem vereint. Die Plötzlichkeit und überraschende Originalität, mit der sie die Menschen erfasst und mitreißt, sind noch »Beigaben« ihres Vaters Uranos.

> *Sie [Aphrodite] ist das erste Schöne, was sich aus Streit und Empörung der ursprünglichen Wesen gegeneinander entwickelt und gebildet hat. In ihr bildet sich die himmlische Zeugungskraft zu dem vollkommenen Schönen, das alle Wesen beherrscht und welchem von Göttern wie Menschen gehuldigt wird.*
> GUSTAV SCHWAB

Der Schaum als Symbol des Leicht-Luftigen und Gefühlvoll-Wässrigen beflügelt und begleitet all ihre Projekte im Himmel und auf Erden. Wenn Menschen sich mit der Liebe schwertun, liegen sie von daher durchaus falsch und haben sich zu weit von den venusischen Reichen des Luftigen und Wässrigen entfernt.

Wer nach Schaum oder Liebe greift, um sie sich zu sichern, wird sie verlieren. Schaum lässt sich nicht – nicht einmal beim Bier – konservieren. Er kann aber immer wieder neu aufgerührt werden, wenn das Luftelement ins Wasser fährt oder wenn entsprechende Gedanken sich mit Gefühlen verbinden. So ließen sich auch »Ohr-gasmen« erregen, die die Liebe vertiefen und neu inspirieren.

Wer Venus beziehungsweise Aphrodite mit Verträgen oder anderen Ideen des auf Sicherheit und Verlässlichkeit gepolten Erdelements kommt, wird ihren Schaum, ihren Charme und ihre Leichtigkeit vertreiben. So mag sich auch erklären, warum sich die Liebe der Hartnäckigkeit so selten ergibt und durch Absprachen und Überlegungen alle Faszination und eben ihren Charme respektive Schaum einbüßt.

Allerdings braucht die große Liebe im Gegensatz zur Verliebtheit auch die Kontinuität des Kronos (Saturn), der die Zeugung der Liebe erst durch seinen Kastrationsakt möglich gemacht hat. Sich verlieben kann in den Himmel erheben, aber kaum durch den Alltag tragen. Die Eheschließung mittels eines Vertrages bringt den Archetyp Saturns ins Spiel des Lebens, und oft genug beendet sie damit die Phase der schwebenden Leichtigkeit des Verliebtseins, des eigentlichen Themas der Venus. Denn durch- und aushalten und Kindern ein verlässliches Nest sichern ist ihre Sache nicht. Insofern beenden auch Kinder und Mutterschaft, beides zum Mond-Prinzip gehörig, oft die venusisch-sinnliche Liebe.

Väterlicherseits ist Aphrodite (Venus) ausersehen, den Menschen die himmlische Liebe zu schenken, die wunderbar leicht und schwebend und ganz plötzlich und unerwartet wie ein Blitz aus heiterem Himmel treffen kann. Andererseits verfügt sie über die fließende Weichheit und Gefühlstiefe ihres mütterlichen Erbes. So wird Liebe zu einer besondere Gnade, die von ihr Betroffene zu fast jedem Opfer bereit macht, eine Eigenschaft, die von der Meeresmutter stammt.

Andererseits ist immer zu bedenken, dass ausgerechnet die Liebesgöttin eine der wenigen Gottheiten ist, die nicht aus Liebe oder Begehren gezeugt wird, sondern ein Kind der Auflehnung und des Aufstands ist und so auch viel Chaos und Wirbel verursachen kann. Insofern ist nicht verwunderlich, dass ihr Sohn, der Liebesgott Eros, einem Seitensprung entstammt.

Mit ihm kommt nun auch noch das Feuerelement ins Spiel des Lebens und der Liebe, denn er ist ihr Kind vom Kriegsgott Ares (Mars), der für das erste und stärkste Feuer steht. Dieses Verhältnis zum wüsten Kriegsgott ist durchaus »illegal«,

> *Luft und Wasser – im Schaum verbunden – sind auch verantwortlich für jene rosa Wolken, auf denen Verliebte so oft und gern in den siebten Himmel schweben. Sie sind weich, zart, gefühlvoll und himmlisch zugleich.*

denn Aphrodite (Venus) ist mit dem kunstsinnigen und kultivierten Götterschmied Hephaistos (Vulcanus) verehelicht. Mit ihm, der als Schmied ebenfalls einen starken Bezug zum Feuer mitbringt, hat sie eine typische Beziehung »zum Wohl« nach dem Motto »Gleich und Gleich gesellt sich gern«, während sie mit dem grobschlächtig vitalen Mars eine Beziehung »zum Heil« eingeht nach der Devise »Gegensätze ziehen sich an«. Das könnte uns zeigen, dass die Liebe, die mit einem »Aufstand« auf die Welt kommt, oft auf »illegalen« und von den Menschen verbotenen Wegen ihre Ziele verwirklicht. Die große brennende Liebe hält sich an keine Gesetze und achtet sogar die Regeln der Götterwelt gering, erst recht die von Menschen ersonnenen Bestimmungen. Hier geht es mehr um himmlische Bestimmung als um weltliche Regelwerke.

Bei der Trinität von Feuer, Wasser und Luft, wie sie mit Eros ins Spiel des Lebens kommt, sind außergewöhnlichen, wunder-vollen Erlebnissen von beglückender Leichtigkeit und schwebender Seligkeit als Erinnerung an seinen groß(en) Vater im Himmel Tür und Tor geöffnet, von seinem Vater kommen Energie und begeisternde Kraft dazu, von der groß(en) Mutter Meer die Gefühlstiefe und das Fließende. So gehen seine Bestrebungen meist weit über menschliche Planung und oft sogar Legalität hinaus.

Zu bedenken ist, dass auch Eros (Amor) keinen Anteil am Erdelement mitbringt, wodurch die Gefahr besteht, unter seinem Einfluss den Boden unter den Füßen noch weitgehender zu verlieren als schon unter dem von Aphrodite (Venus). Leicht kann diese Mischung mit- und auch umreißen, und selig, wer sich dem Strudel der erotischen Liebe ergibt. In solchen Momenten sind die Liebenden fast ganz von der Erdenschwere befreit. Sie spüren nur noch das Feuer heißer Begierde in den verzehrenden Flammen ihrer Liebe, das Fließen des reißenden Gefühlsstroms und den leichten, ja, lichten und jedenfalls schwebenden Seelenvogel in sich. So vergessen sie leicht und gern, dass sie durch ihre Körper auch irdisch sind und den Gesetzen der Erde unterworfen.

Auch wenn Liebende, entflammt in brennenden Herzen, sich gehenlassen in die wässrigen Wogen aufwühlender Liebesgefühle und nicht selten sogar abheben, um mit der Liebe in deren himmlisches Luftreich zu entschweben, müssen sie doch irgendwann zur Erde zurückkehren, und dann wird ihnen deren Schwere doppelte Last und so ausgesprochen läst-ig sein.

Alle Flieger und Überflieger, ob Drachen- oder Segelflieger, ob Gleit- oder Fallschirmspringer und selbst noch die Sternenflieger der NASA wissen aus Erfahrung, wie leicht Abheben ist, wie andererseits aber die Landung auf der harten Mutter Erde gelernt sein will.

Eros hat wie alle Kinder dieser Welt sein Erbteil gerecht und von beiden Eltern mitbekommen, von der Mutter himmlische Liebe, vom Vater feurige Energie und Kraft. Mit den Waffen des Vaters, Pfeil und Bogen, »schießt« er die Liebe, das Anliegen der Mutter, in die Herzen der Menschen. Manchmal stößt er auch die Brandfackel der Liebe in sie hinein. Die martialische Wortwahl macht schon deutlich, dass er mit den »väterlichen« Waffen auch tiefe Wunden und lang dauernde Schmerzen bereiten kann, besonders wenn er – manchmal – seine Pfeile vorher noch in bittere Galle taucht. So kann Eros Lust und Bitterkeit, Ekstase und Absturz aus himmlischen Höhen bewirken.

Jedenfalls verfügt er über eine gewaltige Feuerkraft, die Menschenherzen entflammen und ganze Leben in Brand setzen kann, ähnlich wie die ihm im Organismus entsprechende Kundalini-Energie, wenn sie unvermittelt nach oben »schießt« und durch unsere Weltachse den ganzen Rücken hinaufglüht.

Als Repräsentant der körperlich-sinnlichen Liebe hatte Eros wegen der von ihm ausgelösten Komplikationen des Lebens schon in der Antike keinen leichten Stand. Ursprünglich einer der ganz großen Götter des griechischen Pantheons, erlitt er noch in athenischer Zeit einen drastischen »Ansehensverfall«. Sein kultureller Abstieg verlief parallel mit dem von Hera und dem Matriarchat, während andererseits der Aufstieg von Zeus das Patriarchat mit sich brachte. In einer archetypisch weiblichen Welt war Eros noch ein König unter den Göttern, in archetypisch männlichen Zeiten verlor er zuerst die Achtung und wurde später sogar zum Gespött. Im antiken Rom mit seiner unverhohlen männlichen Militärkultur verkam er zu dem kleinen, dicken pausbäckigen Kerlchen, das aus dem Hinterhalt seine Pfeile abfeuerte und nicht mehr ernst genommen wurde. Parallel verlor sich naturgemäß auch die Kultur der Liebe, die in den Aphrodite-Tempeln der Griechen zu hoher Liebeskunst entwickelt worden war. In Rom begann der Abstieg der Liebestempel, die allmählich immer mehr zu Orten »käuflicher« Liebe und dann auch »billiger« Lust verkamen.

> *Das Christentum gab dem Eros Gift zu trinken – er starb zwar nicht daran, aber entartete zum Laster.*
> FRIEDRICH NIETZSCHE

Das zeigt uns, dass die Liebe ein archetypisch weibliches Feld braucht, um sich wirklich entfalten zu können, in harten Zeiten männlicher Dominanz geht es ihr schlecht. Bis heute kann man erleben, wie sich vor allem Frauen um eine gewisse Kultur der Liebe kümmern, während Männer in ihren Berufen und Jobs aufgehen.

Der Abstieg der Repräsentanten der Liebe hat sich mit einer gewissen Ambivalenz bis in die Gegenwart fortgesetzt. Zwar treibt Eros bis heute fast alle Menschen um und zieht sie jedenfalls zeitweilig in seinen Bann, es fällt ihm aber immer schwerer, ihre Achtung und Wertschätzung zu erlangen. Moderne Eros-Center verkörpern nur noch seinen abgewerteten Schatten. Allerdings passen sie mit ihrer Existenz an den Rändern der Gesellschaft gut zu Eros (Amor), eben weil er dem »illegalen« Verhältnis von Aphrodite (Venus) und Ares (Mars) entstammt.

Wer diese Ebene der Urprinzipien im Bereich der Liebe ernst nimmt und sich davon inspirieren lässt, sich außerdem eingesteht, wie die beiden großen Gesetze der Polarität und Resonanz sein Beziehungsleben mitbestimmen, hat gute Aussichten, das Partnerspiel und sich selbst, aber auch die Seite des Partners besser zu verstehen. Tritt noch die Betrachtung des Anfangs hinzu, der schon alles in der Potenz enthielt, ergibt sich ein weiterer wichtiger Mosaikstein im Verständnis der eigenen Situation bezüglich dieses großen Lebensthemas. Wer das Spiel anschließend auch noch mit den anderen großen Themen seines Lebens durchspielt, wird seine Rolle und Situation darin besser begreifen, leichter nehmen und höher schätzen können.

Der Kreis schließt sich

> *Nur durch die Liebe finden wir Sinn, wenn wir in Liebe aufgehen, werden wir Sinn.*
> DAVID STEINDL-RAST

Wir haben diese Reise durch die Welt der Gesetze mit Pythagoras und seiner Schule begonnen, mit ihren beiden Kreisen, dem inneren, *esoteros*, und dem äußeren, *exoteros*. Im innersten, sagten wir, beschäftigten die Pythagoreer sich – wie wir in diesem Buch – mit dem Wesen der Dinge, im äußeren, *exoteros*, mit den funktionalen Anwendungen, im Fall der Zahlen also statt mit ihrem Wesen mit praktischem Rechnen. Beides hat Sinn und ist von Wichtigkeit. Wie viel grundlegender aber die Zahlen an sich sind als ihre Anwendungen, mag ein Blick auf ihre Herkunft zeigen. Wir gehen im Allgemeinen davon aus, die heute verwendeten zehn Grundzahlen seien arabischer Herkunft, doch waren sie wohl schon immer da, wie die Elektrizität, die immer vorhanden, nur von den Menschen über Jahrmillionen nicht wahr- und wichtig genommen wurde.

Der in Norwegen geborene Amerikaner Kjell Sandved fand auf einer weltweiten Pirsch über mehr als zwanzig Jahre durch über dreißig Länder nicht nur all unsere Zahlen, sondern auch alle Buchstaben auf den Flügeln von Schmetterlingen und machte Bilder davon – und das, ohne auch nur einem von ihnen ein Härchen zu krümmen.

Wir haben also weder die Zahlen noch die Buchstaben neu erfunden. Es war einfach nicht notwendig, denn sie waren schon da. Wir brauchen auch die Gesetze und Regeln, nach de-

DER KREIS SCHLIESST SICH

nen wir leben, nicht neu zu erfinden, sie sind ebenfalls schon da. Wir könnten sie zur Kenntnis nehmen und anwenden, und unser Leben würde bunt und vielfältig und wunder-voll – wie die Flügel der Schmetterlinge...

Die Welt der Buchstaben und Zahlen auf den Flügeln der Schmetterlinge.

Anmerkungen

1 Laotse: *Tao Te King. Eine zeitgemäße Version für westliche Leser*, hg. von Stephen Mitchell, München 2003.
2 Beide Zitate aus Petr Skrabanek und James McCormick: *Torheiten und Trugschlüsse in der Medizin*, Mainz 1995.
3 Laotse, a. a. O.
4 Näheres dazu beispielsweise in Ruediger Dahlke: *Schlaf – die bessere Hälfte des Lebens*. (Die bibliografischen Angaben zu den Büchern des Autors finden Sie unter »Veröffentlichungen von Ruediger Dahlke«.)
5 Aus einem 1929 im Harnack-Haus (Berlin-Dahlem) gehaltenen Vortrag, unveröffentlichtes Manuskript, zitiert nach www.psychophysik.com/html/e0722-physik_und_traumzeit.html
6 Laotse, a. a. O.
7 Vom lateinischen *lux, lucis* für »Licht« und *ferre* für »tragen«.
8 Nossrat Peseschkian: *Der Kaufmann und der Papagei. Orientalische Geschichten als Medien in der Psychotherapie*, Frankfurt 1979.
9 Die bibliografischen Angaben zu diesem und den folgend genannten Büchern finden Sie unter »Veröffentlichungen von Ruediger Dahlke«.
10 Nach Marianne Williamson: *Rückkehr zur Liebe*, München 2007.
11 Vgl. Holger Kalweit: *Dunkeltherapie. Die Vision des inneren Lichts*, Burgrain 2004.
12 Vgl. Erich Scheuermann: *Der Papalagi. Ein Südseehäuptling erlebt unsere Zivilisation*, Stuttgart 1986.
13 Vgl. Bruce Lipton: *Intelligente Zellen. Wie Erfahrungen unsere Gene steuern*, Aitrang 2006.
14 Benoîte Groult: *Salz auf unserer Haut*, München 2004.
15 Mehr dazu finden Sie in dem entsprechenden Kapitel des Buchs *Mandalas der Welt* von Ruediger Dahlke.
16 James D. Watson: *Die Doppelhelix*, Reinbek 1997.
17 Siehe dazu die geführten Meditationen unter »Veröffentlichungen von Ruediger Dahlke«, vor allem auch die drei zu diesem Buch gehörigen: »Das Gesetz der Polarität«, »Das Gesetz der Anziehung« und »Das Bewusstseinsfeld«.
18 Magazin »Frontal 21« vom 9. Dezember 2008.
19 Vom lateinischen *placebo* (»ich werde gefallen«).
20 Beide Experimente sind dem Buch *Radionik im 21. Jahrhundert: Unser (Un-) Bewusstsein, die Brücke zum positiven Lebens-Erfolg* von Axel Werbach entnommen, Books on Demand 2007.

ANMERKUNGEN

21 Vgl. Alexander Mitscherlich: *Krankheit als Konflikt*, Frankfurt 1974.
22 Fritz Riemann: *Grundformen der Angst*, München ³⁶2006; und *Lebenshilfe Astrologie*, Stuttgart ²⁰2005.
23 Vgl. Gunter Sachs: *Die Akte Astrologie. Wissenschaftlicher Nachweis eines Zusammenhangs zwischen den Sternzeichen und dem menschlichen Verhalten*, München 1997.
24 Vgl. Malcolm Gladwell: *Blink! Die Macht des Moments*, München ⁴2009 (nach dem englischen *the blink* [»das Blinzeln«]).
25 Nach Erich Fromm, Daisetz Teitaro Suzuki und Richard de Martino: *Zen-Buddhismus und Psychoanalyse*, Frankfurt 2007.
26 Die Mandelbrotmenge, auch »Apfelmännchen« genannt, ist eine vielfältig gegliederte (fraktal) erscheinende Menge, die in der Chaostheorie eine bedeutende Rolle spielt. Sie wurde im Jahr 1980 von dem polnisch-französischen Mathematiker Benoît Mandelbrot bekannt gemacht.
27 Nach den lateinischen Begriffen *pars* (»Teil«), *pro* (»für«) und *totus* (»ganz«).
28 Etwa: »Die Welt in einem Sandkorn sehen, einen Himmel in einer wilden Blüte, halte Unendlichkeit in der Hand und die Ewigkeit in einer Stunde.«
29 »Zehn Hoch. Dimensionen zwischen Quarks und Galaxien«, Kurzfilm von Charles und Ray Eames aus dem Jahr 1977, Spektrum Videothek.
30 www.spiritkraut.de/2007/03/28/antonio-gasparetto-ein-malendes-medium/ Hier können Sie einen Kurzfilm über ihn sehen, der auch ohne französische Sprachkenntnisse eindrucksvoll ist.
31 Vom kirchenlateinischen *sacramentum* (»religiöses Geheimnis«), das im Lateinischen »Weihe, Verpflichtung (zum Kriegsdienst)« bedeutete, dies zu *sacrare* (»[einer Gottheit] weihen, heilig machen«).
32 Nach einer Idee aus dem Buch *BewusstseinsErHeiterung* von Marco Aldinger (Freiburg 1998).
33 Das Internetportal www.mymedworld.cc bietet Krankheitsbilderdeutungen an und macht Hintergründe transparent. In Zukunft wird es zu einem mehrdimensionalen Netz ausgebaut werden, das nicht nur meine Bücher in einem Muster zusammenbringt, sondern auch der Selbstschulung und Bewusstseinserweiterung in Bereichen wie der Urprinzipienlehre dienen soll.
34 Immerhin hat der Bundestag im Mai 2009 beschlossen, die 1999 ausgelaufene Kronzeugenregelung wieder einzuführen. Sie unterscheidet sich allerdings in einigen Punkten von der früheren.
35 Zu lateinisch *unus* (»einer, ein Einziger«) und *versus* (»gewendet«).
36 In Oberösterreich ist bereits eine junge Frau an deren Folgen gestorben.
37 Siehe www.heilkundeinstitut.at

Veröffentlichungen von Ruediger Dahlke

Mein Weg-Weiser
Einladung zum Gratis-Buch *Mein Weg-Weiser*, der erklärt, wie es zu so vielen Büchern kam, die Schatten davon und warum ich so gern schreibe. Er enthält Tipps von meinem Weg und ich freue mich, wenn ihr dieses Buch lest und mich noch besser versteht.
(www.dahlke4you.com/wegweiser)

Bücher

Neuerscheinungen 2024
Es kommt besser, Pionier Verlag • *Voller Energie – statt müde und erschöpft*[1]

Neuerscheinungen 2023
Konflikte lösen und Krisen meistern[2]

Basiswissen, Grundlagenwerke
Die Schicksalsgesetze. Spielregeln fürs Leben, 2009[1] • *Das Schattenprinzip: Die Aussöhnung mit unserer verborgenen Seite*, 2010[1] • *Die Lebensprinzipien: Wege zu Selbsterkenntnis, Vorbeugung und Heilung* (mit Margit Dahlke) 2011[1]

Krankheitsbilder-Deutung
Krankheit als Symbol, überarbeitete Neuausgabe 2023[3] • *Krankheit als Weg* (mit Thorwald Dethlefsen), 1983[1] • *Krankheit als Sprache der Seele*, 2008[1] • *Gesund und glücklich älter werden*, 2022[1] • *Das Alter als Geschenk*, 2018[1] • *Krebs – Wachstum auf Abwegen*, 2020[1] • *Wenn wir gegen uns selbst kämpfen*, 2015[1] • *Hör auf gegen die Wand zu laufen*, 2017[1] • *Krankheit als Sprache der Kinderseele* (mit V. Kaesemann), 2010[1] • *Frauen-Heil-Kunde* (mit Margit Dahlke u. Volker Zahn), 2003[1] • *Herz(ens)probleme*, 2011[1] • *Das Raucherbuch*, 2011[1] • *Verdauungsprobleme*, 2001[4]

Burnout, Depression, Angst
Angst frisst Seele, 2022[2] • *Die Schattenreise ins Licht: Depressionen überwinden*, 2014[1] • *Seeleninfarkt. Zwischen Burn-out und Bore-out*, 2013[2] • *Das Licht- und Schatten-Tagebuch*, 2013[1] • *Angstfrei leben*, 2013[1]

Ernährung
Peace Food – wie Verzicht auf Fleisch und Milch Körper und Seele heilt, 2010[5] • *Vegan für Einsteiger*, 2014[5] • *Peace Food – das vegane Kochbuch*, 2011[5] • *Peace Food – vegan einfach schnell*, 2015[5] • *Peace Food – Keto-Kur*, 2018[5] • *Das große Peace-Food-Buch*, 2019[5] • *Das Geheimnis der Lebensenergie*, 2015[1] • *Das Lebensenergie-Kochbuch*, 2016[1] • *Vegan schlank*, 2015 (www.heilkundeinstitut.at) • *Richtig essen* (nur als ebook[6]) • *Immunbooster vegan*, 2021[4]

Fasten
Das große Buch vom Fasten, 2019[1], • *Kurzzeit-Fasten*, 2018[7] • *Fasten-Wandern*, 2017[4] • *Jetzt einfach Fasten*, 2017[8] • *Bewusst Fasten*, 2016[9]

Gewicht und Figur
Abnehmen – das Buch der Erleichterung, 2023 (E-Book bei dahlke4you.com) • *Mein Individualgewicht*, 2020[1] • *Körper-Geist-Seele-Detox*, 2015[1] • *Mein Idealgewicht*[1]

Filmdeutung
Die Spielfilm-Therapie – was Filme über Krankheit und Heilung verraten, 2022 • *Die Hollywood-Therapie – was Filme über uns verraten*, 2018 (Edition Einblick, www.heilkundeinstitut.at)

Verbundener Atem
Jetzt einfach atmen, 2019[8] • *Die wunderbare Heilkraft des Atems* (mit A. Neumann), 2009[10]

Liebe, Partnerschaft
Voller Energie – statt müde und erschöpft, 2024[1] • *Wie Sex und Liebe sich wieder finden*, 2017[1] • *Glücklich mit mir selbst*, 2021[11]

Meditation, Mandala und Aphorismen
Jetzt einfach meditieren, 2018[8] • *Weisheitsworte der Seele*, 2012[12] • *Worte der Heilung* (www.heilkundeinstitut.at) • *Die Kraft der vier Elemente* (mit Bruno Blums Bildern), 2011[12] • *Mandala-Malblock* (www.heilkundeinstitut.at) • *Reisen nach innen*, 2017[6] (nur als ebook)

Gesellschaftskritik:
Corona als Weckruf, 2021[5] • *Mind Food*, 2022[2]

Roman:
Habakuck und Hibbelig – das Märchen von der Welt, 2004[13]

Weitere
Mein Buch der Selbstheilung, 2022[5] • *Heilsame Tugenden*, 2022[5] • *Die Notfallapotheke für die Seele*, 2020[14] • *Die Liste vor der Kiste*, 2014[11] • *Schutz vor Infektionen*, 2020[11] • *Meine besten Gesundheits-Tipps 2.0*, 2020[11] • *Von der großen Verwandlung*, 2011[12] • *Störfelder und Kraftplätze*, 2013[12] • *Medizin und Menschlichkeit*, 2020[12] • *Der Körper als Spiegel der Seele*, 2009[5] • *Die Spuren der Seele* (mit R. Fasel), 2010[5] • *Das Tier als Spiegel der menschlichen Seele* (mit Irmgard Baumgartner), 2016[1] • *Endlich wieder richtig schlafen*, 2014[1] • *Ganzheitliche Wege zu ansteckender Gesundheit*, 2011 (www.heilkundeinstitut.at) • *Omega – im inneren Reichtum ankommen* (mit V. Lindau), 2017[1] • *Psychologie des Geldes*, 2011[1] • *Die 4 Seiten der Medaille* (mit C. Hornik), 2015 (nur mehr als ebook)

Geführte Meditationen
- Download/Stream: div. mp3 Anbieter-Plattformen
- Neue, themenbezogene Meditationen im Rahmen der Mitgliedschaft bei Dahlke4you (www.dahlke4you.com/)
- CDs erhältlich bei www.heilkundeinstitut.at

Grundlagen: Das Gesetz der Polarität • Das Gesetz der Anziehung • Das Bewusstseinsfeld • Die Lebensprinzipien – 12 CD-Set • Die 4 Elemente • Elemente-Rituale • Schattenarbeit
Krankheitsbilder: Allergien • Angstfrei leben • Ärger und Wut • Depression • Die Wege des Weiblichen • Hautprobleme • Herzensprobleme • Kopfschmerzen • Krebs • Leberprobleme • Mein Idealgewicht • Niedriger Blutdruck • Rauchen • Rückenprobleme • Schlafprobleme • Sucht und Suche • Tinnitus und Gehörschäden • Verdauungsprobleme • Vom Stress zur Lebensfreude
Allgemeine Themen: Der innere Arzt • Heilungsrituale • Ganz entspannt • Tiefenentspannung • Energie-Arbeit • Entgiften-Entschlacken-Loslassen • Lebenskrisen als Ent-

wicklungschancen • Bewusst fasten • Den Tag beginnen • Partnerbeziehungen • Schwangerschaft und Geburt • Selbstliebe • Selbstheilung • Traumreisen • Mandalas • Naturmeditation • Die Lebensaufgabe finden • 7 Morgenmeditationen • Die Leichtigkeit des Schwebens • Die Heilkraft des Verzeihens • Eine Reise nach innen • Erquickendes Abschalten mittags und abends

1 Goldmann / Arkana Verlag
2 Scorpio Verlag
3 Bertelsmann Verlag
4 Knaur Verlag
5 Gräfe und Unzer Verlag
6 dotbooks
7 Südwest Verlag
8 ZS Verlag
9 Königsfurt-Urania Verlag
10 Heyne Verlag
11 Terzium Verlag
12 Crotona Verlag
13 Ullstein Verlag
14 Nymphenburger Verlag

Adressen:

Informationen zu Dr. Ruediger Dahlke (Events uvm.)
Heilkundeinstitut Dahlke, A-8462 Gamlitz, Labitschberg 4, Tel.: 0043 3453 33600,
E-Mail: office@dahlke.at
www.dahlke.at

Seminar- und Gesundheits-Zentrum TamanGa
Seminarwochen mit Ruediger Dahlke, TamanGa-Natur-Kur, Regenerationsferien für (Seminar)gruppen und Einzelgäste
A-8462 Gamlitz, Labitschberg 4, (ca. 25 Minuten <—> Airport Graz),
Tel.: 0043 3453 33600, E-Mail: office@dahlke.at
www.tamanga.at

Psychotherapien
Heilkunde-Zentrum Johanniskirchen, D-84381 Johanniskirchen, Schornbach 22,
Tel.: 0049 8564 819, E-Mail: info@dahlke-heilkundezentrum.de
www.dahlke-heilkundezentrum.de

Online-Shop
von Ruediger Dahlke empfohlene Gesundheits-Produkte, Bücher uvm.
Tel.: 0043 316 719 888, E-Mail: shop@heilkundeinstitut.at
www.heilkundeinstitut.at

Internet-Community
Online-Events, geführte Meditationen, Gesundheits-Challenges, Integrale Medizin-Ausbildung
www.dahlke4you.com

Online-Ausbildungen
Ganzheitlicher Gesundheitsberater (15 Monate), Atem-Ausbildung
www.younity.com

Bildnachweis

Seiten 20, 23, 43, 47 oben (2), 51, 57, 111, 140, 141, 142, 144, 149, 181, 195, 223, 228, 236, 247, 305, 308: Ruediger Dahlke
Seiten 47 unten, 220, 232 unten, 233, 238, 239, 256, 315: www.ingrid-schobel.de
Seite 61: M. Gandhi: Bettman/Corbis Images, Düsseldorf; J. F. Kennedy: Ted Spiegel/CORBIS; Robert Kennedy: Steve Schapiro/Corbis; M. L. King: Bettmann/CORBIS; Dag Hammarskjöld: Xinhua/Landov/dpa-Report/Picture Alliance, Frankfurt; Anwar as Sadat: Eva von Maydell/Picture Alliance, Frankfurt; Olof Palme: Picture Alliance, Frankfurt; Itzhak Rabin: Cynthia Johnson/Time Life Pictures/Getty Images, München
Seite 67: Steinmetz Photography
Seite 216: Wolfgang Beyer
Seite 224: aus Wikipedia.org
Seite 234: epa afp NASA/Picture Alliance, Frankfurt
Seite 235: Stocktrek Images/Getty Images, München
Seite 273: Mark Power/Magnum Photos/Agentur Focus
Seite 359: www.butterflyalphabet.de

Die Rechteinhaber einiger Abbildungen konnten trotz intensiver Recherche nicht ermittelt werden. Der Verlag bittet Personen oder Institutionen, welche die Rechte an diesen Abbildungen haben, sich zwecks angemessener Vergütung zu melden.

Im Einklang mit den vielen Facetten der Seele

320 Seiten. ISBN 978-3-442-33881-8

Der Erfolgsautor Ruediger Dahlke nimmt uns mit auf eine Reise in das Schattenreich der menschlichen Seele. Wenn wir uns mit unseren verborgenen und ungelebten Seiten aussöhnen, können wir unser Potenzial entfalten und ganz werden.

Mit zahlreichen Übungen und Meditationen auf CD

Das große Werk zu den zentralen Bausteinen des Lebens

736 Seiten. ISBN 978-3-442-33893-1

12 CDs
ISBN 978-3-442-33968-6

Ruediger Dahlke präsentiert die zwölf Urprinzipien, auf die sich alle Phänomene des Lebens zurückführen lassen. Aus diesen Archetypen können wir vieles über uns und den Kosmos lernen. Ruediger Dahlke zeigt, wie wir die Lebensprinzipien nutzen können, um im Einklang mit unserem Inneren und unserer Umwelt zu leben, Krankheiten vorzubeugen und Heilung zu erfahren.

Alles über Nahrung, die wirklich nährt

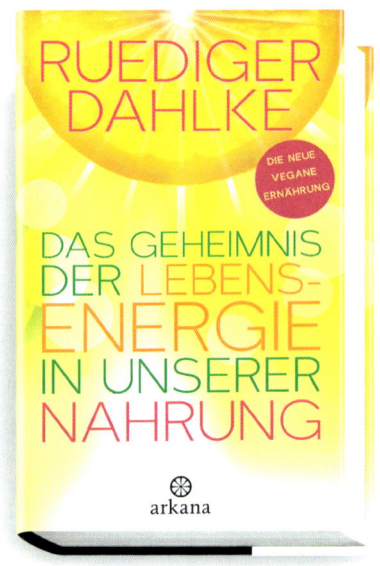

368 Seiten. ISBN 978-3-442-34171-9
Auch als E-Book erhältlich

Wie sieht eine Ernährung aus, die uns wirklich stärkt und von Grund auf nährt? Ruediger Dahlke begibt sich auf eine intensive Forschungsreise und findet Antworten, die selbst nach der Flut der Ernährungsbücher der letzten Jahre noch überraschen können. Seine wohl wichtigste Erkenntnis ist, dass es vor allem auf die Lebensfrische in der Nahrung ankommt.